Naturwanderungen um Jena

Band 1

JENA
Landschaft, Natur, Geschichte
Heimatkundlicher Lehrpfad

Lothar Lepper und Wolfgang Heinrich

Gesamtbearbeitung:	Dr. L. Lepper und Dr. W. Heinrich
Autoren:	
Landschaft und Geographie:	Dr. G. Bose
Klima:	Dr. H. Kauf
Geologie:	Dr. G. Weise
Boden und Standortskunde:	Dipl.-Forsting. S. Geiling
Pflanzenwelt:	Dr. W. Heinrich, Dr. L. Lepper
Tierwelt:	Dr. D. v. Knorre
Ur- und Frühgeschichte:	(Prof. Dr. G. Neumann †), Dipl.-Museol. M. Rupp
Geschichte:	Dr. I. Traeger
Landwirtschaft:	Dr. G. Rubach, Prof. Dr. M. Anke
Forstwirtschaft und Jagd:	OFR H. Böttcher, D. Göthe
Hydrologie und Wasserwirtschaft	Dr. G. Bose, Dr. G. Weise
Naturschutz und Landschaftspflege:	K. Krahn
Erholung und Tourismus – Berggemeinschaften und Wanderwege	Dipl.-Ing. W. Stock

---

Die Deutsche Bibliothek - CIP-Einheitsaufnahme

Lepper, Lothar:
Jena - Landschaft, Natur, Geschichte. Heimatkundlicher Lehrpfad / Lothar Lepper u. Wolfgang Heinrich. - Jena: Ahorn-Verlag, 1999, 1. Auflage
(Naturwanderungen um Jena, Band 1)
    ISBN 3-934146-01-5
NE: Heinrich, Wolfgang

© 1999 Ahorn-Verlag Jena
Wöllnitzer Str. 53, 07749 Jena, Tel./Fax: 03641/ 39 65 84; e-Mail Gerald.Hirsch@t-online.de

Alle Rechte vorbehalten. Jegliche Verwendung des Werkes oder einzelner Teile davon ist nur mit schriftlicher Genehmigung des Verlages gestattet.

Grafik u. Gestaltung:	Dr. K. Ramm, Thalbürgel
Luftbildkarte:	Kartengrundlage: Geospace Jena, bearbeitet durch K. Ramm
Druck und Verarbeitung:	druckhaus köthen GmbH

Gefördert mit Mitteln der Stiftung Naturschutz Thüringen und der Stadt Jena.

INHALT

Vorwort 5

I. Jena - Landschaft, Natur und Geschichte **6**
 1. Einführung 6
 2. Landschaft 6
 3. Klima 12
 4. Geologie 17
 5. Boden und Standortskunde 26
 6. Pflanzenwelt 34
 7. Tierwelt 40
 8. Ur- und Frühgeschichte 44
 9. Stadtgeschichte 48
 10. Landwirtschaft 58
 11. Forstwirtschaft und Jagd 62
 12. Hydrologie und Wasserwirtschaft 66
 13. Naturschutz und Landschaftspflege 70
 14. Erholung und Tourismus - Berggemeinschaften und Wanderwege 78

II. Heimatkundlicher Lehrpfad **81**
 Lehrpfad Teil 1: Suchpunkte 1-19 .... **82**

 1 Das Flächennaturdenkmal „Teufelslöcher" 82
   H: Höhlen / Besiedlung 82
   G: Oberer Buntsandstein 84
   N: Flächenschutz / Schutzformen 85
   Z: Fledermäuse 85
   B: Nitrophyten / Neophyten 86
 2 Sophienhöhe 88
   H: Namensherkunft 88
   G: Landschaftsformung 88
   B: Vegetationsgeschichte 88
 3 Horizontale I 91
   B: Kalkpflanzen 91
   G: Unterer Muschelkalk, Fossilien 92
 4 Horizontale II 92
   H: Siedlungsgeschichte / Stadtentwicklung / Rundblick 92
   G: Schichtenfolge und Schichtenneigung 94
   B: Trockenrasen, Halbtrockenrasen 95
 5 Studentenrutsche 98
   G: Verwerfung / Erosion 98
 6 Am Hummelsberg 98
   G: Bergrutsch, Bergsturz 98
   B: Laubbäume / Herbstfärbung 99
 7 Im Hort 103
   B: Nacktsamer – Bedecktsamer / Nadelbäume 103
   Z: Insekten / Reptilien 104
   N/B: Naturschutzgroßprojekt / Orchideen 105

8 Bei der Ernst-Haeckel-Höhe **106**
    H: Ernst HAECKEL / Stadtentwicklung / Pennickental 106
    G: Geländeformung – Verwitterung, Erosion / Kiese und Sande 107
    B: Vegetationsdifferenzierung 109
    Z: Vögel – Flugbilder 109
9 Diebeskrippe **110**
    H: Carl BOTZ 110
    G: Bergrutsch 111
    B: Pflanzen 111
    Z: Schnecken 111
10 Am Fränkelsgrund **113**
    Z: Ameisen 113
    L: Extensivwirtschaft, Schafhutung 114
11 Auf den Kernbergen **115**
    B: Hecken, Gebüsche (Schautafel) 115
    Z: Tiere der Hecken und Hochfläche 117
    G: Kalksteinbrüche 118
12 Hohe Trebe **119**
    H: Hausbergburgen / Ziegenhain / Botanikerfamilie DIETRICH 119
    B: Ackerwildkräuter 121
13 Am Steinkreuz **123**
    H: Steinkreuze 123
    F: Waldwirtschaft, Niederwald, Mittelwald 123
    B: Pflanzengesellschaften / Eichen-Hainbuchen-Wald 124
14 Wöllmisse **126**
    G: Boden und Bodenprofile 126
15 Wöllmisse über dem Fürstenbrunnen **131**
    B: Buchenwald / Pilze 131
    Z: Fährten und Spuren 132
16 Fürstenbrunnen **134**
    H: Denkmal Fürstenbrunnen / JOHANN FRIEDRICH I., der Großmütige 134
    W: Quellfassung, Bachlauf 134
    Z: Quelle; Tiere 135
    B: Traubenkirschen-Erlen-Eschen-Wald / Wasser- und Sumpfpflanzen / 136
        Bestäubung – Befruchtung / Gleitfallenblume des Aronstabes 137
17 Travertin (Kalktuffe) **138**
    G: Travertinbildung, Fossilien 138
    H: Siedlungsgeschichte 139
    N: Arten- und Biotopschutz, Biotoppflege, Sukzession 141
18 Pennickenbach am Wassertal **142**
    B/Z: Feuchtwiesen / Bachsaumgesellschaften 142
19 Pennickenbach am Schafstall **144**
    G: Travertin, Abbaugeschichte 144
    L: Wiesenwirtschaft, Weide 147

Lehrpfad Teil 2: Suchpunkte 20 - 34 .... **149**
20 Wöllnitz **149**
    H: Wöllnitz / Grenzfluß Saale 149
    W: Saale-Aue, Hochwasser 150
    G: Goldwäscherei / Fasergipse 150
    B: Färber-Waid 150

21	Unterer Burkholdsgrund	151
	L/N: Streuobstwiesen	151
22	Oberer Burkholdsgrund	154
	B: Orchideen	154
23	Johannisberg-Horizontale	155
	N: Naturschutzgroßprojekt, Biotoppflege	155
	G: Boden, Bodenprofile	155
24	Am Wassertal	159
	B: Sporenpflanzen / Moose, Farne	159
25	Sommerlinde (Drackendorfer Vorwerk)	160
	H: Drackendorfer Vorwerk / Bei der alten Handelsstraße / Grenzsteine	160
	L: Ackerbau, Weidewirtschaft	161
	G: Tertiär	162
26	Über dem Wassertal	162
	F: Wild, Hege, Jagd	162
27	Auf dem Läuseberg	164
	B: Biologisches Gleichgewicht	164
	N: Nadelholzkultur, Wald – Forst	164
28	Johannisberg	165
	G: Geologie	165
	H: Vorgeschichtliche Burganlagen / Stadtentwicklung	165
29	Spitzberg	169
	F: Forstwirtschaft um Jena	169
	N: Naturschutzgroßprojekt	171
	G: Cölestin	171
30	Am alten Exerzierplatz	171
	H: Geschichtliches	171
	B: Waldkiefer – Schwarzkiefer / Süßgräser – Sauergräser	172
	N: Wanderwege, Tourismus	173
31	An der Oberburg	174
	H: Berge und Burgen	174
32	Lobdeburg	176
	H: Lobdeburger	176
33	Lobeda	177
	H: Schloß und Kirche	177
34	Drackendorf	180
	H: Drackendorf / Goethe in Drackendorf / Heimatstube	180
	G: Gipsabbau	182
	B/N: Park / Ländliche Parks und Baumschutz	182

III.	Wanderwege um Jena	186
IV.	Literatur	188
V.	Register: Suchpunkte und Suchpunkt-Themen	194
VI.	Personenregister	196

Aus dem Klappentext zur Ausgabe von 1969:
Jena – Landschaft, Natur und Geschichte
Heimatkundlicher Lehrpfad

Der Lehrpfad von den Teufelslöchern über die Kernberghorizontale durch das Pennickental zum Johannisberg bis Lobeda macht den Wanderer mit den Erscheinungsformen der Landschaft, mit deren Besiedlung seit frühester Zeit und ihrer Entwicklung zur Kulturlandschaft, mit den Besonderheiten der Natur, der Geologie, der Flora und Fauna bekannt. Das Buch soll als Führer, Ergänzung und Erläuterung dienen, es will zum Schauen, zum Erleben und zu eigenem Beobachten anregen und wendet sich daher an breiteste Kreise der Bevölkerung, an alle, die Jena lieben und kennenlernen wollen,
an alle Natur- und Heimatfreunde,
an Wanderer und Erholungssuchende,
an Lehrer und Erzieher,
an Studenten und Schüler.

Vorwort der Autoren

Landschaft, Natur und Geschichte sind wichtige Grundlagen, aus denen wir – mehr als uns bewußt wird – unsere Identität beziehen, in denen unsere biologischen und sozialen Wurzeln verankert sind, die uns die Kraft liefern für die wirtschaftliche, geistige und kulturelle Entwicklung in der Gegenwart. Wir sind ihnen so unausweichlich verpflichtet wie unlösbar verbunden.

Mit diesem thematisch und inhaltlich wesentlich erweiterten Begleitbuch im veränderten Gewand, für das neben Autoren der Ausgabe von 1969 neue Mitarbeiter gewonnen werden konnten, wollen wir Anregungen geben für ebenso lehrreiche und interessante wie erholsame und aussichtsreiche Wanderungen auf dem Heimatkundlichen Lehrpfad von Jena, der in seiner bewährten Grundkonzeption beibehalten, aber in der Streckenführung etwas verändert, bis Drackendorf verlängert, und mit lohnenden Zielen und Aspekten bereichert wurde.
Wir wünschen diesem Band mit seiner über die naturkundliche Beschreibung eines Wanderweges hinausgehenden Art der Gesamtbetrachtung von natürlichen Grundlagen und historischer Entwicklung eines einmaligen Landschafts-, Wirtschafts- und Kulturraumes eine so rasche und freundliche Aufnahme wie die erste Ausgabe sie gefunden hat, und wir hoffen damit beizutragen, das Interesse für **Ihre** Landschaft und für **unsere** Natur und Geschichte wachzuhalten.

Es wird uns guttun – zeitlos guttun.

Dr. Lothar Lepper und Dr. Wolfgang Heinrich
Jena 1999

I. Jena - Landschaft, Natur und Geschichte

1. EINFÜHRUNG

Die Eigentümlichkeit Jenas ist stärker durch Natur und Landschaft geprägt als die vieler anderer Städte, und mit vollem Recht gilt die Landschaft um Jena als ein Kleinod unserer thüringischen Heimat. Nicht allein wegen ihrer vielgestaltigen Schönheit, sondern auch deshalb, weil sich dem geschichtlich und naturkundlich interessierten Wanderer gerade hier eine Fülle von lehrreichen Beobachtungsmöglichkeiten bietet. Es erschien uns daher als verpflichtende und lohnenswerte Aufgabe, die Besucher des Mittleren Saaletales durch die Einrichtung eines heimatkundlichen Lehrpfades mit der Entwicklung der Stadt und dem Reichtum ihrer näheren Umgebung bekannt zu machen. Der Lehrpfad und die hier gegebenen Erläuterungen führen in die Landschaft, den geologischen Aufbau, das Klima, die ur- und frühgeschichtliche Besiedlung, die Stadtentwicklung, in die Tier- und Pflanzenwelt sowie ackerbauliche und forstliche Nutzung des Gebietes ein. Sie berücksichtigen die Probleme und Aufgaben des modernen Naturschutzes, der zeitgemäßen planvollen Landschaftspflege, wie sie sich im Zusammenhang mit der künftigen Entwicklung der Stadt Jena ergeben (Abb. 1).

2. LANDSCHAFT

Die Jenaer Landschaft zu beschreiben erfordert immer wieder, das Nebeneinander und gegenseitige Durchdringen von natürlichen und gesellschaftlichen Elementen ins Blickfeld zu rücken. Eine abwechslungsreiche und interessante Natur und eine lebendige Stadt, die ihre Gestalt in wirtschaftlicher und baulicher Hinsicht ständig verändert, prägen das Bild.

Abb. 1: Blick über das Saaletal mit Schleichersee auf die Kernberge (Foto: W. HEINRICH 1999)

Abb. 2: Muschelkalkhochfläche westlich der Saale mit Blick auf Nerkewitz (Foto: W. HEINRICH 1999)

Aus der Sicht größerer naturräumlicher Einheiten am Ostrand des Thüringer Beckens gelegen, ist das dominierende Element im Gebiet der Stadt das **Tal der mittleren Saale**. Seine Eigenart bietet vielfältige Möglichkeiten und Entwicklungschancen, setzt aber auch deutliche Grenzen. Die Saale als wasserreichster und längster Fluß Thüringens hat seit dem ausgehenden Tertiär im Verlauf von Jahrtausenden ein breites und tiefes Tal geschaffen. Inmitten des Stadtgebietes, etwa auf der Höhe Beutenberg - Wöllnitz, ändert sie ihre Laufrichtung, statt wie vorher nach Nordwesten, fließt sie jetzt nach Nordosten. Von den im Stadtgebiet aus Osten und Westen einmündenden Nebentälern sind das **Gembdental** und das **Mühltal** die bedeutendsten. Den Südrand bilden das breite und verkehrsgünstige **Rodatal** im Osten und das wesentlich engere und kürzere **Leutratal**, das aus westlicher Richtung auf das Saaletal trifft.

Der Charakter eines Tales wird besonders durch sein **Querprofil** bestimmt. Schon auf den ersten Blick fällt für das Saaletal bei Jena, aber auch für die Nebentäler, eine immer wiederkehrende Abfolge von steilen und flachen bzw. ebenen Abschnitten auf, ein Resultat des Zusammenwirkens geologischer Strukturen und Bewegungen mit klimatischen Veränderungen sowie Abtragungs- und Sedimentationsprozessen: Auf eine fast tischebene Flußaue folgt nach oben zunächst ein mäßig geböschter Sockel, der nicht selten mit einem deutlichen Knick in einen steilen Hang übergeht. Seinen oberen Abschluß bildet eine scharfe Kante, die schließlich auf eine Hochfläche überleitet.

Die **Aue** der Saale liegt im Bereich der Stadt rund 250 m unter dem Niveau der Hochfläche. Ihre Breite schwankt zwischen 400 m bei Wöllnitz und 1.400 m am Fuße des Jenzigs. Angelegt im jüngsten geologischen Zeitabschnitt, dem Holozän, ist ihre heutige Form das Resultat der Ablagerung großer Mengen von Feinmaterial, das die Saale und ihre Zuflüsse bei Überschwemmungen zurückgelassen haben. Die z.T. mehrere Meter mächtigen Schichten sind überwiegend erst seit dem Beginn der durchgehenden ackerbaulichen Nutzung im Mittelalter entstanden.

Der **flache Hang**, der sich mit durchschnittlich 10° - 20° Neigung nach oben anschließt, setzt sich aus grauen und roten Tonen des Oberen Buntsandsteins (Röt) zusammen. Er besitzt im Stadtgebiet eine relativ große Ausdehnung und ist damit für die Entstehung und Entwicklung Jenas von besonderer Bedeutung. Vor allem östlich der Saale streichen aber auch harte Gipsschichten an seiner Basis aus und bilden Steilstufen unmittelbar über der Aue, so z.B. in Wöllnitz und am Thalstein (Abb. 1).

Keine der Formen ist für das mittlere Saaletal so markant, wie der bis zu **100 m hohe Steilhang**, der auf den flachen Rötsockel nach oben folgt und die beiden Seiten des Tales scharf begrenzt. Die rund 35° Neigung zeigen die Widerständigkeit des Unteren Muschelkalks an, in dem zusätzlich besonders harte Kalkbänke als Felsleisten und Gesimse fast horizontal die Talhänge begleiten. Im Muschelkalk beginnende Furchen und Rinnen setzen sich oft schluchtartig durch den Rötsockel bis zu den Talböden fort. Die geologische Grenze zwischen Muschelkalk und Buntsandstein ist fast überall durch mächtige Lagen von Verwitterungsschutt verdeckt und ausgeglichen. Östlich der Saale haben **Bergrutsche** und **Bergstürze** das Relief noch abwechslungsreicher gestaltet.

Die **Hochfläche**, die sich an den Steilhang anschließt, ist formenreicher als es auf den ersten Blick scheint. Westlich der Saale wird der leichte Anstieg häufig durch Mulden und Rinnen unterbrochen und geht schließlich in eine kurze, oft weithin sichtbare Steilstufe über. Erst dann dominiert der ebene Charakter. Besonders am Windknollen (361 m), am Cospoth (399 m) und am Coppanzer Berg (422 m) tritt sie in typischer Weise hervor. Östlich der Saale fehlt dieser letzte steile Anstieg des Oberen Muschelkalks (Abb. 2).

Was von der Saaleaue aus noch wie eine Reihe von Berggipfeln erscheint, erweist sich in der Höhe als eine weithin aufgelöste und horizontal zergliederte wellige Fläche. Während westlich der Saale noch mehr oder weniger geschlossene Muschelkalkfronten als Teile einer größeren Einheit, der **Ilm-Saale-Platte**, das Bild bestimmen, wie z.B. an der Ammerbacher Platte, am Forstplateau und am Jägersberg, ist östlich der Saale die auch hier ursprünglich einheitliche Muschelkalkdecke in einzelne tafelbergartige Formen aufgeteilt. Sie erscheinen uns regelrecht auf die Buntsandsteinplatte aufgesetzt. Zu den besonders markanten Formen zählen das Hufeisen mit seinen Ausläufern Großer Gleisberg und Jenzig sowie die relativ geschlossene Wöllmisse, die den schmalen Hausberg (Fuchsturm), die breiten Kernberge, den kantigen und schroffen Johannisberg und den spitz zulaufenden Einsiedlerberg wie fingerartige Fortsätze nach Westen ins Saaletal schickt.

Von zahlreichen Punkten der Hochfläche bietet sich bei günstigen Witterungsbedingungen eine hervorragende **Fernsicht**: nach Norden zu den Dornburger Schlössern und zu den Windrädern auf dem nördlichen Teil der Ilm-Saale-Platte, nach Westen zum Ettersberg mit dem Glockenturm der Gedenkstätte Buchenwald und dem Außenrand des Tannrodaer Gewölbes sowie nach Süden über die dunklen Forsten des Holzlandes vorbei an der Muschelkalkscholle mit der Leuchtenburg bei Kahla bis zum Anstieg des Thüringer Schiefergebirges südlich der Orla-Senke (Abb. 3).

Mit der unterschiedlichen Auflösung der großen Platten beiderseits des Saaletales korrespondieren auch verschiedene Formen der Nebentäler, die weitere Abwechslung in die Jenaer Landschaft bringen. Dort, wo meist östlich der Saale die wenig widerständigen

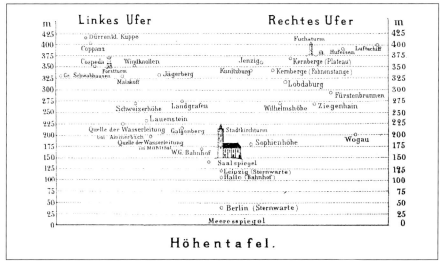

Abb. 3: Höhentafel (aus: PILTZ 1892)

Schichten des Oberen Buntsandsteins angeschnitten wurden, sind breite und muldenförmige Täler mit zurückweichenden Steilhängen, wie das Gembdental, das Ziegenhainer und das Pennicken-Tal, charakteristisch. Infolge des leichten **Einfallens der Schichten nach Nordwesten** bleiben die kurzen westlichen Zuflüsse meist im Bereich des harten Muschelkalks. Ihre Täler sind eng und schluchtartig. Lediglich im südlichen Teil des Stadtgebietes sind sowohl von der Saale als auch von ihren Zuflüssen Roda und Leutra nicht nur die Schichten des Oberen, sondern auch des Mittleren Buntsandsteins erreicht worden, die innerhalb der breiten Talformen mit Felsleisten („Schloßfelsen" in Burgau, am Felsenkeller an der ehemaligen Brauerei und an der Autobahnauffahrt Lobeda) hervortreten.

Seit dem Ende des Tertiärs hat sich die Saale tief in eine alte Landoberfläche eingegraben und im Verlauf des Eiszeitalters schrittweise das heutige Talrelief geschaffen. Ehemalige Talböden oder Flußterrassen mit Flußgeröllen aus den thüringischen Gebirgen, entstanden zur Zeit der stärksten Eisvorstöße (Elster-, Saale-, Weichsel-Eiszeit), begleiten in verschiedenen Höhenlagen den Saalelauf. Im Bereich der Stadt finden wir **3 Terrassenniveaus**. Das älteste ist in 47 - 48 m Höhe über der heutigen Aue in Resten noch innerhalb der alten Ortslage Winzerla, am Friedensberg und am Heiligenberg in Zwätzen zu erkennen. Spuren des mittleren Niveaus, rund 20 - 26 m über der Saaleaue gelegen, sind am Abhang des Friedensberges und an der Ostschule und schließlich des unteren Niveaus in 9 - 10 m Höhe über der Aue in der alten Ortslage Burgau und an der Schubertsburg (Kahlaische Straße) zu finden.

Ein Blick aus der Vogelperspektive zeigt deutlich, wie die **Entwicklung** und **Ausbreitung** der **Stadt** und der ehemals selbständigen **Siedlungen** in ihrer Nachbarschaft durch das natürliche Relief geprägt, gefördert, aber auch eingeschränkt worden sind. Die ersten Siedlungen wurden im wesentlichen in den hochwassersicheren Bereichen auf den Terrassen der Saale und den Schwemmfächern der Nebenbäche errichtet. So sind das mittelalterliche Jena auf dem breiten Schwemmkegel der Leutra (Mühltal), Löbstedt auf dem des Steinbachs (Rautal) und Wenigenjena - Camsdorf, Burgau und Winzerla auf Saaleterrrassen angelegt worden.

Bis Mitte des 19. Jhs. blieb die Stadt mit 4.000 - 5.000 Einwohnern in diesen engen räumlichen Grenzen. Die erst Ende des vorigen Jahrhunderts einsetzende und immer raschere Zunahme der Bevölkerung, die die Stadt bis zum Beginn des 1. Weltkrieges 1914 auf 49.000 Einwohner anwachsen ließ, führte zur Ausdehnung des Stadtkörpers jenseits der Altstadt nach Norden, Süden und nach Westen in das Mühltal hinein sowie generell auf den flachen Röthang hinauf. Das flächenintensive Wachstum der 20er und 30er Jahre mit den ausgedehnten Siedlungskomplexen für die Beschäftigten der Jenaer Großbetriebe, das sich überwiegend auf die weitere Bebauung des Rötsockels konzentrierte, hatte die bis dahin größte flächenmäßige Ausdehnung der Stadt zur Folge. Die Wohngebiete am Kieshügel im Nordwesten, am Schlegelsberg und an den Kernbergen im Osten sowie am Beutenberg und im breiten Ausgang des Ammerbacher Tales in der Ringwiese fallen noch heute im Stadtbild auf.

Auch die industrielle Entwicklung des 20. Jhs. (Zeiss- und Schott-Werk) hat die günstigen höheren Terrassenlagen, so vor allem am Ausgang des Lichtenhainer Tales im Südwesten der Stadt, genutzt.

Wie vom Relief vorgezeichnet, hat sich das städtebauliche, industriell-gewerbliche und das verkehrsmäßige Wachstum der Stadt nach dem 2. Weltkrieg fast ausschließlich weiter nach Norden und Süden vollzogen. Vor allem in dem relativ ebenen und ausgedehnten Bereich der Einmündung des Rodatales in das Saaletal sind neben industriellen Komplexen im Raum Göschwitz - Burgau, zwischen der Autobahn und den alten Ortskernen von Lobeda und Drackendorf sowie zwischen Ammerbach, Burgau und Winzerla große Wohngebiete in sehr dichter Bebauung und mit einer bedeutenden Einwohnerzahl entstanden. Von den rund 20.000 Einwohnern, die Jena allein zwischen 1965 und 1988 durch Zuwanderung gewann, ist der bei weitem größte Teil hier eingezogen. Im Zuge des

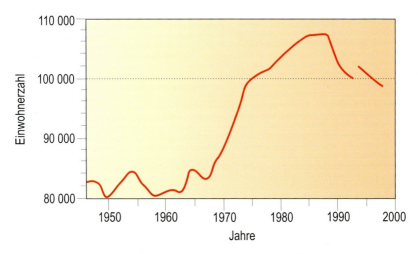

Abb. 4: Entwicklung der Einwohnerzahl der Stadt Jena nach dem 2. Weltkrieg (Entwurf: G. BOSE)

seit 1945 fast ununterbrochenen Wachstums der Stadt wurde **1975 die 100.000 - Einwohner-Grenze überschritten**. Der Aufbau neuer Wohngebiete im Norden der Stadt, der bereits in den Jahren von 1955 bis 1965 erfolgte, hat bei weitem nicht die Dimension der neuen Stadtteile von Lobeda und Winzerla erreicht (Abb. 4).

Seit der politischen Wende 1989/90 sind städtebauliche Maßnahmen und Einwohnerentwicklung gegensätzliche Wege gegangen. Nach 1988 sank die Einwohnerzahl beachtlich. Von den ehemals 108.000 Einwohnern sind trotz der Eingemeindungen des Jahres 1994 mit einem Zugewinn von rund 3.000 Einwohnern Ende **1998 noch 97.500** geblieben. Die Tendenz zeigt weiter abwärts. Gleichzeitig hat aber der Umfang der bebauten Fläche mit und ohne Eingemeindungen weiter zugenommen. Verantwortlich dafür ist in erster Linie die Neugründung von Gewerbegebieten mit überwiegend Handels- und Dienstleistungsunternehmen, die mit ihrem außerordentlich hohen Flächenbedarf bereits weit in die Saaleaue vorgedrungen sind (Burgau - Göschwitz, Löbstedt - Zwätzen). Mit und ohne administrative Erweiterungen des Stadtgebietes ist eines klar: In den letzten Jahren hat die innerstädtische Umverteilung der Bevölkerung ein immer größeres Gewicht bekommen. Das zeigt sich in der Errichtung neuer Wohnparks vor allem in den Randgemeinden, wie Isserstedt, Cospeda, Münchenroda und Wogau, aber auch in den städtischen Randzonen, wie am Schlegelsberg („Fuchslöcher") und zwischen Ammerbach und Beutenberg. Allein zwischen 1993 und 1997 hat die Einwohnerzahl der neuen Gemeinden um mehr als 2.000 Personen zugenommen. Dem stehen beträchtliche Verluste in den Neubaugebieten der 70er Jahre gegenüber, sie betrugen allein in Neulobeda im Zeitraum der 4 Jahre 5.000 - 6.000.

Auch von der dynamischen Entwicklung des für die Stadt so wichtigen Durchgangs- und Anschlußverkehrs gehen immer stärkere Forderungen nach mehr Fläche aus. Neue Straßen und Straßenbahntrassen verstärken die bisherigen Hauptverkehrslinien, weitere sind im Bau oder in der Planung mit dem Resultat einer immer dichteren Bebauung der Saaleaue. Auch die geplante Erweiterung der Autobahn A 4 an der südlichen Peripherie der Stadt wird nicht ohne Folgen für die Landschaft des Roda- und Leutratales bleiben.

Trotz fortschreitender Bebauung sind größere Teile der Saaleaue, vor allem im mittleren und nördlichen Stadtgebiet, noch als Grünzonen anzusprechen, die zusammen mit den entsprechenden Anlagen dem Sport und der Erholung dienen.

Aus den ehemaligen Weinbergen auf den Röt- und Muschelkalkhängen, deren Spuren in Form von Terrassen und Hangbefestigungen z. T. noch im Gelände zu finden sind, wurden Obstwiesen, Klein- und Erholungsgärten, die wie ein breiter Gürtel die Stadt umgeben und in die Nebentäler hineinreichen. Am Südhang des Jägersberges bei Zwätzen ist der Weinbau in bescheidenem Umfang wiederbelebt worden. Acker-, Gemüse- und Weideland sind heute in erster Linie noch in den Fluren der Randgemeinden, in der Saaleaue, auf den Röthängen und auf den Hochflächen anzutreffen.

Wenn man abschließend nach dem besonderen Reiz, nach der „Schönheit" der Jenaer Landschaft fragt, dann werden immer wieder als objektive Elemente
- die verschiedenen Farben, wie das Grün, Gelb und Rot der Pflanzen, das helle Grau des Kalkes und das Weinrot der Röt-Tone sowie das Blau des Himmels,
- die abwechslungsreichen Bergformen mit den steilen Hängen, scharfen Kanten, sanften Böschungen und ebenen Flächen, die darüber hinaus unterschiedlichen Bewuchs tragen sowie
- die kulissenartige Anordnung der Formen und Farben genannt,

die in ihrer Kombination von jedem Punkt aus dem Betrachter ein interessantes Panorama bieten. Wer heute die oft euphorischen Beschreibungen der Jenaer Landschaft aus vergangenen Zeiten liest, dem fällt es allerdings in zunehmendem Maße schwer, noch das viel beschworene südländische Gepräge oder die mediterranen Züge zu entdecken, die sich vor allem auf die kahlen und weißen Hänge in Jenas Umgebung beziehen. Selbst auf den süd-exponierten Hängen hat die Begrünung in raschem Tempo die kahlen Flächen weitgehend zurückgedrängt (Abb. 54, S. 100).

In der Jenaer Landschaft durchdringen und verzahnen sich auf eindrucksvolle Weise Natur und Kultur, Wirtschaft und Siedlung zu einer Einheit, ob sie es bleiben wird, hängt davon ab, wies es gelingt, Fortschritt nicht nur einseitig im Sinne von Wachstum zu gestalten und der hohen Belastung von Natur und Mensch Einhalt zu gebieten.

3. KLIMA

Thüringen befindet sich großräumig gesehen am **Übergang vom maritimen Küsten- zum Binnenklima**.
Im engeren Sinn liegt das Gebiet im meteorologischen **Einflußbereich der umrahmenden Gebirge**, wie Harz, Thüringer Wald, Frankenwald, Fichtelgebirge und Erzgebirge, die mit ihren Stau- und Föhnerscheinungen in den Wetterablauf abwandelnd eingreifen und Thüringen als besondere Klimalandschaft darzustellen gestatten. **Kleinräumige Differenzierungen** im klimatischen Ausdruck des Mittleren Saaletales aber sind schließlich als Ergebnis der örtlich sehr verschiedenen räumlichen Gliederung und topographischen Lage zu bewerten. Wenn GOETHE aus seiner Kenntnis der Mittelmeerlandschaft heraus im Jenaer Raum mediterrane Züge enthalten findet, so hat sicher auch das Klima ein gut Teil dazu beigetragen.
Hoch steigen die Sommertemperaturen im Talbecken an, hierbei wirksam unterstützt durch den Wärmespeicher der Stadt Jena und von den die Strahlung reflektierenden kahlen Muschelkalkwänden, die das Sonnenlicht oft bis zu unangenehmer Grelligkeit steigern. Temperaturen von 25-30° C und sogar mehr sind daher keine Seltenheit und von Mai bis September, besonders gehäuft aber im Juli, zu beobachten. Stagnierend lastet dann die Hitze tagsüber in dem schwachwindigen Tal. Auf der Hochfläche aber mildern kühle Luftbewegung und schattenspendende Waldungen die Extreme. Es ist daher wohl nicht zu verwundern, daß Jena in windgeschützter Tallage bei einer **mittleren Jahrestemperatur von 9,3° C** (in unserem Raum ist das langjährige Jahresmittel der Temperatur in den letzten Jahrzehnten um 0,9 Grad gestiegen) zu den wärmsten Orten

Thüringens zu rechnen ist, während die rund 200 - 250 m höher liegenden Hochflächen im Mittel 1 bis 1,5 Grad kälter sind.

Die bevorzugte Erwärmung des Tales tritt besonders im **Frühjahr** hervor; wenn auf der Hochfläche noch Winterruhe herrscht und an den nach Norden gerichteten Hängen sich kalte Schneeflächen ausbreiten, künden in den Gärten im Tal und an den südgerichteten Hanglagen die aufblühenden Schneeglöckchen in der Regel zwischen dem 19. und 25. Februar den Vorfrühling an. Die Hochflächen müssen dagegen meist noch 1 bis 2 Wochen auf die ersten Frühlingsboten warten. In ähnlicher zeitlicher Differenzierung folgt schließlich auch der Vollfrühling mit seiner reichen Fliederpracht in den letzten April- und ersten Maitagen (Abb. 5).

Eindrucksvoll belegt dann der **Hochsommer** mit dem Beginn der Winterroggenernte um den 20. Juli die klimatischen Unterschiede. Im Tal ist die Ernte zu diesem Zeitpunkt schon angelaufen, während auf der Höhe das Korn noch auf dem Halm steht. Den Temperaturunterschieden entsprechend sind auch die beginnenden Anzeichen des Frühherbstes – die in schweren Dolden hängenden reifen Holunderbeeren – im Tal um Tage früher zu beobachten als auf den Hochflächen, jedoch zeigt sich in diesem Fall eine deutliche Verschiebung der Frühgebiete dieser Wachstumsphase nach den sonnigen, früher von Weinstöcken bestandenen Südhängen. Eben diese Hänge sind es auch, die als erste mit leuchtenden Farben das Ende der Wachstumsperiode, den **Herbst**, anzeigen (Abb. 6).

Aber gerade in dieser Zeit offenbaren sich uns eine Reihe meteorologischer Eigenheiten des Geländes, die den Reiz einer herbstlichen Wanderung noch unterstützen. In den länger werdenden Nächten geben die Erde und die Lufthülle in immer stärker werdendem Maß ihre Wärme durch Strahlung in den Weltenraum ab und lassen die am Boden sich bildende Kaltluft wie Wasser nach den tiefsten Stellen des Geländes abfließen. Hier bilden sich, so z.B. über der stets feuchten Saaleaue, die feinen Schleier des Bodennebels, die zunächst wie in der Luft versponnener Altweibersommer aussehen und herrlichste Landschaftseffekte abgeben. Allmählich verdichten sich die Schwaden und verwehren schließlich den Durchblick nach dem gestirnten Himmel. Am frühen Morgen hat dann der **Nebel** seine größte, das ganze Tal füllende Mächtigkeit erlangt. In diese herbstlichkühle Trübe hineinzuwandern, kostet einige Überwindung. Aber wie herrlich wird man belohnt, wenn beim Ersteigen der »Berge« kurz vor Erreichen der Hochfläche der Nebel unvermittelt mit scharfer Grenze abbricht, strahlender Sonnenschein die Landschaft mit Licht und Wärme überflutet und den Blick in die Ferne und auf das zu Füßen wallende Nebelmeer freigibt. Stunden noch muß der Talbewohner darauf warten, bis sich die Sonnenstrahlen auch bis zu ihm durchquälen und die letzten Nebelfetzen auflösen. Auf der Hochfläche, wo die schützende Nebeldecke fehlt, können sogar schon in flachen Mulden die ersten glitzernden Reifbeschläge, die sich in der bodennahen Kaltluft gebildet haben, beobachtet werden (Abb. 7).

Auch der **Winter** bleibt nicht ohne meteorologische Überraschungen. Zwar fällt der erste Schnee auf den Höhen ostwärts und westlich der Saale knapp eine Woche früher, im Mittel um den 5. November, aber die absolut tiefsten Temperaturen treten in der Saaleniederung auf. Es scheint fast unglaublich, daß, wenn in frostklarer Winternacht im Kaltluftsee der Saaleaue das Thermometer auf nahezu 20° C unter Null gesunken ist, gleichzeitig an den oberen Partien der Hangflächen die Luft um häufig 10° C wärmer sein kann.

Abb. 5: Die Blüte des Winterlings (*Eranthis hyemalis*) - eine eingebürgerte Pflanze - zieht im zeitigen Frühjahr zahllose Wanderer ins Rautal (Foto: W. HEINRICH 1999)

Abb. 6: Faszinierend der herbstliche Fruchtschmuck und die Laubfärbung des Perückenstrauches (*Cotynus coggygria*) an der Lutherkanzel im Mühltal (Foto: W. HEINRICH 1996)

Unser Raum erhält aber nicht allein durch die örtlich stark unterschiedlichen Temperaturen, sondern auch durch die unterschiedliche Verteilung der Niederschläge eine gewisse meteorologische Tönung. Im weit auskeilenden Regenschatten der umrahmenden Mittelgebirge mit ihrer oft deutlichen wolkenauflösenden Wirkung und den charakteristischen linsenförmigen Föhnwolken oder Föhnlücken liegen die **Jahresniederschläge mit 570 bis 680 Liter pro Quadratmeter** (in unserem Raum ist die mittlere Jahressumme des Niederschlages in den letzten Jahrzehnten um 5% gestiegen) natürlich weit unter denen der Mittelgebirge, die 1.200 l/m^2 und mehr aufweisen können. Jedoch zeigt sich, daß auch der engere Raum differenzierten Charakter hat. So erhalten durch örtliche Lee-Effekte die Talsenken im Durchschnitt 40-100 l/m^2 weniger Niederschlag als das westlich gelegene Ilm-Saale-Plateau oder die im Osten sich ausbreitenden Höhen zwischen Saale und Weißer Elster. Eine Ausnahme hiervon macht das den westlichen Regenwinden sich weit öffnende Rodatal mit seiner von der Hochfläche kaum unterschiedlichen Regenmenge. Die größten Niederschläge fallen im gewitterreichsten Monat des Jahres, im Juli. Jedoch bedeutet das nicht, daß nun in diesem Monat besonders viele Tage verregnet sein müssen. Die **Anzahl der Regentage** beträgt im Mittel für alle Monate des Jahres **13 bis 16**; sie ist verhältnismäßig geringen Schwankungen unterworfen. Nur die vom Winter zum Sommer zunehmende Niederschlagsintensität läßt den Juli zum Hauptregenmonat werden. Ein ganztägig anhaltender Nieselregen im November mit einer Menge von 2 bis 3 l/m^2 ist zwar häufig für den Wanderer unangenehmer als ein

Abb. 7: Oft sind an Herbsttagen in den frühen Morgenstunden die Täler von Kaltluft und Nebel gefüllt (Foto: W. Heinrich 1999)

kurzzeitiger Gewitterguß, der die gleiche Niederschlagsmenge in einer Minute schafft. Bei der Ausformung des Geländes haben diese Starkregen aber als auslösendes Moment von Erd- und Schotterbewegungen einen besonderen Anteil.

Die eigentlich bestimmenden meteorologischen Akzente im Gebiet werden also – um das Wesentliche hervorzuheben – gesetzt durch die Exposition und die **geländeklimatischen Effekte**, die sich zwischen Hang und Tal einstellen. Himmelsrichtung und Neigung der Hänge bewirken, daß diese sehr unterschiedlich durch die direkte Sonnenbestrahlung erwärmt werden. Ein Südhang von 20° Neigung erhält z.B. im Januar doppelt so viel direkte Sonnenstrahlung wie eine gleichgroße horizontale Fläche. Noch größer sind die Unterschiede zwischen einer Nord- und einer Südlage. Ein steiler Nordhang wird selbst im Sommer praktisch nur in den Morgen- und Abendstunden von der Sonne erreicht, während der Südhang voll der Sonne ausgesetzt ist und dort die höchste Strahlungsintensität aufweist, wo der Strahlungseinfall senkrecht erfolgt. Die Südhänge sind daher stark überhitzt und trocken, Bodentemperaturen von 60 bis 70° C können in der Mittagszeit beobachtet werden.

Die geländeklimatischen Effekte zwischen Hang und Tal treten besonders in der Nacht hervor. Am Hang abströmende kühlere Luft füllt dann das Tal mit Kaltluft an, die nach der Höhe zu durch eine **Inversion** (Umkehr) von der darüberliegenden freien Atmosphäre getrennt wird. Der Kaltluftraum wird häufig als der Bereich des Talnebels sichtbar. Die oberen Hangpartien, als warme Hangzone bezeichnet, liegen außerhalb der Inversion und sind relativ wärmer als die unteren Hanglagen. Die unteren Hangteile zeigen dementsprechend größere Schwankungen zwischen täglicher Erwärmung und nächtlicher Abkühlung, demgegenüber sind die Extreme im Bereich der wärmeren Hangzone wesentlich gemildert.

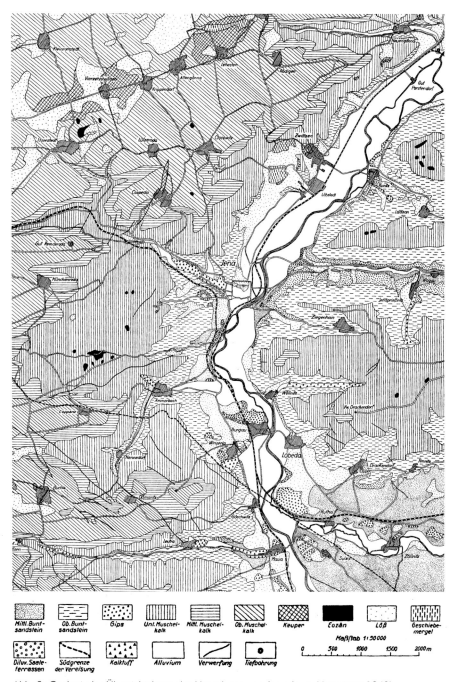

Abb. 8: Geologische Übersichtskarte der Umgebung von Jena (aus: MÄGDEFRAU 1940)

4. GEOLOGIE

Geologisch gehört das Gebiet um Jena zu dem vorwiegend aus Gesteinen der **Trias** aufgebauten Thüringer Becken. Die Trias, der älteste Abschnitt des Erdmittelalters, besteht von unten nach oben aus den Einheiten des **Buntsandsteins**, des **Muschelkalks** und des **Keupers**. Sie ist in Thüringen durch einen Wechsel zwischen festländischen Ablagerungen und marinen Überflutungen in einem Randbecken des Weltmeeres gekennzeichnet.

Um Jena ist eine etwa 500 m mächtige Schichtenfolge vom Mittleren Buntsandstein bis zum Unteren Keuper aufgeschlossen, auf den Hochflächen teilweise von tertiären Sedimenten, von Löß und besonders in den Tälern von pleistozänen und holozänen Kiesen, Sanden und Lehmen überlagert (Abb. 8).

Die generell flachliegenden Schichten des Thüringer Beckens werden durch zumeist Nordwest-Südost verlaufende Störungszonen, wie die Leutraer Störungszone vom Ettersberg bis zum Saaletal südlich von Jena, unterbrochen. Außerhalb der Störungszonen herrscht ein flachwelliger Bau mit einem generellen Einfallen der Schichten nach Nordwesten zum Zentrum des Beckens vor.

Buntsandstein (vor 250 bis 243 Millionen Jahren)
Im **Mittleren Buntsandstein** sind vier, mit grobkörnigen Sandsteinen beginnende und mit Sandstein-Tonstein- und Schluffstein-Wechselfolgen endende Zyklen abgelagert worden, die von unten nach oben als Volpriehausen-Folge (Kaolinsandstein und Gervilleienschichten, ca. 100 m), Detfurth-Folge (Rothensteiner Schichten, ca. 30 m), Hardegsen-Folge (Bausandstein, ca. 50 m) und Solling-Folge (Chirotheriensandstein, ca. 8 bis 15 m) bezeichnet werden. In diesen Zyklen wechseln fluviatile (durch Flüsse abgesetzte), limnische (in Seen gebildete) und vereinzelt litorale (im Uferbereich entstandene) Bildungen, durch zeitweilige Trockenlegungen mit wüstenartigem Klima unterbrochen (Abb. 9).

In der um Kahla - Orlamünde verbreiteten **Volpriehausen- und Detfurth-Folge** überwiegen fein- bis mittelkörnige Sandsteine und graugrüne und rotbraune Tonsteine. Der Kaolin- bzw. Feldspatgehalt der Sandsteine war die Rohstoffvoraussetzung für die Porzellanherstellung in Blankenhain, Kahla, Freienorla, Laasdorf und Burgau.

Der blaß- oder düsterrot gefärbte **Bausandstein** bildet den Hauptbaustein im Gebiet Bürgel - Kahla - Stadtroda. In Jena wurde u.a. in der Wöllnitzer Straße und am Kochersgraben bis zur Mitte des 19. Jhs. abgebaut. Bis 4 m mächtige Einzelbänke werden durch glimmerführende Tonsteinlagen getrennt. Die Sandsteine bestehen aus fein-, untergeordnet auch mittelkörnigen Quarzen, entweder durch toniges Bindemittel verbunden oder durch nachträgliche Kristallisation von Kieselsäure fest verbacken. Häufige Verwendung, vor allem zu Werkstücken, Platten oder

Mill. Jahre	
	Quartär
	Tertiär
100	Kreide
	Jura
200	Trias
	Perm
300	Karbon
	Devon
400	
	Silur
	Ordovizium
500	
	Kambrium
600	Präkambrium

für feinere steinmetzmäßige Arbeiten, fand der im Profil folgende **Chirotheriensandstein**, bestehend aus hellfarbigen, oft braun- bis schwarzfleckigen Sandsteinen, der im tieferen Bereich bis ca. 2 m mächtige Bänke festeren Sandsteins und im oberen Bereich graue oder gelbliche plattige Sandsteine in einer Gesamtmächtigkeit von ca. 1 bis 2 m enthält. Letztere haben die bekannten, in der Jenaer Umgebung erstmals 1841 am Fuß des Jenzigs gefundenen Fährten des Reptils *Chirotherium barthi* geliefert. Die Hauptabbaugebiete in Jena befanden sich in der Nähe des heutigen Engelplatzes, am Gembdenbach und bei Burgau. Einen Sandsteinabbau am Jenertal und in der Wüstung Selzdorf (zwischen Lobeda und Drackendorf) macht das Jenaer Geschoßbuch von 1406 wahrscheinlich. An den Chirotheriensandstein sind vereinzelt bis faustgroße Konkretionen von gelb- bis braunrotem Karneol bzw. Jaspis (mikrokristalliner Quarz) gebunden.

Abb. 9: Harte Sandsteine (Mittlerer Buntsandstein) an der Straße westlich Stadtroda (Foto: W. HEINRICH 1996)

Der **Obere Buntsandstein**, nach der im mittleren Abschnitt vorherrschenden Farbe auch **Röt** genannt, besteht um Jena aus Gipsbildungen, Tonsteinen mit Sandstein- und Dolomiteinschaltungen sowie der mergelig-karbonatischen Myophorien-Folge. Neben terrestrischen (festländischen) und limnischen Sedimenten treten zunehmend marine Bildungen auf.
Der Röt beginnt mit bis 20 m mächtigem **Gips** ($CaSO_4 \cdot 2\,H_2O$), der eine deutliche Steilstufe (Teufelslöcher, Wöllnitz, Erlkönig) bildet. Gips ist in der Jenaer Umgebung seit langem bekannt. Der bedeutende sächsische Gelehrte Georgius AGRICOLA erwähnte bereits 1546 eine Nutzung der bei Jena vorkommenden Gipse. Lokal und unregelmäßig verteilt treten in den Gipsen dichter weißer, roter oder grau- und weißgefleckter **Alabaster** („Jenaer Marmor") oder als durch Einlagerung von grauen sogenannten Kristallen in

einer dichten Gipsmasse porphyrartiger Gips sowie dünne Lettenlagen und zahlreiche Fasergipsschnüre auf. Die porphyrartigen Gipse können bis 3 m mächtige Bänke bilden und insgesamt über 10 m Dicke erreichen. Die nur lokale Verbreitung der Werksteine innerhalb des Rötgipses führte zu beträchtlichen Problemen beim Abbau und zu erheblichen Kosten. Eine Verwendung der Gipse erfolgte u.a. für Werkstücke und Grabdenkmäler sowie zur Herstellung von Dünge- und Branntgips.

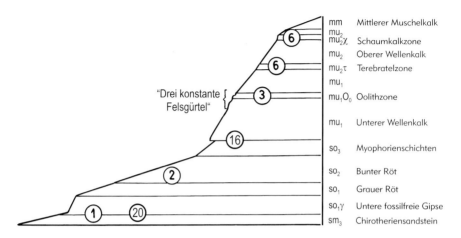

Abb.10: Schematisches geologisches Profil der Kernberge und des Johannisberges (die Zahlen in den Kreisen verweisen auf die Suchpunkte, an denen die Schichten besonders gut zu erkennen sind; aus: Heinrich & Lepper 1970, verändert)

Da Alabaster (dichte, durchscheinende Varietät des Gipses) infolge seiner geringen Härte leicht zu bearbeiten ist, stellte man Schalen, Vasen, Becher, Leuchter und dergleichen aus ihm her. Breite Anwendung fanden porphyrartiger Gips und Alabaster vom Hausbergfuß beim Jenaer Schloßneubau (1659/62) für Stufen, Bogen, Pfeiler und Pilaster. Bei dem Neubau der Jenaer Universität (1905/08) wurde das Material aus dem abgerissenen Schloß wiederverwendet und im Vestibül verbaut sowie zu Wangen und Handläufen der Treppen genutzt.

Häufig, so an den Teufelslöchern und bei Wöllnitz, zeigen die Gipse eine deutliche „Faltung", die entweder durch Rutschungen im noch unverfestigten Gipsschlamm oder durch Lösung von ehemals an der Gipsbasis vorhandenem Steinsalz (NaCl) entstand. Auch eine Quellfaltung durch Volumenzunahme bei der Umwandlung des wasserfreien Anhydrits ($CaSO_4$) in Gips ist in der Vergangenheit diskutiert worden.

Im Gips – an der Rötbasis ebenso wie in höheren Rötschichten – treten Lagen von **Fasergips** auf. Der Fasergips entstand durch Gipsausscheidung aus Lösungen auf schichtparallelen Klüften, wobei die Fasern senkrecht zur Kluft stehen. Bereits im Katalog des sächsischen Mineraliensammlers Kentmann von 1565 ist Löschsand erwähnt, den man zum Tintenlöschen nahm. Unter dieser Bezeichnung verbirgt sich fein zerriebener Fasergips, um Jena auch Katzensand genannt. Er war, aus den Vorkommen im Röt aufgesammelt, bis in das 19. Jh. allgemein in Gebrauch.

Auf die Gipse folgen etwa 20 m graugrüne Tonsteine im Wechsel mit Knollen- bzw. Fasergips. Eingeschaltet sind geringmächtige Sandstein- und Dolomitbänkchen. Von letzteren sind die Tenuisbank, die früher südöstlich und östlich von Drackendorf Funde des Ammoniten *Beneckeia tenuis* lieferte, und die Rhizocoralliumbank, benannt nach dem Grabgang *Rhizocorallium jenense*, die bekanntesten. Darüber folgt der etwa 70 m mächtige Pelitröt aus vorwiegend roten tonigen bis sandigen Mergel- bzw. Tonsteinen mit einzelnen Dolomit- und Sandsteinbänken. Charakteristisch für die Röttonsteine sind niedriger Quarzgehalt (um 40 % SiO_2), um 13 bzw. 6 % Al_2O_3 bzw. Fe_2O_3 und z.T. relativ hohe Gehalte an Karbonaten, Alkalien und Sulfaten. Die Folge diente als Al_2O_3-Komponente bei der Zementherstellung in Göschwitz sowie als Ziegelrohstoff.

Die ca. 15 m mächtige **Myophorien-Folge** beginnt mit den beiden insgesamt ca. 1,5 m mächtigen Glaukonitbänken, die durch 1 m graugrüne Mergelsteine voneinander getrennt sind. Glaukonit ist ein Aluminiumsilikat, das vorwiegend in flachen Meeren entsteht. Über der oberen Glaukonitbank liegen die plattigen Myophorienkalke (4,5 m), benannt nach der Muschel *Myophoria vulgaris*. In den folgenden Mergeln treten 4 bis 6 Lagen von 2 bis 40 mm Dicke aus fasrigem, bläulichem, zeitweise abgebautem Cölestin ($SrSO_4$) auf. Bei Wogau sollen Platten bis Tischgröße gefunden worden sein. Abgeschlossen wird der Buntsandstein durch die 0,4 m mächtigen sogenannten strohgelben Plattenkalke.

Der Röt oberhalb der Basisgipse bildet eine meist von Feldern oder Gärten eingenommene sanfte Stufe, die nur schlecht aufgeschlossen und zumeist von Muschelkalkschutt überrollt ist (Abb. 10).

Muschelkalk (vor 243 bis 230 Millionen Jahren)

Im gesamten Muschelkalk herrschten marine Verhältnisse im Jenaer Gebiet. Vor allem Schwankungen des Meeresspiegels führten zu einer unterschiedlichen Ausbildung der Gesteine.

Der **Untere Muschelkalk** setzt sich um Jena aus ca. 100 m mächtigen, vor allem graublauen, dünnplattigen, flaserigen bis welligen mergeligen Kalken (**Wellenkalk**) zusammen. Horizontbeständige feste Bänke aus konglomeratischen, wulstigen, oolithischen, dichten oder porösen, fossilfreien oder fossilreichen Kalken unterteilen den Wellenkalk weiter. Die Gesteine des Wellenkalkes bilden die steilen Hänge des Saaletals und seiner Nebentäler (Abb. 11).

Etwa 30 m über der Röt/Muschelkalk-Grenze lagert feinkonglomeratischer und verwitterungsbeständiger Wellenkalk. Ca. 6 m höher folgt die Oolithzone aus zwei durch 5 bis 6 m Wellenkalk getrennten Bänken. Oolithe sind gesteinsbildende Kalkkügelchen, die sich schwebend im bewegten Wasser durch konzentrische Anlagerung bilden. Die feste graue, klotzige Oolithbank α ist durch die fünfkantigen Stielglieder der Seelilie *Holocrinus wagneri* gekennzeichnet. Zusammen mit einer an Schnecken (Gastropoden) reichen Kalkplatte etwa 5 m über der Oolithbank α bilden die Oolithbank α selbst und der genannte feinkonglomeratische Wellenkalk die **3 konstanten Felsgürtel**, die für alle Wellenkalkhänge des mittleren Saaletales charakteristisch sind. Etwa 1 m über der Gastropodenplatte liegt die Oolithbank β als dickplattiger, kristalliner oder scharfkantig brechender, dichter grauer Kalk mit zahlreichen gelben Bohrgängen. Über der Oolithzone folgt ca.

23 m meist plattiger Wellenkalk mit 4 charakteristischen konglomeratischen Bänken, von denen die unterste und die vorletzte, nach den Versteinerungen des Armfüßers (Brachiopoden) *Punctospirella* (ehemals *Spiriferina*) *fragilis* benannte Spiriferinabank, am horizontbeständigsten sind.
Als deutlich in der Landschaft erkennbarer Felsgürtel liegt die ca. 4 m mächtige **Terebratelzone** darüber. Die festen Kalksteine dieser Zone stellen den wichtigsten Baustein der Stadt Jena dar. Jenas Stadtbefestigung, Camsdorfer Brücke, Stadtkirche, Sparkasse, Volksbad und Universität sind überwiegend aus ihm erbaut. Die Terebratelzone besteht aus zwei, durch ein bis mehreren Meter Wellenkalk voneinander getrennten Bänken überwiegend aus Schalentrümmern oder Schalen des Brachiopoden *Coenothyris vulgaris* (ehemals *Terebratula*), die durch z.T. oolithischen hellen oder gelblichen Kalk fest verkittet sind. Bei der Verwitterung erhält das Gestein eine rostgelbe Farbe. Die obere Bank setzt sich aus 0,7 bis 1,2 m braunem, kristallinem Kalk zusammen, die untere aus einem 0,8 bis 1,7 m starken gelben bis braungelben, grobkristallinen Kalk, entweder dicht, feinporig oder mit bis haselnußgroßen, mit Eisenmulm gefüllten Hohlräumen. Zwischen den Terebratelbänken liegt ein fester grauer Kalk, nach der an seiner Oberseite häufigen großen Feilenmuschel *Plagiostoma* (ehemals *Lima*) *lineata* als Limaplatte bezeichnet. Über der oberen Terebratelbank folgen, durch 1,0 bis 1,7 m Wellenkalk getrennt, zwei sehr fossilreiche graue Kalkbänke (untere und obere Macrodonbank). Außer dem Hauptfossil *Macrodon beyrichi* enthalten sie vor allem *Hoernesia* (ehemals *Gervilleia*) *socialis, H. costata, Unicardium schmidi, Myophoria elegans, M. curvirostris* und *Entalis torquata* (Abb. 12 und 13).
Nach 18 m Wellenkalk folgt die **Schaumkalkzone** (ca. 9 m). Die mittlere Bank besteht aus einem Wechsel von grauen dichten und braunen, oolithischen Kalken, 0,1 bis 1,5 m mächtig. Die untere Bank ist als heller, poröser Kalk (Mehlbatzen der alten Steinmetze) von 1,0 bis 1,5 m ausgebildet. Fossilien treten lagenweise oft massenhaft auf; zu nennen wären *Entolium discites, Pleuronectites laevigatus, Hoernesia socialis, Unicardium schmidi, Myophoria elegans, M. laevigata, Neoschizodus* (ehemals *Myophoria*) *orbicularis, Chelocrinus* (ehemals *Encrinus*) *carnalli* und verschiedene Schnecken, vor allem *Undularia scalata*. Den Abschluß des Unteren Muschelkalkes bilden wegen der häufigen Funde von *Neoschizodus orbicularis* als Orbicularisschichten bezeichnete plattige Kalke (ca. 4 m).
Die Kalksteine der Terebratel- und der Schaumkalkzone fanden Verwendung vorwiegend für Mauerwerk, Fundamente, Sockelsteine, Treppenstufen, Fensterbänke und Türeinfassungen. Sie dienten auch für steinmetzmäßige und bildhauerische Bearbeitungen. Früher wurden Terebratel- und Schaumkalk gebrannt, als "Jenaer Weißkalk", Putz- oder Tünchkalk erfolgte ein Einsatz im Bauwesen ebenso wie als Ätz- oder Düngekalk. Besonders der Schaumkalk ist mit einer Porosität bis um die 20 % sehr gut zur Branntkalkherstellung geeignet.
Im gesamten Unteren Muschelkalk überwiegt Calcit ($CaCO_3$) gegenüber Dolomit ($CaMg[CO_3]_2$) weitaus. Der $CaCO_3$- bzw. $MgCO_3$-Gehalt liegt in den Terebratel- und Schaumkalkbänken zwischen etwa 90 und 94 % bzw. 0 und 0,5 %. Im Wellenkalk steigt der Dolomit bis über 3 %, der Calcitanteil kann bis unter 83 % fallen. Da bei niedrigen Schwefelgehalten gleichzeitig Tonerde vorhanden ist, bildete der Untere Muschelkalk die entscheidende Rohstoffvoraussetzung für die Herstellung von Portlandzement in Thüringen.

Abb. 11: Weichere Partien und härtere Bänke wechseln im Unteren Muschelkalk
(Foto: W. HEINRICH 1998)

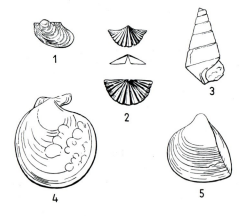

Abb. 12: Fossilien I
(nach M. SCHMIDT und K. MÄGDEFRAU)
1 *Hoernesia* (ehemals *Gervilleia*) *costata*
2 *Punctospirella* (ehemals *Spiriferina*) *fragilis*
3 *Undularia scalata*
4 *Pleuronectites laevigatus* mit *Placunopsis*
5 *Myophoria laevigata*

Im **Mittleren Muschelkalk** herrschen um Jena gleichförmige fossilarme graue oder gelbliche Kalke, Dolomite und Mergel vor, wozu selten Gips tritt. Der bekannte Jenaer Saurierdolomit setzt sich aus blaßgelben und grüngrauen, sehr feinkörnigen dolomitischen Plattenkalken zusammen. In Resten treffen wir den Mittleren Muschelkalk auf dem Plateau der vorderen Kernberge und des Johannisberges an.

Der **Obere Muschelkalk** (ca. 60 m) besteht aus einem Wechsel von Mergel- und Tonsteinen mit dünnbankigen, plattigen, dichten oder kristallinen, teils konglomeratischen oder oolithischen, sehr fossilreichen Kalken. Um Jena ist er nur westlich der Saale noch vorhanden. Er beginnt mit dem aus grauen, kristallinen Kalkbänken mit zahlreichen Seelilienstielgliedern (Trochiten oder Bonifatiuspfennige) bestehenden Trochitenkalk (4 bis 7 m), der einen Steilhang bildet. Die darüber folgenden Ceratitenschichten (ca. 35 m), benannt nach den zu den Ammoniten gehörenden Fossilien, setzen sich aus einem Wechsel von teils plattig ausgebildeten Kalk- und Mergelsteinen zusammen. Sie enthalten graue, blaugraue und bläuliche, z.T. ockerig verwitternde Kalkbänke und Kalkplatten, ca. 0,1 bis 1,5 m mächtig, mit zahlreichen Schalenresten von Muscheln und Armfüßern.

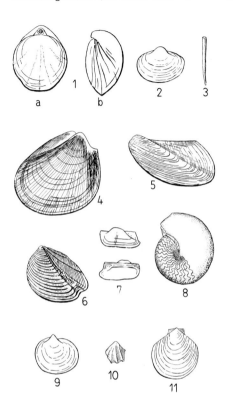

Abb. 13: Fossilien II
(nach M. SCHMIDT, K. MÄGDEFRAU, K. WALTHER und H. CLAUS)
1 Coenothyris (ehemals Terebratula) vulgaris
2 Unicardium schmidi
3 Entalis torquata
4 Plagiostoma (ehemals Lima) lineata
5 Hoernesia (ehemals Gervilleia) socialis
6 Myophoria elegans
7 Macrodon beyrichi
8 Beneckeia buchi
9 Neoschizodus (ehem. Myophoria) orbicularis
10 Myophoria curvirostris
11 Entolium discites

Keuper (Beginn vor 230 Millionen Jahren)
Der um Jena auf die linke Saaleseite beschränkte **Untere Keuper** (Lettenkeuper-Folge, ca. 50 m) wird durch Tonsteine, mehr oder weniger carbonatische Mergelsteine, Carbonatgesteine und Sandsteine charakterisiert, die sowohl festländisch (fluviatil oder limnisch) als auch marin abgelagert wurden.
Weitere Bildungen des Erdmittelalters fehlen um Jena.

Tertiär
Nach einer zeitlichen Lücke von rund 200 Millionen Jahren entstanden die nächst jüngeren Gesteine in der Erdneuzeit im Tertiär. Auf dem teilweise verwitterten und verkarsteten Muschelkalk der Hochflächen beiderseits der Saale um Jena liegen bis über 20 m mächtige Bildungen aus gut gerundeten, gelben bis weißen Kiesen sowie Quarzsanden und Tonen, welche die unter kontinentalen Bedingungen abgesetzten Rückstände einer intensiven chemischen Verwitterung darstellen. Petrographisch besteht der Kies überwiegend

aus Milchquarz, dazu kommen bis etwa 10 % Kieselschiefer und Quarzite. Der eintönige Geröllbestand ist auf die genannte Verwitterung im Abtragungsgebiet zurückzuführen. Die tertiären **Kiese** und **Sande** dienten vorwiegend für den Wegebau. Sande ergaben wegen ihrer Reinheit und Schärfe einen gesuchten Mauersand, helle Kiese und Sande waren als Ziermaterial für Gartenwege begehrt. Gelbe, teilweise verlehmte und umgelagerte Tertiärtone wurden in zahlreichen kleinen Lehmgruben genutzt. Auf der Hochfläche des Jenaer Forstes, untergeordnet auch der Wöllmisse, wechseln mit den vorherrschenden Kiesen weiße Quarzsande, sandige, kalkige und ockerige **Tone** sowie graue, gelbe oder reinweiße, teilweise plastische Tone. Letztere konnten 1,25 bis 2,50 m Mächtigkeit erreichen. Jahrhundertelang wurden die Tone vom Forst als Rohstoff für die Jenaer Töpfer abgebaut.

Quartär

Das Quartär besteht sowohl aus fluviatilen, d.h. mit nachlassender Transportkraft aus Flüssen abgesetzten Schottermassen der Saale und ihrer Nebenflüsse in unterschiedlicher Höhenlage als auch aus äolisch (durch Wind) transportiertem Löß sowie aus Hangschutten und Schwemmlößen. Ablagerungen der Elster-Vereisung reichen nach Süden bis nach Lobeda.

Die Kiese und Sande lassen sich zu einzelnen **Schotterterrassen** parallel zum heutigen Saaletal zusammenfassen. Infolge des Fehlens charakteristischer Versteinerungen, der sehr ähnlichen Gesteinsausbildung und der lokalen punktartigen bzw. linearen Verbreitung ist die genaue Alterseinstufung der Kiese und Sande problematisch. Die Zusammenfassung der pleistozänen Saaleschotter zu einzelnen, nur durch ihr Höhenniveau im Vergleich zur heutigen Saaleaue unterschiedenen Terrassenzügen wechselte im Laufe der geologischen Erforschung mehrfach.

Unterschieden werden im Bereich der Saale eine Oberterrasse, zwei Hoch- und zwei Mittelterrassen (als elster- und saalekaltzeitlich eingestuft) und die weichselkaltzeitliche Niederterrasse.

Aus den erhaltenen Resten der Oberterrasse kann auf ein breitflächiges, ehemals bis zu 25 m mächtiges Schotterfeld geschlossen werden, in welches das jüngere Flußtal der Saale mit seinen weiteren Terrassen eingeschnitten ist. Unter diesen Terrassen hat die ca. 6 m mächtige Mittelterrasse I etwa 15 bis 30 m über der heutigen Saaleaue die weiteste Verbreitung; sie ist jedoch heute vielfach abgebaut. Besonders die tieferen Terrassen sind teilweise von mehrere Meter mächtigem Löß oder Auelehm überdeckt. Die Niederterrasse (etwa 3 m) liegt in der heutigen Flußaue bis maximal 7 bis 8 m unter der Aue.

Alle jüngeren Schotter zeigen einen prinzipiell ähnlichen Charakter des Geröllbestandes. Mit etwa 75 Masse-% überwiegen Gesteine vom Oberlauf des Flusses (Grauwacken, Quarzite, Kieselschiefer). Quarze machen ca. 8 bis 20 % aus. Dazu kommen ca. 1 bis 6 % Sandstein sowie nördlich von Jena ein Anteil an Muschelkalkgeröllen, der bei gleichzeitiger Reduzierung der Grauwacken und Quarzite 20 bis 40 % erreichen kann. Unterhalb von Jena tritt in den Mittel- und Niederterrassen ein geringer Anteil nordischer Geschiebe auf. Charakteristisch für die Saalekiese sind ein erhöhter Anteil an abschlämmbaren Bestandteilen (< 0,063 mm), der bis über 8 Masse-% ansteigen kann, eine durch den hohen Anteil an Sedimentgesteinen bedingte plattige Kornform der Gerölle und ein hoher Anteil an Grobschotter. In den Saalekiesen enthaltenes Gold regte mehrfach zu Gewinnungsversuchen an.

Die unteren Hänge des Saaletals und seiner Seitentäler sind teilweise durch einen bis mehrere Meter mächtigen **Löß** bedeckt. Der durch westliche bis nordwestliche Winde herantransportierte Löß ist vorwiegend an nach Osten, Norden und Nordosten gerichteten Abhängen abgesetzt worden. Der rein äolisch sedimentierte Löß wechselt mit Gley- und Schwemmlößen und häufig mit Buntsandstein- und Muschelkalk-Hangschutten. Durch Entkalkung von der Oberfläche her ist der Löß teilweise in Lößlehm umgebildet.

Löß und die Lehme stellten als sogenannter Baulehm ein gesuchtes Material dar und fanden Verwendung für Lehmwände, ungebrannte und gebrannte Steine, als Tünche, Bindemittel, im Fachwerkbau und zum Abdichten. Aus der Häufigkeit des Flurnamens "Lehmgrube" läßt sich schließen, daß neben Jena und Lobeda auch die Mehrzahl der Dörfer über eine Grube verfügte, aus der jahrhundertelang Lehm für die unterschiedlichsten Anwendungszwecke entnommen wurde. Als Beispiel sei die Flurbezeichnung "In der Lehmgrube" im Bereich von verlehmtem Löß südlich von Lobeda zwischen Gänseweide und Zöllnitzer Hohle genannt.

Im **Holozän** (Beginn vor etwa 10.000 Jahren) bildeten sich rund um die Wöllmisse vereinzelt in stehenden Gewässern über einem undurchlässigen Untergrund Niedermoore und kleine Torfvorkommen.

Vielfältige Nutzung fanden die durch Ausfällen aus carbonathaltigen Quellwässern entstandenen **Travertine** (früher als Kalktuffe bezeichnet). Auf Kalke niederfallendes, CO_2-haltiges Regenwasser versickert relativ schnell in den klüftigen Gesteinen. Dabei kann das schwach kohlensaure Wasser Calciumionen lösen, Calciumcarbonat wird in das lösliche Bicarbonat $[Ca(HCO_3)_2]$ überführt. Treffen diese calcium- bzw. carbonathaltigen Wässer auf weitgehend wasserundurchlässige Gesteine wie an der Grenze zum Röt, werden sie gestaut und treten an der Erdoberfläche als Quellen aus. Bedingt durch Erwärmung und Bewegung des Wassers wird das gelöste CO_2 abgegeben, Calcit fällt aus. Wesentlich unterstützt wird die Kalkausfällung durch den CO_2-Entzug infolge der Assimilationstätigkeit von Wasserpflanzen wie Algen und Moose. Dabei fällt Kalk auf den Oberflächen der Pflanzen aus, im Wasser schwebende Kalkpartikel werden aufgefangen. Die Haupttravertinbildner sind die Alge *Vaucheria cruciata* und die Laubmoose *Eucladium verticillatum*, *Didymodon tophaceus* und *Cratoneuron commutatum*. Ein stärkeres Gefälle des Quellwassers sorgt nicht nur für eine stärkere CO_2-Abgabe des Wassers, sondern durch bessere Belüftung gedeihen die Wasserpflanzen gut. Die Hauptbildung der Travertine erfolgte in Perioden mit reichlichem Niederschlag und warmem Klima.

Um Jena sind die Travertine hauptsächlich an die Grenze Röt/Muschelkalk gebunden. Sie bestehen entweder aus festeren, geschichteten Bänken oder aus in Ruhigwasserbereichen abgesetzten lockeren, sandartigen Kalken. Die Bänke enthalten zahlreiche Abdrücke von Blättern, Kiefernzapfen, Haselnüssen und anderen Früchten, Samen, Stengeln, Moosen und Schilfen. Schnecken finden sich vor allem in lockeren Bildungen.

Die festere Ausbildung der Travertine war wegen der leichten Bearbeitbarkeit und der geringen Rohdichte ein gesuchter Baustein. Travertin läßt sich feucht sägen und diente trocken als leichtes Baumaterial zur Ausmauerung der Häuser und für Gewölbe, günstig war die gute Verbindung zu Kalkmörtel. Abfall ergab Kalksteinschotter. Aus lockerem

Material wurden Kalktuffsteine (sogenannte Luftbacksteine) hergestellt. Gebrannt erfolgte eine Nutzung als Bau-, Tünch- und Düngekalk.
Die jüngsten geologischen Ablagerungen des Holozäns sind **Auesedimente** (teils sandiger Auelehm) und **Schwemmkegelbildungen** (lehmig-sandiger Schotter). Nach der jüngsten Kaltzeit begann die Bildung der heutigen Böden.

5. BODEN UND STANDORTSKUNDE

Die im Kapitel Geologie vorgestellten geologischen Schichten sind mit einer lockeren, in der Regel geschichteten, meist zwischen 20 und 80 cm mächtigen Decke überzogen, die als **Boden** bezeichnet wird. Diese Bodendecke ist vor allem im Bereich der Hänge an vielen Stellen des Lehrpfades an Wegeanschnitten oder über anstehenden Felsbänken erkennbar. Sie unterscheidet sich gegenüber dem festen Untergrund der anstehenden Gesteine durch den infolge des Humusgehaltes meist schwärzlichen Oberboden, ihre lockere Struktur sowie einen schichtförmigen Aufbau.

Bodenbildung
Der Boden ist in langen Zeiträumen unter dem Einfluß von Klima, Vegetation und Wasser, in Abhängigkeit vom Gelände und unter Mitwirkung von Bodenlebewesen entstanden. Die dazu nötigen Prozesse sind vor allen die **Verwitterung** (physikalisch, chemisch u. biologisch) und die meist schichtförmige Verlagerung dieser Verwitterungsprodukte. Hinzu kommen noch die oberflächliche Anreicherung und Verlagerung von organischer Substanz (Humus). Diese ensteht durch den Abbau von Laub- und Nadelstreu sowie abgestorbener Holzgewächse und Kräuter. Die Verwitterung durch **physikalische Vorgänge** ist u.a. die laufend stattfindende Zerkleinerung der Gesteine durch den Einfluß von Feuchtigkeit und Frosteinwirkung. Begünstigt wird dies durch ehemalige Bewegungen der Erdkruste (tektonische Vorgänge) oder Bergrutsche, wie z.B. an der Diebeskrippe sichtbar, die eine Zerrüttung des ursprünglich dichten Gesteinsverbandes mit vielen Gesteinsklüften zur Folge haben (Abb. 62, S. 112 u. Abb. 83, S. 148). Auch tiefgreifende Verwitterungen aus früheren Zeitabschnitten sind an der Bodenbildung und Reliefausformung beteiligt. Dabei sind für Kalkgesteine sogenannte Karsterscheinungen typisch, wie z.B. Dolinen, Höhlen, Klüfte und Karstquellen. Derartige Hohlformen sind häufig mit Tertiärmaterial gefüllt. Diese, wie auch sonstige flache Hohlformen, wurden später im verebneten Gelände mit dem vom Wind transportierten feinen Bodenmaterial (Löß) überdeckt und bilden heute Deckschichten über dem aus Kalkgesteinen bestehenden Untergrund.
In den Böden herrscht in unserem als **humid** bezeichneten Großklima als Folge der Niederschläge – mit Ausnahme von grund- oder stauwasserbeeinflußten Böden – ein **abwärts gerichteter Wasserzug** vor. Dadurch sind auch viele im Boden ablaufende Prozesse erklärbar, die durch unterschiedliche Farbe und Bodenbeschaffenheit sichtbar sind. So werden in längeren Zeiträumen in den Lößdecken die kleinsten Bodenteilchen, die als Ton bezeichnet werden, im Oberboden ausgewaschen und in unteren Bodenschichten wieder angereichert (vgl. Suchpunkt 14, Profil I und II). Ähnliche Verlagerungsvorgänge – aber mit anderen Stoffen – finden auf allen übrigen nicht von Kalkgesteinen beinflußten

Böden statt. Dort können die durch **chemische Verwitterung** freigesetzten eisenhaltigen Stoffe verlagert und ebenfalls im Unterboden angereichert werden. Allgemein setzt unter dem Einfluß des bei uns herrschenden Klimas als Folge der chemischen Verwitterung der Gesteine zunächt eine Verlehmung mit Braunfärbung ein, die über lange Zeiträume mit der Bildung von Ton endet. Die braune Farbe wird durch die temperaturabhängige Bildung bestimmter Eisenverbindungen im Boden verursacht; in warmen Klimaten dagegen entstehen durch andere Eisenverbindungen die typischen rot-gefärbten Böden der Tropen. Auf den vom Muschelkalk geprägten Böden, die im Bereich des Lehrpfades dominieren, kann erst nach einer oberflächigen Entkalkung in dem dann sauren Milieu die durch braune Farbtöne gekennzeichnete Lehm- und Tonbildung beginnen. Durch die schwach sauren Niederschläge wird zunächst das Carbonat gelöst und mit dem Wasser in den Untergrund abgeführt. Da unterhalb des Muschelkalkes wasserundurchlässiger Oberer Buntsandstein (Röt) mit tonigem Substrat folgt, treten häufig an dieser Grenze Schichtquellen auf, von denen die gelösten Stoffe als Travertin (Kalktuff) abgelagert wurden und noch werden (vgl. Suchpunkt 17). Auf den Kalkgesteinsböden der Wöllmisse sind in den vom Abtrag nur schwach betroffenen Plateaubereichen als Verwitterungsprodukt früherer Zeitabschnitte derartig entkalkte, meist nur geringmächtige Tondecken ohne jegliches Bodenskelett (z.B. Steine oder Gruse) anzutreffen (Suchpunkt 14, Profil III). An den vom Abtrag infolge Abschwemmung und anderen Vorgängen geprägten steileren Muschelkalkhängen sind demgegenüber in der Regel keine solch deckenartigen Böden erhalten geblieben. Hier dominieren andere, ebenfalls für Kalkgesteine typische Böden (Bodenprofile nach Suchpunkt 23).

Bodenarten
Böden werden nach bestimmten Merkmalen differenziert und entsprechend gegliedert. Nach Art und Größe von Bodenteilchen in einem Boden (Bodensubstrat) werden entsprechend festgelegter Abmessungen **Bodenarten** unterschieden. Übergeordnete Begriffe sind Grob- und Feinboden.
Das Bodenskelett (**Grobboden**) beinhaltet die verfestigten gröberen Bodenbestandteile, wie z.B. tischgroße Blöcke, faustgroße Steine, Grus mit eckigen Kanten (ca. erbsen- bis kirschgroß) oder den durch ehemaligen Wassereinfluß gerundeten Kies. Bei sehr hohen Anteilen (> 75 %) dieser Substrate spricht man von **Skelettböden**. Zum **Feinboden** gehören die Bodenarten **Sand**, **Lehm**, **Schluff** und der **Ton** mit den kleinsten Bodenteilchen. Vom Feinboden ist nach seiner Korngröße mit bloßem Auge nur noch der Grobsand (größte Sandfraktion) einigermaßen erkennbar. Feinsand, Lehm, Schluff und Ton können im Gelände nur angenähert mittels der sogenannten Fingerprobe angesprochen werden. Im gesamten Muschelkalkbereich kommt – außer in den lokalen Tertiärablagerungen – kein Sand vor. Daher fehlt er auch in dem auf Muschelkalk vorkommenden Lehm, der normalerweise ein Gemisch zwischen Sand, Schluff und Ton darstellt. Dieser nahezu sandfreie Lehm wird daher als Feinlehm bzw. Schlufflehm bezeichnet. Bei der sogenannten Fingerprobe einer Bodenart im Gelände kann ein erdfrischer Lehm bzw. auch Feinlehm im Gegensatz zu lehmigen Sand, der sich nur zu Kugeln oder einer dicken Walze formen läßt, bis Bleistiftstärke ausgerollt oder zu Figürchen geformt werden. Er besitzt auch eine stumpfe Schmierfläche, wenn der erdfrische Boden zwischen Daumen und Zeigefinger

gerieben bzw. eine nichtglänzende Fläche, wenn eine Erdprobe mit dem Daumennagel überstrichen wird. Sandanteile im normalen sandhaltigen Lehm sind fühlbar und durch knirschende Geräusche hörbar. Die in den vorkommenden Lößböden (Suchpunkt 14, Profil I und II) dominierende Bodenart Schluff fühlt sich bei geringem Tongehalt beim Reiben wie Mehl an. Dieser Boden wurde ehemals bevorzugt zum Verschmieren von Öfen und Ofenrohren verwendet. Substrate der Bodenarten lehmiger Ton und Ton lassen sich demgegenüber zu einer biegsamen dünnen Schnur ausrollen, besitzen eine glatte seifige Schmierfläche und glänzende Oberflächen beim Überstreichen einer geformten Bodenprobe mit dem Daumennagel. Dabei nimmt der Glanz mit steigendem Tongehalt zu.

Bezüglich ihrer Begehbarkeit sind Waldwege auf Tonböden, wie sie flächig vor allem im Bereich der geologischen Schichten des Röt (Röttone) oder des Oberen Muschelkalkes (Kalktone) vorkommen, bei Nässe sehr glitschig und schmierig, was etwas abgemildert auch für die von Schluff geprägten Lößböden zutrifft. Demgegenüber sind die schluffhaltigen Skelettböden des Unteren Muschelkalkes ohne Lößbedeckung oder stärkere Tondecken durch die rasche Abführung der Niederschläge in den Untergrund und den hohen Skelettgehalt bei Wanderungen auch nach Regenfällen meist noch recht gut begehbar.

Bodentyp und Humusform
Ein weiteres Merkmal zur Charakterisierung von Böden ist die bisherige Entwicklung eines Bodens. Entsprechend den Ergebnissen der über lange Zeiträume wirkenden Bodenbildungsprozesse werden **Bodentypen** unterschieden. Dabei bezeichnet man die verschiedenen, meist schichtförmig angeordneten Merkmale eines Bodens als **Horizonte**. Das **Bodenprofil** mit seiner charakteristischen Abfolge von Horizonten kennzeichnet also den jeweiligen Bodentyp. Auch die den Waldboden bedeckende Schicht aus organischem Material (**Humusdecke**), wie z.B. Laub- und Nadelstreu oder abgestorbene Reste der Bodenvegetation, wird entsprechend ihrem Zersetzungszustand durch Kleinstlebewesen, Regenwürmer, Pilze u.a. in Horizonten erfaßt und einer noch näher erläuterten **Humusform** zugeordnet.

Für die an den Suchpunkten 14 und 23 vorgestellten Böden werden in den schematischen Darstellungen Bodentyp und Horizontbezeichnungen angegeben. Die dafür verwendeten Bezeichnungen und Symbole sollen hier erläutert werden:

Horizonte:
L **organischer Horizont** aus der Ansammlung von nicht oder wenig zersetzter Pflanzensubstanz (Förna), wie z.B. Blätter, Nadeln, abgestorbene Pflanzen, Zweige u.a.; (L vom englischen litter = Streu).

O **organischer Horizont** aus der Ansammlung stärker zersetzter Pflanzensubstanz; er wird u.a. unterteilt in:
  Of **Vermoderungshorizont** (f vom schwedischen förmulting); Blätter verfärbt und verbacken, teils zerkleinert, durch Bodenlebewesen skelettiert und meist von weißem Pilzmyzel durchzogen, der Anteil von Feinsubstanz ohne erkennbare Struktur ist noch gering.

- **Oh** **Humusstoffhorizont** (h vom schwedischen humusämne);
  dieser Horizont ist schwarz oder dunkelbraun gefärbt, die Feinsubstanz des abgebauten organischen Materials ohne erkennbare Strukturen dominiert, er kann ebenfalls von Pilzmycel durchzogen und fest verbacken sein; dieser Horizont fehlt meist auf nährstoffreichen Böden im Laubwald und daher auch im Bereich der Suchpunkte 14 u. 23.
- **A** **mineralischer Oberbodenhorizont** mit Anreicherung organischer Substanz und/oder Verarmung mineralischer Substanz durch Verlagerung in tiefere Bodenschichten; er kann u.a. unterteilt werden in:
  - **Ah** **Horizont mit Anreicherung von Humus** (h wie oben);
    im Bodenprofil durch schwarze bzw. schwarzgraue Farbtöne unterhalb der Oberfläche des Mineralbodens erkennbar, in fast allen Bodenprofilen der Suchpunkte 14 u. 23 ausgebildet.
  - **Al u.**
  - **Ael** **Horizont durch Tonverarmung infolge Auswaschung in unterere Bodenschichten aufgehellt** (l = lessiviert und e = eluvial, ausgewaschen, sauergebleicht), bei Ael mit besonders starker Tonverarmung und beginnender Sauerbleichung,
  - **Ai** **Horizont mit beginnenden Bodenbildung auf Rohböden** (i = initial)
    Auf dem im Bereich des Lehrpfades vorkommenden aufgeforsteten ehemaligen Ackerböden würde in einem Bodenprofil der ehemals gepflügte Horizont als Ap (p = gepflügt) bezeichnet werden.
- **B** **mineralischer Bodenhorizont** mit Veränderungen von Farbe und Stoffbestand im Vergleich zum Ausgangsgestein infolge Verwitterung, Verlehmung und Stoffanreicherung; er kann u.a. unterteilt werden in:
  - **Bv** **Horizont durch Verwitterung verbraunt und verlehmt** (v = verbraunt), dieser Vorgang kann zusammen mit anderen Prozessen ablaufen, wie z.B. Tonverlagerung.
  - **Bt** **Horizont mit Tonanreicherung** (t = tonangereichert) infolge Tonauswaschung und Verlagerung aus darüberliegenden Bodenschichten; am Bodenprofil durch braune oder rotbraune Tonhäutchen an Hohlraumwandungen und Kluftflächen zwischen den Gefügekörpern des Bodens erkennbar.
- **C** **mineralischer Untergrundhorizont aus dem anstehenden Gestein**; in den Bodenprofilen im Bereich des Lehrpfades ist es stets Muschelkalk; er kann zusätzlich charakterisiert bzw. unterteilt werden in:
  - **cC** **Horizont besteht > 75 % aus Carbonatgestein**, (vorangestelltes c = carbonatisch).
  - **Cv** **Horizont mit einem gewissen Anteil von verbrauntem Bodenmaterial** (v = siehe oben); in den Bodenprofilen durch Verlagerung aus den darüberliegenen Bodenschichten enstanden.
- **T** **mineralischer Bodenhorizont aus Lösungsrückstand von Carbonatgesteinen**, bei uns meist nur als Rest ehemaliger Bodenbildung (Kalksteinbraunlehm) erhalten geblieben.

Bei unterschiedlichen Schichten, wie z.B. Löß über Muschelkalk, wird die zweite Schicht zusätzlich mit II bezeichnet. Horizonte, die in einer Bodenschicht nebeneinander verzahnt vorkommen, werden mit "+" und Übergangshorizonte mit "-" verbunden; gleich bezeichnete Horizonte können mit ...1, ...2 usw. unterteilt werden.

Bodentypen im Bereich des Lehrpfades: Auf den Kalkgesteinsböden ohne Lößbedeckung kommen überwiegend die für die Verwitterung dieser Gesteine typischen Bodentypen **Rendzina** und **Terra fusca** sowie deren Untereinheiten vor. Eine typische Rendzina ist ein Boden auf Kalkgestein mit humushaltigem Oberboden ohne verbraunte Horizonte (siehe Bodenprofil am Suchpunkt 23). Bei einer typischen Terra fusca liegt über dem Kalkgestein eine skelettfreie, entkalkte, meist rötlichbraun gefärbte Tondecke als das Produkt ehemaliger Verwitterung. Kleinflächig sind an Felsabbrüchen Gesteinsrohböden auf Festgestein oder Lockergestein (**Syrosem**) sowie unterhalb derselben auf Gesteinsschutt mit Humus in Hohlräumen auch **Skeletthumusböden** zu finden.
Auf den vor allem im Plateaubereich verbreiteten Lößdecken über Muschelkalk treffen wir den durch nur mäßige Tonverlagerung geprägten Bodentyp **Parabraunerde** (Suchpunkt 14, Profil II) häufiger an. Dagegen ist der meist nur inselartig vorkommende, durch stärkere Tonverlagerung entstandene Bodentyp **Fahlerde** als Deckschicht über Muschelkalk (Suchpunkt 14, Profil I) seltener. Auf Tonstandorten des Röt am Fuße der Schichtstufenränder des Muschelkalkes sind der für Tonböden typische Bodentyp **Pelosol** und in Schwemm-Mulden, Tälchen und Bachtälchen der dafür typische Bodentyp **Kolluvisol** verbreitet.

Die Humusauflage im Wald wird entsprechend ihrer Schichtung und Mächtigkeit als eine bestimmte **Humusform** erfaßt. Von der Humusform **Mull** spricht man, wenn von den verschiedenen Horizonten der organischen Auflage, die aus überwiegend unzersetzten (L), aus weitgehend vermoderten (Of) und aus den zu strukturloser Feinsubstanz abgebauten Pflanzenteilen (Oh) bestehen können, der letztere sogenannte Humusstoffhorizont völlig fehlt. Ist er dagegen auf der gesamten Fläche ausgebildet, so liegt entsprechend seinen Eigenschaften entweder die Humusform **Moder** oder auf nährstoffärmeren Böden die Humusform **Rohhumus** vor. Bei der unter Laubwald im Bereich des Lehrpfades vorherrschenden Humusform Mull kann bei besonders guten Abbaubedingungen der organischen Substanz meist innerhalb eines Jahres sogar ein Vermoderungshorizont fehlen und gehört dann zur Untereinheit L-Mull. Eine Sonderform davon ist der sogenannte **Kalkmull**, der als typische Humusform einer **Mullrendzina** am Bodenprofil nach Suchpunkt 23 auf einer von Eschen bestockten Fläche ausgebildet ist. An den Bodenprofilen des Suchpunktes 14 sind dagegen typische Vermoderungshorizonte erkennbar, so daß die hier vorkommende Humusform zur Untereinheit des sogenannten F-Mull gehört.

Forstliche Standortskunde
Der **Standort** als ein pflanzenökologischer Begriff umfaßt alle an einem Wuchsort auf Pflanzen einwirkenden Umweltbedingungen, wobei für den forstlichen Standort vor allem die für das Wachstum der Waldbäume erforderlichen Verhältnisse wichtig sind. Die Erkundung und Darstellung dieser Wachstumsbedingungen, verbunden mit Empfehlungen für die waldbauliche Behandlung eines Standortes, ist Aufgabe der forstlichen Standorts-

kunde. Die Gesamtheit der wichtigen **Wachstumsfaktoren**, wie Wärme, Wasser, Licht sowie chemische und mechanische Faktoren können aber im Gelände in der Regel nicht direkt ermittelt werden, sondern nur mit Hilfe von definierten Standortsmerkmalen, die der direkten Beobachtung zugänglich sind. Diese werden im Gelände erfaßt (kartiert) und nach entsprechenden Standortsgliederungen kartenmäßig dargestellt. Waldgeschichtliche Ermittlungen zur Beurteilung der Beziehungen zwischen vorhandener Bestockung, z.T. auch der Bodenvegetation und den natürlichen Standortsbedingungen sind ebenfalls Teil der standortskundlichen Erhebungen.

Abb. 14 (a,b): Je nach Standortsituation, Holzartengarnitur (Nadelholz - Laubholz) und Jahreszeit bieten sich die unterschiedlichsten Bestandesbilder (Foto: W. HEINRICH 1998)

Für forstliche Standorte werden als wichtigste **Standortsmerkmale** erfaßt:
- **die geographische Lage und das Klima** (wie z.B. entsprechend der forstlichen Gliederung das Hügellandgebiet der "Ilm-Saale-Platten" mit dem "Jenaer Mittleren Saaletal" und dem hier herrschenden regionalen Klima)
- **die örtliche Lage mit ihren speziellen Bedingungen** (wie z.b. vernässungsfreie, terrestrische Standorte, vernäßte Standorte aller Art, schluchtartige und extrem trockene Standorte, Bachtälchen und Auen; weiterhin auch Reliefunterschiede, wie z.b. Steilhänge, normale Hänge (Lehnhänge) sowie Flachhänge und verebnete Flächen mit ihren speziellen, vom örtlichen Reliefklima geprägten Bedingungen, wie Verhagerung, Spätfrostgefahr, besonders exponierte Lage u.a.)
- **der Boden mit seinen wichtigsten Eigenschaften** (wie z.b. Nährstoffangebot, Bodenart und Skelettgehalt nach Analysenergebnissen von Weiserprofilen)
- **der örtliche Wasserhaushalt** (wie z.B. bodenfrische schattseitige Hangmulden, sehr trockene sonnseitige Oberhänge, ständig feuchte oder nasse, von Stauwasser geprägte Böden auf wasserundurchlässigen Schichten oder vom Grundwasser beherrschte Flußauen)

Ein wichtiges Hilfsmittel ist auch der Weiserwert sogenannter **Weiserpflanzen (Zeigerpflanzen)**, die die Einschätzung des Klimas, des örtlichen Wasserhaushaltes und des Nährstoffangebotes eines Standortes unterstützen. So eignen sich als Weiserpflanzen für das Klima neben anderen z.b. Flaum-Eiche, Kornelkirsche, Diptam (für hohe Wärme), für den Wasserhaushalt z.B. Wald-Ziest (frisch nährstoffreich) oder Schwalbenwurz, Ästige Graslilie (trocken nährstoffreich) bzw. für das Nährstoffangebot neben anderen z.B. Wald-Bingelkraut, Lungenkraut (nährstoffreich) oder Heidelbeere (ziemlich nährstoffarm). Noch detaillierter sind die Angaben nach ELLENBERG, die für bestimmte Flächen auch die Berechnung mittlerer Zeigerwerte erlauben (Abb. 14).

Auf den der forstlichen Praxis zur Verfügung gestellten Standortskarten sind u.a. die auskartierten, detaillierten Standortsformen ersichtlich. Da in einem bestimmten Gebiet (wie z.B. einem Forstrevier oder Forstamt) eine sehr hohe Zahl unterschiedlicher Standortsformen vorkommt, erfolgt zur besseren praktischen Anwendung eine inhaltliche Zusammenfassung zu **Standortseinheiten**. Für diese werden waldbauliche Behandlungsvorschläge, insbesondere aber Vorschläge zur Baumartenwahl erarbeitet. Einige Beispiele aus dem Bereich des Lehrpfades und seiner unmittelbaren Umgebung sollen dies erläutern: Die Buchen-Hangwälder am Schatthang des Hausberges werden über die Ausscheidung eines bestimmten, reliefbedingten Klimas erfaßt. Gegenüber benachbarten, in ihren anderen Merkmalen übereinstimmenden Standorten wird hier klimabedingt ein höherer Anteil anzubauender Buche empfohlen. Ebenso wird nach den Standortsmerkmalen Boden und Wasserhaushalt für die extra erfaßten Lößdecken auf dem Plateau der Wöllmisse gegenüber benachbarter lößfreier Standorte ein höherer Buchenanteil vorgeschlagen. Auf relief- und bodenbedingt trockeneren Standorten im Plateaubereich, wie z.B. am Suchpunkt 14, Profil III, soll dagegen bevorzugt Eiche neben den Begleitbaumarten Hainbuche, Linde, Elsbeere u.a. angebaut werden. Nach den Merkmalen Wasserhaushalt und Nährstoffangebot sind z.B. schattseitige Unterhänge und Hangmulden für die sogenannten Edellaubbäume, wie Berg-Ulme, Berg-Ahorn und Esche besonders geeignet. Über die Merkmale Boden und Steilhanglage ist auch eine Ausscheidung derartiger Standorte zu den nach dem „Thüringer Waldgesetz" vorgesehenen geschützten Standorten (**Schutzwald**) in Bearbeitung. Hierzu zählen auch die Bodenprofile IV, V und VI am Suchpunkt 23.

Standortskunde und Waldgeschichte
Zur Beurteilung der in einem Gebiet vorgefundenen Standortsmerkmale sind auch **waldgeschichtliche Ermittlungen** wichtig. Für unser Gebiet kann in der nacheiszeitlichen Zeitspanne des Subatlantikums mit Ausnahme der Saaleaue, Teilen von Bachauen sowie felsigen Hangstandorten mit Trockenrasen eine ursprünglich vollständige Bewaldung angenommen werden. Nach lokalen Rodungen in vorgeschichtlicher Zeit erfolgten die größten Rodungen im Mittelalter vom 12. bis zum 15. Jh. Damals herrschte ein offenbar milderes Klima als heute, das besonders den Weinanbau ermöglichte, der bis zum Gebirgsrand bei Saalfeld, wie z.B. an den Saaletalhängen bei Tauschwitz, betrieben wurde. Für den Jenaer Raum gibt es erste urkundliche Erwähnungen zum Weinbau bereits 1182 (Zwätzen) bzw. 1185 (Jenzig). Etwa in die gleiche Zeit fallen Rodungen und Weinanbau an den sonnseitigen Hängen des Leutratales bei Maua durch die Mönche des Zisterzienserklosters Grünhain im Westerzgebirge. Weitere Waldrodungen erfolgten zugunsten des Ackerbaues sowie der Wiesen- und Weidenutzung. In dieser Zeit dürfte die Bewaldung ihren niedrigsten Stand erreicht haben. Die Weideflächen begünstigten die starke Ausbreitung von Wacholder. Ehemalige Acker- bzw. Wiesenflächen sind durch Feldraine und terrassierte Flachhanglagen auch in den vom Lehrpfad durchquerten Wäldern noch erkennbar. Die allgemeine klimatische Abkühlung im 16. u. 17. Jh. und der Dreißigjährige Krieg mit seinen negativen Begleiterscheinungen, wie Holzraubbau, Verwüstung und unkontrollierte Beweidung haben die Bewaldung nicht begünstigt. Durch die Erosion von ehemals tonhaltigen Verwitterungsdecken sind vor allem die Muschelkalkhänge irreversibel geschädigt. In zahlreichen Zeichnungen und Stichen der Umgebung Jenas (Abb. 15) aus der Zeit zwischen 1750 und 1850 sind die Sonnseiten und Hoch-

Abb. 15: Hausberg mit Fuchsturm aus der Zeit um 1810 nach einem Stich des Jenaer Universitätskupferstechers L. Heß

flächen der Berge völlig waldlos bzw. nur mit Einzelbäumen dargestellt, während geschlossene Bewaldung meist nur an schattseitigen Unterhängen erkennbar ist.
In der ersten Hälfte des 19. Jhs. begann die gezielte Aufforstung dieser Ödländereien; im Bereich der Wöllmisse soll dies vor allem um 1880 erfolgt sein. Für das Muschelkalkgebiet um Jena kann bei derzeitiger Nadelbaumbestockung oder eschenreichen Bestockungen an den Schichtstufenrändern der Hangfüße von ehemals anderen Nutzungsformen ausgegangen werden. Dies trifft auch für einen Teil der derzeitigen Mischbestockungen aus Laub- und Nadelbäumen, bzw. Laubbaumbestockungen zu. Nur an wenigen Stellen, wie z.B. auf dem Forstplateau westlich des Forstturmes, sind auf größerer Fläche noch durch Ackernutzung nicht veränderte Böden mit ungestörtem Aufbau des Oberbodens zu finden.

6. PFLANZENWELT

Den ständig wechselnden Oberflächenformen, dem unterschiedlichen geologischen Substrat, den vielfältigen Besonnungs-, Wind-, Temperatur- und Niederschlagsverhältnissen entsprechend und nicht zuletzt durch den gestaltenden und verändernden Einfluß des Menschen ist die Pflanzenwelt der Jenaer Umgebung äußerst reich. Vielfältige Beziehungen, Eigenheiten und besondere Tönungen lassen sich für das Muschelkalk- wie für das Buntsandsteingebiet aufzeigen, und so nimmt es nicht wunder, daß das Jenaer „Kalkgebirge" jährlich von Tausenden begeisterter Biologen und Naturfreunden aus dem In- und Ausland besucht und erwandert wird. BOGENHARD, dem wir das „Taschenbuch der

Abb. 16: Der Frauenschuh (*Cypripedium calceolus*) ist die größte und beeindruckendste heimische Orchidee (Foto: B. WÄCHTLER, R. BEYER)

Flora von Jena" (1850) verdanken, schrieb bereits, daß „dieser Landstrich einen der eigenthümlichsten, interessantesten und reichbegabtesten im ganzen deutschen Vaterlande" darstellt ... „Unter den Floren des mittleren und nördlichen Deutschlands steht er, in bezug auf Reichtum und Eigenthümlichkeit, unbedingt oben an!" Im Bereich der Mittleren Saale zwischen Rudolstadt-Orlamünde und Naumburg sind immerhin ca. **1.200 verschiedene Blütenpflanzen** beheimatet! Besonders auffällig erscheinen dabei natürlich die südlichen und östlichen Elemente und unter diesen wiederum die **Orchideen**, sind oder waren doch von den 52 in Deutschland heimischen Arten, die alle unter Naturschutz stehen, in unserem Kreis allein 40 vertreten! Genannt seien an dieser Stelle nur die verschiedenen Knabenkräuter* (Helm-Knabenkraut, Purpur-Knabenkraut, Bleiches Knabenkraut u.a.), die Waldvögelein*, die Ragwurz-Arten* und die wohl prächtigste heimische Art, der Frauenschuh* (Abb. 16). Aus dem Mittelmeergebiet stammen auch die seltene Flaum-Eiche (*Quercus pubescens*, Abb. 17) und der auf den exponierten Kuppen

Abb. 17: Zu den floristischen Besonderheiten des Mittleren Saaletales zählt die Flaum-Eiche (*Quercus pubescens*), erkennbar an der Behaarung der Triebe, Knospen und Blattunterseiten (Foto: W. HEINRICH)

wie in den zu jeder Jahreszeit reizvollen Wäldern häufige Wollige Schneeball (*Viburnum lantana*). Von den Vertretern der osteuropäischen Steppenflora, die ihren mitteldeutschen Verbreitungsschwerpunkt im zentralen Thüringer Keuperbecken erreichen, dringen die Federgräser* (*Stipa capillata, St. joannis*) vereinzelt bis in die Jenaer Umgebung vor. Der Feld-Mannstreu (*Eryngium campestre*) dagegen ist schon wesentlich häufiger an offenen, wärmebegünstigten Standorten zu finden. Betrachten wir aber die schattigen, feuchten, von dunklen Wäldern bestockten Partien, so begegnen uns einige Arten, deren Hauptverbreitung in den regenreichen, wintermilden Gebieten des atlantischen Europas zu suchen ist. Und bedenken wir, daß darüber hinaus Pflanzen nördlicher Herkunft, wie die Wintergrüngewächse (6 Arten) oder auch die Trollblume* (*Trollius europaeus*) an entsprechenden Standorten gar nicht selten sind, so erscheint es durchaus berechtigt, die Charakterisierung Thüringens von O. SCHWARZ als **„Kreuzweg der Blumen"** gerade zur Einschätzung der hiesigen Verhältnisse heranzuziehen.

Freilich, das Spektrum verschiebt sich, je nachdem ob wir die Pflanzenwelt im Bereich des Muschelkalkes oder des Buntsandsteinlandes betrachten. Dominieren bei Jena die südlichen und südöstlichen Vertreter, so erscheinen östlich der Saale bei Kahla die nördlichen (borealen) Arten in stärkerem Maße, und vereinzelt siedeln sogar schon Pflanzen aus höheren Berglagen (montane Elemente). Die natürlichen Wälder sind im Holzland bis auf geringe Reste vernichtet. Forste aus Kiefer oder Fichte, in denen häufig Preisel- oder Heidelbeere (*Vaccinium vitis-idaea, V. myrtillis*) auf dem Boden einen dichten Teppich bilden, bedecken die Hänge und Hügel.

Die Muschelkalklandschaft um Jena allerdings bietet noch günstige Gelegenheiten, das Mosaik natürlicher oder naturnaher **Waldgesellschaften** zu studieren. Auf den Hochflächen und den schattseitigen Hängen im Tautenburger Forst, auf den Gleisbergen, dem Jenzig, im Bereich des Nerkewitzer Grundes, des Mühltales und des Münchenrodaer Grundes sind geschlossene Waldgebiete erhalten. Diese **Laubwälder** sind äußerst reich entwickelt. Einerseits begegnen uns Buchenwälder verschiedener Ausprägung, zum anderen bedecken artenreiche Eichen-Hainbuchen-Wälder die oft flachgründigen Böden, und in den Bachgründen und an Unterhängen stocken stellenweise noch Eschen-Ahorn-Wälder. In Plateaulage handelt es sich häufig um Waldgersten-Buchen-Wälder mit dem Vorkommen von Wald-Haargerste (*Hordelymus europaeus*), Waldmeister (*Galium odoratum*), Wald-Sauerklee (*Oxalis acetosella*) und Frühlings-Platterbse (*Lathyrus vernus*). Auf tiefgründigen, entkalkten Lößlehmböden spielt als Mischholzart die Trauben-Eiche (*Quercus petraea*) eine stärkere Rolle im Bestandesaufbau. Seggen-Buchen-Wälder, früher als Orchideen-Buchen-Wälder bezeichnet, besiedeln vorwiegend die Hangpartien des Unteren Muschelkalks (Abb. 18).

Während in den verschiedenen Buchenwäldern nur wenige Sträucher wachsen, ist in den Eichen-Hainbuchen-Wäldern eine Strauchschicht meist deutlicher entwickelt. Unter dem Schirm von Trauben- und Stiel-Eiche (*Quercus petraea, Q. robur*), Gemeiner Hainbuche (*Carpinus betulus*), Elsbeere (*Sorbus torminalis*), Feld-Ahorn (*Acer campestre*) und Winter-Linde (*Tilia cordata*) begegnen uns Gemeine-Haselnuß (*Corylus avellana*), Rote Heckenkirsche (*Lonicera xylosteum*), Zweigriffliger Weißdorn (*Crataegus oxyacantha*), Gemeiner Seidelbast* (*Daphne mezereum*) und Jungwuchs der Bäume. In der Bodenschicht fallen vor allem Braune Haselwurz (*Asarum europaeum*), Langblättriges Hasenohr (*Bupleurum longifolium*), Wunder-Veilchen (*Viola mirabilis*), Wald-Sternmiere (*Stellaria holostea*), Dreilappiges Leberblümchen* (*Hepatica nobilis*) und Wiesen-Schlüsselblume (*Primula veris*) auf. Auf nährstoffreichen Böden siedeln der giftige Gefleckte Aronstab (*Arum maculatum*), der Hohle Lerchensporn (*Corydalis cava*), und vereinzelt ist in großer Menge noch der Märzenbecher* (*Leucojum vernum*) zu finden. An den sonnseitigen Hängen lockert sich der Bestand mehr und mehr auf, die Bäume erreichen keine besonderen Wuchsleistungen mehr. Zahlreiche wärmeliebende Pflanzenarten, zu deren schönsten wohl der Weiße Diptam* (*Dictamnus albus*) gehört, weisen diese – zumeist nur kleinflächig erhaltenen – wärmeliebenden Eichenwälder auf.

An vielen Stellen ist allerdings auch hier der ursprüngliche Wald durch die mittelalterlichen Wirtschaftsweisen, durch Weinbau, Heilpflanzenanbau und Schafweide sowie die verschiedensten forstlichen Maßnahmen vernichtet oder stärksten Veränderungen unterworfen worden. Nicht selten ist der Laubholzbestand mit einzelnen oder zahlreichen Kiefern, Fichten oder Lärchen durchsetzt, häufig bewegen wir uns auch durch **Nadelholzkulturen**, die mancherorts erstaunlich viel krautige Pflanzen oder auch Jungwuchs vieler Laubhölzer aufweisen und in denen sich der prächtige Frauenschuh* stellenweise erfreulich ausgebreitet hat. Oft genug aber sind die Forste erschreckend eintönig. Dabei sind Wald-Kiefer (*Pinus sylvestris*) und Gemeine Fichte (*Picea abies*) sicher von Natur aus in bestimmten Vergesellschaftungen enthalten gewesen. Auch die Weiß-Tanne (*Abies alba*), die bei Jena ihre nördliche Verbreitungsgrenze erreicht, wuchs ehemals in den Buchenwäldern. Die Schwarz-Kiefer (*Pinus nigra*) jedoch, deren auffällige Gestalt schon einen fremdländischen Eindruck erweckt, ist erst durch die Forstwirtschaft aus SO-Europa eingebracht worden. Stellenweise hat sie schon große, dichte und lichtundurchlässige Bestände gebildet und die standortgemäße artenreiche Krautschicht verdrängt (Abb. 19, 20).

An Stelle der Wälder sind schließlich auf den Muschelkalkböden lockere oder dichtere **Gebüsche** aus Schlehe (*Prunus spinosa*), Wolligem Schneeball (*Viburnum lantana*) und Rotem Hartriegel (*Cornus sanguinea*), **gehölzarme Trockenrasen** mit Kalk-Blaugras (*Sesleria varia*), Braunrotem Sitter* (*Epipactis atrorubens*) und Berg-Gamander (*Teucrium montanum*) oder **Trespen-Halbtrockenrasen**, die zahlreiche Orchideen* enthalten, ausgebildet. Die Bestände der Aufrechten Trespe (*Bromus erectus*) werden bei günstigeren Nährstoff- und Feuchtverhältnissen mehr und mehr von typischen Arten des Dauergrünlandes durchsetzt. Schließlich sind für die **Frischwiesen** der Saaleaue Glatthafer (*Arrhenatherum elatius*), Wiesen-Glockenblume (*Campanula patula*), Wiesen-Pippau (*Crepis biennis*), Wiesen-Storchschnabel (*Geranium pratense*) und Gemeiner Pastinak (*Pastinaca sativa*) kennzeichnend. In feuchteren Partien der Bachgründe und der Aue wird die Kohl-Kratzdistel (*Cirsium oleraceum*) zusammen mit weiteren Feuchtwiesenarten häufiger, und an ausgesprochenen Naßstandorten sind Sauergräser, Gesellschaften des Wasser-Schwadens (*Glyceria maxima*) oder der Roten Pestwurz (*Petasites hybridus*) vorherrschend. Mit solchem Wechsel der verschiedenartigen Wiesentypen – durchsetzt mit einzelnen Bäumen oder Baumgruppen von Erlen oder imponierenden Kopfweiden, in deren Geäst Brombeeren, Hopfen und Winden emporklettern – bietet die Flußaue gerade um Jena noch vereinzelt so reizvolle Bilder, wie sie ältere Autoren beschrieben, obwohl auch hier Kulturflächen das ursprüngliche Bild schon stark verändert haben. Insbesondere aber sind die Standorte über Röt in immer intensivere Ackernutzung genommen worden, und so verschwanden die meisten **Kalkflachmoore** an der Grenze des Muschelkalkes zum Oberen Buntsandstein, die vor allem wegen der charakteristischen Zusammensetzung und ihres floristischen Reichtums [Sumpf-Sitter* (*Epipactis palustris*), Wohlriechende Händelwurz* (*Gymnadenia odoratissima*), Schwarzes Kopfried (*Schoenus nigricans*), Torf-Segge (*Carex davalliana*), Stumpfblütige Binse (*Juncus subnodulosus*)] zu den Besonderheiten zählten.

Auch der Artenreichtum, die Farbenpracht und Schönheit der Gemeinschaften von Ackerwildkräutern auf der Feldflur gehen in steigendem Maße zurück. Zwar sind Sommer-

Abb. 18: Beeindruckend ist der Frühjahrsaspekt unserer Laubwälder (Foto: W. HEINRICH)

Abb. 20: Die großen Blütenköpfe des Rauhen Alants (*Inula hirta*) werden in aufgelassenen Kalkmagerrasen und an Gebüschrändern auffällig (Foto: W. HEINRICH)

Adonisröschen (*Adonis aestivalis*), Erdnuß-Platterbse (*Lathyrus tuberosus*) und Ackerröte (*Sherardia arvensis*) noch häufig zu beobachten, doch Echter Venuskamm (*Scandix pecten-veneris*) oder Weißer Ackerkohl (*Conringia orientalis*) gehören bereits zu den Seltenheiten. Saatgutreinigung, chemische Unkrautbekämpfung und die Methoden der modernen, industriemäßigen Landwirtschaft haben zu dem Rückgang geführt. Mit der Stillegung von Ackerflächen gewinnen auch

Abb. 19: Das Bild der Muschelkalkhänge wird zur Sommerzeit oft durch dichte Bestände der Ästigen Graslilie (*Anthericum ramosum*) bestimmt (Foto: W. HEINRICH)

die Ackerwildkräuter neues Terrain zurück (Abb. 21). Dennoch, manche Arten sind im Gebiet ausgestorben und viele Arten zählen *heute bereits* zu den gefährdeten Arten; sie stehen mit entsprechenden Gefährdungskategorien in den „**Roten Listen**".
Nicht unerwähnt bleiben darf aber auch die Tatsache, daß in den letzten Jahrzehnten einige Arten als **Neubürger** (**Neophyten**) das Pflanzenkleid bereichert haben. In vielen

Abb. 21: Bunt und artenreich - Ackerwildkräuter heute fast nur noch an Wegrändern und auf Brachflächen (Foto: W. HEINRICH)

Abb. 22: Zu den Neubürgern (Neophyten) zählt das Drüsige Springkraut (*Impatiens glandulifera*), das sich an den Fluß- und Bachufern beachtlich ausgebreitet hat (Foto: W. HEINRICH)

Gehölzbeständen hat sich das Kleinblütige Springkraut (*Impatiens parviflora*) ausgebreitet, an der Saale bedeckt das Drüsige Springkraut (*Impatiens glandulifera*) größere Flächen (Abb. 22). An Wegen und auf gestörten Rasenflächen breitet sich die Orientalische Zackenschote (*Bunias orientalis*) immer weiter aus, und an den Straßenrändern hat infolge des winterlichen Laugensprühens der Gemeine Salzschwaden (*Puccinellia distans*) beachtliche Häufigkeit erreicht.
So bietet die Pflanzenwelt um Jena mehr als anderswo im Jahresgang vom Frühjahr bis in den Winter ein so wechselvolles Bild, daß sie ihren Reiz für jeden Natur- und Pflanzenfreund nicht verloren hat – und wenn wir uns an den Pflanzen, die sich hier aus allen Richtungen zu einer einzigartigen Lokalflora und in einem landschaftlichen Mosaik von vielfältigen Biotopen und Pflanzengesellschaften zusammengefunden haben, erfreuen, dann denken wir doch daran mitzuhelfen, diesen Reichtum zu bewahren.

7. TIERWELT

Die Wechselbeziehungen zwischen Kleinklima, den geologisch-orographisch stark differenzierten Verhältnissen und der Vegetation haben im wärmebegünstigten Mittleren Saaletal auch zur Ausprägung artenreicher, spezifischer, wärme- und kalkliebender Tiergemeinschaften geführt. Ähnlich reiche Fundstellen finden sich erst wieder bei Naumburg oder Freyburg/U.

Ob wir an den Ufern der Saale oder der kleinen Nebenbäche der Seitentäler entlang wandern, ob wir an Wegrändern oder Gebüschen einzelne Steine umwenden, ob wir die Borke vermoderter Baumstümpfe ablösen, bei aufgehender Sonne oder bei Frost und Schnee unsere Wanderung beginnen und auf die Berge steigen – immer und überall wird uns eine überraschende Vielfalt begegnen. Wir müssen es nur lernen, sie zu entdecken.

Von den größeren wildlebenden **Säugetieren** sind selbst in Stadtnähe Rehe (*Capreolus capreolus*), Schwarzwild (*Sus scrofa*), Fuchs (*Vulpes vulpes*), Dachs (*Meles meles*), Steinmarder (*Martes foina*) und bei einiger Aufmerksamkeit auch noch der einst häufige, jedoch heute seltene Feldhase (*Lepus europaeus*) vertreten. Der geübte Naturbeobachter wird ferner in Büschen an den Hängen sowie in den Seitentälern westlich der Saale Nester der scheuen, kleinen, gelb-fuchsroten Haselmaus* (*Muscardinus avellanarius*) entdecken, während ihr naher Verwandter, der Siebenschläfer* (*Glis glis*, Abb. 23) die Wälder und warmen Hänge auf der gegenüberliegenden Saaleseite besiedelt. Neben den Bisamratten (*Ondatra zibethicus*) haben sich inzwischen als weitere Neubürger Nutrias (*Myocastor coypus*) entlang der Saale im Stadtgebiet ausgebreitet und lassen sich von Besuchern füttern. Sie sind Nachkommen von Farmtieren, die überwiegend Anfang der 90er Jahre in Freiheit gelangten. Wesentlich scheuer ist dagegen der Waschbär (*Procyon lotor*), der gelegentlich im Bereich des Hufeisens am Gleisberg bzw. unterhalb des Jenzigs am Rande von Kleingärten beobachtet wird.

Die Begegnungen mit **Fledermäusen*** werden sich meist nur auf Zufallsbeobachtungen beschränken, wenn sich einmal ein Tier in ein Gebäude verfliegt oder hinter einem Fensterladen seinen Ruheplatz gewählt hat. Am ehesten bemerkt man noch den Großen Abendsegler* (*Nyctalus noctula*), der an warmen Sommerabenden bereits bei Sonnenuntergang aus seinem Quartier in größeren Baumhöhlen zur nächtlichen Insektenjagd frei über das Tal in Richtung Saale abfliegt. Zu den 12 für die Umgebung von Jena nachgewiesenen Fledermausarten zählen auch die deutschlandweit vom Aussterben bedrohte Mopsfledermaus* (*Barbastella barbastellus*) und die Kleine Hufeisennase* (*Rhinolophus hipposideros*). Hier obliegt uns eine ganz besondere Verpflichtung, alles für den Schutz und Erhalt dieser beiden Arten zu tun.

Insgesamt kommen im Bereich des Mittleren Saaletales um Jena etwa **80 Brutvogelarten** vor (Abb. 24). Während der Zugzeiten werden sie ergänzt durch manchen regelmäßig im Frühjahr und/oder Herbst auftretenden Gast, wobei das Saaletal offenbar eine Leitlinie auch für größere Vogelschwärme wie z.B. den Kranich* (*Grus grus*) und neuerdings auch den Kormoran* (*Phalacrocorax carbo*) bildet. Besonders im Winter tummeln sich im Wasser oder am Eisrand auf der Saale Enten und Rallen*, vorrangig die häufigeren Arten Stockente (*Anas platyrhynchos*), Reiherente* (*Aythya fuligula*) und Tafelente* (*Aythya ferina*) sowie Bleßrallen (*Fulica atra*), doch auch je nach Wetterlage mancher seltene Durchzügler oder Wintergast. Dank der verbesserten Wasserqualität zählt auch der Eisvogel* (Alcedo atthis) zwar nicht zu den häufigen, wohl aber zu den besonders attraktiven Arten, die entlang der Saale zu beobachten sind. Früher nur in Invasionsjahren als Gäste aus Skandinavien, jetzt jedoch alljährlich, erscheinen im Winter Birkenzeisige* (Carduelis flammeus). Von Osten kommend hat diese Art ihr Brutgebiet ausgeweitet und zählt heute zu den seltenen Brutvögeln in den höheren Lagen der Mittelgebirge und Ostthüringens. Eine erwähnenswerte Kostbarkeit besitzt Jena mit der Turmfalken*-(Falco tinnunculus) und Dohlen*-(Corvus monedula)kolonie in der Autobahnbrücke von Göschwitz. Besonders für die stark in ihrem Bestand rückläufige Dohle ist dies in weiterem Umkreis der letzte Brutplatz.

Aus der Gruppe der **Amphibien und Reptilien** liegen Daten für **17 Arten vor**, darunter Raritäten wie die Gelbbauchunke* (Bombina variegata), die Kreuzkröte* (Bufo calamita) und der Kleine Teichfrosch* (Rana lessonae).

Die **Fischfauna** der Saale unterlag in den vergangenen Jahren durch Abwasserbelastung bzw. Havarien, die zu großen Fischsterben führten, erheblichen Veränderungen. Erfreulich ist jedoch die zu beobachtende Regeneration der Bestände, wodurch, unterstützt durch Aussetzung nachgezüchteter Fische, fast das gesamte Spektrum der einst in der Saale verbreiteten Arten wieder vorhanden ist. Es fehlen jedoch noch die Fernwanderer, unter ihnen der Lachs (Salmo salar) und das Flußneunauge* (Lampetra fluviatilis), denen durch Wehre gehindert, ein Aufstieg noch nicht wieder möglich ist.

Die umfangreichen Gruppen der **Insekten**, **Weichtiere** und **anderen Wirbellosen** sind dagegen nur von Spezialisten zu überschauen; bedenken wir, daß in Thüringen z.B. ungefähr **3500 verschiedene Käferarten** nachgewiesen wurden, so wird dies deutlich (Abb. 25-28).

Einschneidende Auswirkungen auf die Tierwelt hatte der Temperaturrückgang während der Eiszeiten, der zu einer weitgehenden Verdrängung der wärmeliebenden tertiären Fauna führte. Mit dem Vordringen des Inlandeises wurden andererseits nordische und alpine Formen in unser Gebiet abgedrängt. Während der nachfolgenden Wiedererwärmung und endgültigen Ausbreitung der Wälder verschwanden solche Vertreter, oder sie zogen sich in besonders kühle Lebensräume (Reliktstandorte) zurück. Der Strudelwurm (Crenobia alpina) sowie einige Schneeinsektenarten haben jedoch bei uns, fernab ihres Hauptverbreitungsgebietes, in wenigen kalten Quellen und kühlen Schluchten überlebt. Andere Arten drangen aus Südosten, Süden oder Westen wieder nach Thüringen vor. Tiere der Waldsteppen und der offenen Landschaften, wie der Hamster* (Cricetus cricetus), fanden geeignete Bedingungen in den durch den Ackerbau geschaffenen "Kultursteppen", bis sie in jüngster Zeit durch veränderte Anbautechniken wieder in ihrem Bestand stark reduziert oder gar gänzlich vernichtet worden sind.

Einen Einblick in die Tierwelt vergangener Zeiten vermitteln einzelne, meist zufällig erhobene Funde oder systematische Untersuchungen im Hangschutt unterhalb der Muschelkalksteilhänge, in den kalkhaltigen Ablagerungen der Saaleterrassen oder auch in den Travertinen des Pennickentales. So wurde beim Bau des Heizkraftwerkes Winzerla der Schädel eines eiszeitlichen Wollhaarnashorns (Coelodonta antiquitatis) ausgegraben. Reste von Wirbeltieren fanden sich aber auch in der Bodenausfüllung der Teufelslöcher. Die Entwicklung der Schneckenfauna von der ausgehenden Eiszeit bis zur Urnenfelder-Bronzezeit konnte aus den Ablagerungen im Pennickental rekonstruiert werden.

Abb. 23: Der Siebenschläfer (*Glis glis*) ist ein hervorragender Kletterer, der in den Sommermonaten in Baumhöhlen lebt; er ist dämmerungsaktiv und nicht sehr scheu (Foto: F. JULICH)

Abb. 24: Die Goldammer (*Emberiza citrinella*) zählt zu den charakteristischen Vogelarten der Waldränder und Gebüschgruppen (Foto: F. JULICH)

Abb. 25: Gefleckter Schmalbock (*Strangalia maculata*); seine Larven entwickeln sich in morschem Holz (Foto: F. JULICH)

Abb. 26: Einem kleinen, doch leuchtend weißem C auf der Flügelunterseite der Hinterflügel (rechts) verdankt der C-Falter (*Polygnia c-album*) seinen Namen (Fotos: F. JULICH)

Abb. 27: Der Braune Bär (*Arctia caja*) ist ein Nachtfalter; die Flecken lösen seine Gestalt optisch auf und tarnen ihn somit (Foto: F. JULICH)

Abb. 28: Die Grüne Huschspinne (*Micromata viridissima*) baut ein zusammengesponnenes Blätternest für ihren Eikokon (Foto: F. JULICH)

Praktisch in allen Tiergruppen vollzieht sich ein nicht nur dem Fachmann auffallender ständiger Wandel in der Artenzusammensetzung. Der aus dem westlichen Mittelmeergebiet stammende Girlitz* (*Serinus serinus*) beispielsweise erreichte erst im vergangenen Jahrhundert das Mittlere Saaletal. Heute trifft man ihn allenthalben im Frühjahr im Stadtrandgebiet, wo er auf Leitungsdrähten sitzend, sein anspruchsloses Lied vorträgt. Von Südosten kommend wurde Anfang der 50er Jahre unseres Jahrhunderts die Türkentaube (*Streptopelia decaocto*) rasch auch in Jena heimisch.

Bewußt oder unbewußt verschleppt der Mensch Tiere oder begünstigt ihre Ausbreitung. In aller jüngster Zeit gelangte vermutlich mit Gemüse- oder Pflanzentransporten die in ihrer Färbung recht variable rot- bis schwarzbraun erscheinende, ausgewachsen bis zu 12 cm lange Lusitanische Wegschnecke (*Arion lusitanicus*) nach Jena und vernichtet mit ihrer Gefräßigkeit nun so manche Mühe der Kleingärtner.

Wirtschaftliche Maßnahmen, Änderungen im Witterungsablauf und großklimatische Veränderungen haben jedoch auch ihren Einfluß auf die heimische Tierwelt genommen. Nicht wenige Arten sind in den letzten Jahrzehnten verschwunden oder durch Veränderungen ihres Lebensraumes äußerst selten geworden. Noch bis zur letzten Jahrhundertwende nistete der Steinsperling* (*Petronia petronia*) südlich von Jena an der Lobdeburg, bei Göschwitz und Leutra. Heute ist er ebenso wie die in alten Faunenlisten angeführte Große Hufeisennase* (*Rhinolophus ferrum-equinum*) – eine Fledermaus – in Thüringen bzw. ganz Nordeuropa und in weiten Teilen Mitteleuropas ausgestorben. Durch die fortschreitende Bewaldung der Muschelkalksteilhänge werden Arten der Felsheiden und Trockenrasen, die einst kennzeichnend für die Fauna von Jena waren, zurückgedrängt; sie werden selten oder verschwinden ganz.

Mit der Vernichtung oder Verschmutzung der stehenden Kleingewässer ging ein erheblicher Artenschwund und damit eine Verarmung der unmittelbaren Umgebung von Jena einher. Erinnert sei stellvertretend an den von klarem Quellwasser gespeisten und durch ein reiches Leben gekennzeichneten Teich unterhalb des Thalsteins, der unter dem Bauschutt der ehemaligen Gebäude des Eichplatzes vergraben wurde. Andere Arten konnten wiederum durch die Aktivitäten des Menschen überleben, sich ausbreiten und neue Lebensräume besiedeln. So bietet sich die Tierwelt um Jena heute als eine Mischfauna aus den verschiedensten Herkunftsgebieten dar, die überall den starken, über Jahrhunderte wirkenden Einfluß des Menschen erkennen läßt.

8. UR- UND FRÜHGESCHICHTE

Nach dem gegenwärtigen Stand unserer Kenntnisse ist das Mittlere Saaletal in einer Warmphase der letzten Eiszeit (Weichsel-Glazial) vor etwa 12.000 Jahren erstmals von Menschen aufgesucht worden. Für diese Zeit sind in unserer Gegend mehrere Freilandstationen von Wildpferdjägern nachgewiesen. Ein solcher Wohnplatz konnte durch Ausgrabungen von Zeltspuren, Feuerstellen, Arbeitsgeräten und Mahlzeitresten bei Ölknitz, südlich von Jena nachgewiesen werden. Die hier entdeckten Kulturreste gehören dem Ende der **Altsteinzeit** (Paläolithikum) an. Funde, die auf weitere Rastplätze dieser Zeit hinweisen, fanden sich im Stadtgebiet auf der Hohen Saale am Fuß des Jenzigs und auf dem Jober an der Autobahnauffahrt in Maua.

Eine Klimaerwärmung seit dem 8. Jahrtausend v. Chr. führte zur Bildung einer Mischwaldvegetation, die sich auch auf die Randhöhen des Saaletales erstreckte. Von hier stammen wenige Funde umherstreifender Jäger- und Sammlergruppen der **Mittleren Steinzeit** (Mesolithikum), z.B. vom Glas bei Drackendorf sowie auf der Hochfläche westlich des ehemaligen Vorwerkes Drackendorf, aber auch aus der Gegend von Kunitz und Münchenroda. Sie können ein Alter von 10.000 bis 6.600 Jahren beanspruchen und begegnen uns meist in Form charakteristischer kleiner Feuersteingeräte, die nur geschäftet verwendet werden konnten.

Den Beginn der **Jungsteinzeit** (Neolithikum) kennzeichnet der Übergang von der Jagd- und Sammelwirtschaft zu Ackerbau und Viehhaltung. Vor etwa 7.000 Jahren wanderten mit den Trägern der Kultur der Bandkeramik (so benannt nach der typischen Verzierungsart ihrer Gefäße) die ersten Ackerbauern wahrscheinlich aus dem südosteuropäischen Raum in das Saaletal ein. Ihre Siedlungen lagen vor allem auf Restflächen fruchtbaren Lößbodens in der Nähe von Wasserläufen, so bei Ammerbach, Drackendorf, Nerkewitz, Bucha, Maua und Cospeda. Im Jahre 1998 konnte bei Schlöben eine solche Siedlung mit mehreren Gräbern erstmals in Thüringen nahezu vollständig untersucht werden.

Im 3. Jahrtausend v. Chr. gehörte das Saalegebiet zum Kreis der **Trichterbecherkultur**. Die kennzeichnenden trichterartigen Tongefäße und Steingeräte, wie sie vor allem aus einer Höhensiedlung bei Tümpling in der Nähe von Camburg geborgen wurden, aber auch mit wenigen Gefäßresten vom Jenzig und mit einem typischen Axthammer aus Lobeda vorliegen, stellen vorwiegend Zeugnisse einer südlichen, der sogenannten Baalberger Gruppe sowie der ihr folgenden Salzmünder Gruppe dieses Kulturkreises dar. Nach Ausweis weniger Bodenfunde gehörte das mittlere Saalegebiet im 3. Jahrtausend v. Chr. auch zum Siedelgebiet der in Anlehnung an die Trichterbecherkultur entstandenen sogenannten **Kugelamphorenkultur**. Die namengebenden Töpfe und Schalen mit Henkelösen, die im weiteren Umkreis vereinzelt bei Stobra und Einsdorf geborgen wurden, fanden sich vor allem in Grabanlagen dieser Zeit.

Die sog. **Schnurkeramik**, deren Träger um 2.300 v. Chr. in unsere Gegend einwanderten, ist durch Steingeräte von verschiedenen Fundstellen bekannt. Zahlreiche Grabfunde, wie ein Hockergrab mit Sparrenbecher von Jena-Neulobeda, legen eine dichte Besiedlung nahe, die zu Anfang des 2. Jahrtausends v. Chr. in der Saale-Schnurkeramik eine besondere Ausprägung erfahren hat. Neben Flachgräbern finden sich Gruppen von Hügelgräbern vor allem auf der Saale-Ilm-Hochfläche um Nerkewitz, Stiebritz und Dornburg, aber auch in der hügeligen Waldlandschaft rechts der Saale.

Etwas später als die Schnurkeramiker wanderten von Westen Gruppen der **Glockenbecherkultur** in den Jenaer Raum ein. Vielleicht nomadisierend, sind von ihnen nur wenige Funde überliefert. Gefäßscherben vom Jober bei Maua und vom Nordhang des Hausberges in Jena rühren wahrscheinlich von zerstörten Gräbern her.

Den Übergang zur Bronzeverarbeitung vollzogen in Thüringen die Träger der **Leubinger Kultur**, die großräumig zum **Aunjetitzer Kulturkreis** gehören. Das Saale-Unstrut-Gebiet bildete in jener Zeit einen wirtschaftlichen Mittelpunkt. Große Grabhügel, wie jene von Hirschroda und Hainichen, dürfen als Grabstätten der damaligen Führungsschicht angesehen werden.

Während der **mittleren Bronzezeit** siedelten auf den Randhöhen entlang der Saale Gruppen der **Hügelgräberkultur**. Grabhügel jener Zeit kennen wir vom Forst und vom Kulm über Drackendorf. Sie sind im Schutz des Waldes 3.600 - 3.000 Jahre erhalten geblieben.

Eine besonders dichte Besiedlung ist im Saalegebiet während der **Jüngeren Bronzezeit** nachweisbar. Fast 400 Jahre berührten sich hier zwei Kulturen: die osterländische Gruppe der **Lausitzer Kultur** und die westthüringische **Unstrutgruppe**. Lausitzische Siedler wanderten um 1.200 v. Chr. in das Saaletal ein und beherrschten es über zwei Jahrhunderte. Das Aufeinandertreffen beider Kulturen führte möglicherweise zu kriegerischen Auseinandersetzungen, worauf die Niederlegung von Hortfunden und die Anlage von Befestigungen auf dem Alten Gleisberg und dem Jenzig hinweisen könnte. Um 1.000 v. Chr. wurde die Lausitzer Kultur schrittweise durch die Unstrutgruppe verdrängt. Deren Steinpackungsgräber fanden sich auf dem Spielberge bei Kunitz, ihre Siedlungsspuren im Pennickental bei Wöllnitz, am Engelplatz in Jena und auf dem Jenzig.

In der jüngsten Bronzezeit wird die Unstrutgruppe im mittleren Saalegebiet durch die **Süddeutsche Urnenfelderkultur** abgelöst. Sie errichtete ebenfalls befestigte Höhensiedlungen, wie sie uns im älteren Burgwall auf dem Johannisberg entgegentreten. Daneben bestanden offene Siedlungen beim Stadtschloß Lobeda, auf den Backsteinländern in Ammerbach, am Westfuß des Hausberges und wohl auch im Bereich des Roten Turmes in Jena.

Seit dem 7. Jh. v. Chr. lernten die Gemeinschaften am Nordrand der Alpen die Eisentechnologie des Südens kennen. Die Kulturerzeugnisse, die aus dieser Zeit im Raum von Saale, Orla und Weißer Elster vorliegen, werden als **Dreitzscher Gruppe** zusammengefaßt. Aus ihrem Bereich sind Friedhöfe mit Urnengräbern in Löbstedt und nördlich der Schubertsburg in Lichtenhain bekannt. Ihr gehören aber auch eine 2.800 - 2.700 Jahre zählende Siedlung auf der Hohen Saale am Fuß des Jenzigs, Funde bei Maua und der große Hortfund des Jahres 1856 in Schlöben (Neue Welt) an. Wieder hundert Jahre jünger sind einige Gräber vom Spielberg in Kunitz sowie Siedlungsreste aus Löbstedt und von der Terrasse über den Teufelslöchern. Gleichzeitig mit ihnen setzen wieder Hinterlassenschaften auf dem Jenzig und die fundreiche offene Siedlung auf der Norrkeule in Lobeda ein, die noch bis in die **Jüngere Vorrömische Eisenzeit** hineinreichen und erst vor 2.400 oder 2.300 Jahren auslaufen.

Die kulturell einheitliche Bevölkerung, die während der jüngeren Vorrömischen Eisenzeit im mittleren Saaletal siedelt, wird der mitteldeutschen Gruppe der **Jastorfkultur** zugerechnet. Sie wird als Vorgänger der Elbgermanen angesehen und stellt nach ihrer archäologisch-kulturellen Ausprägung eine ausgesprochene Kontaktgruppe zur keltischen Latènekultur Südthüringens dar. Ihre Friedhöfe fanden sich auf dem Spielberg in Kunitz und am Saalbahnhof, Siedlungshinterlassenschaften liegen vom Jenzig sowie aus Neulobeda und Maua vor.

Zu Beginn unserer Zeitrechnung werden im mittleren Saaletal verstärkt elbgermanische Einflüsse spürbar, die sich insbesondere in dem bedeutenden Urnengräberfeld von Großromstedt widerspiegeln. Nach Aussage antiker Schriftsteller gehörte das Saaletal in dieser Zeit zum Siedlungsgebiet der **Hermunduren**. Funde dieser Periode, der Älteren Römischen Kaiserzeit, fehlen im Raum Jena fast ganz. Nur die große Siedlung Lobeda (Kiesgruben) hat auch im 1. und 2. Jh. bestanden. Sie lebte auch in den folgenden Jahrhunderten weiter und hat uns einen Schatz von seltenen Ackerbaugeräten aus Eisen erbracht. An ihrem Rand sind auch einige Körpergräber der Jüngeren Römischen Kaiserzeit zutage gekommen. Ihnen gleichzeitig ist eine Siedlung am Saaleufer in Burgau sowie Siedlungsreste in Jena-Nord. Neuerdings fanden sich Siedlungsspuren dieser Zeit bei Jenaprießnitz und auch ein seit 1995 teilweise aufgedeckter Friedhof bei Großlöbichau, der neben Körpergräbern auch mehrere Pferdebestattungen enthielt, reicht vielleicht noch in diese Zeit zurück.

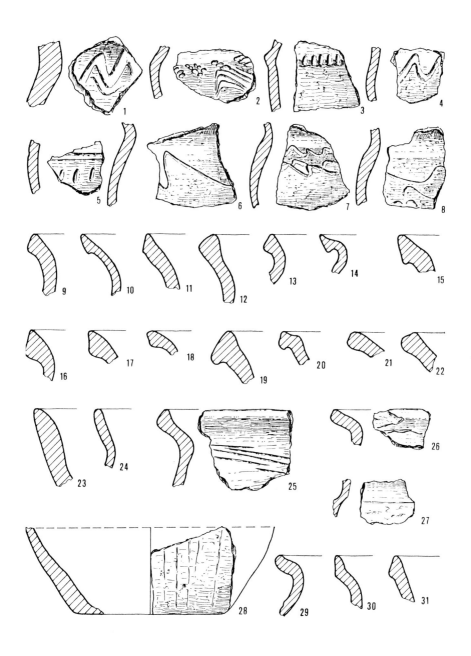

Abb. 29: Mittelalterliche Keramik des 10.-12. Jhs. vom Königshof Kirchberg bei Jena (Zeichnung: G. SCHADE, Weimar)

Um 400 liegt das Saalegebiet im **Herrschaftsbereich der Thüringer**, einem Großstamm aus elb- und wesergermanischen Stämmen, zu dessen Bildung wahrscheinlich auch die Hermunduren mit beigetragen haben. Die Siedlung bei Lobeda bestand auch in dieser Zeit noch fort. Um 530 wird ein Frauengrab von Jena-Burgau datiert. Nach der Zerschlagung des Thüringer Königreiches durch die Franken im Jahre 531 rückten in die Gebiete östlich der Saale **slawische Stämme** nach. Sie wanderten nach und nach auch in fränkisch besetztes Gebiet westlich der Saale ein und wurden dort in die bestehenden kirchlichen und politischen Strukturen integriert. Slawische Siedlungshinterlassenschaften liegen aus dem Stadtgebiet von Löbstedt, Burgau, Wöllnitz, Kunitz, Jenaprießnitz und Lobeda vor. Bedeutsam für die Ortsentstehung Jenas sind vor allem Reste eines slawischen Dorfes, die durch Ausgrabungen 1997/98 im Ortskern von Wenigenjena nachgewiesen werden konnten. Es bestand vom 9. bis 12. Jh. und dürfte als vorstädtischer Siedlungskern mit der zum Ende des 9. Jh. schriftlich bezeugten Siedlung Jani gleichzusetzen sein. Slawische Friedhöfe finden sich bei Burgau, Jena (Rasenmühle), Jena-Zwätzen, Zöllnitz, Lobeda und Wenigenjena. Für die politische Organisation der ostsaalischen Slawen bis in das 10. Jh. ist die Befestigungsanlage auf dem Johannisberg bei Jena-Lobeda von besonderer Bedeutung. Seit dem zweiten Drittel des 10. Jh. wird diese durch deutsche Burgen abgelöst, von denen der 937 urkundlich bezeugte Königshof Kirchberg auf dem Hausberg westlich des Fuchsturms, eine weitere möglicherweise in Burgau gelegen hat (Abb. 29).

9. STADTGESCHICHTE

Jena (1999: ca. 96.500 Einw.), nach der Landeshauptstadt Erfurt und Gera drittgrößte kreisfreie Stadt des Freistaates Thüringen, ist mit seiner 440 Jahre alten, ehrwürdigen und weithin bekannten Universität, seinen zahlreichen wissenschaftlichen Instituten und Forschungseinrichtungen, einer Fachhochschule, seinen Betrieben der Optik und Hochtechnologie, mit den Museen und der Philharmonie das wirtschaftliche, geistige und kulturelle Zentrum inmitten der einmaligen Landschaft des Mittleren Saaletales. Der Reiz und die Ausstrahlung dieser Stadt erwachsen immer wieder neu aus dem besonderen Zusammenwirken von provinzieller Intimität und weitsichtiger Geistes- und Schöpferkraft (Abb. 30).
Im Zehntregister der Hersfelder Mönche wird Jena als **Jani** (slawisch: die Leute des Jan, Johannes) zusammen mit Leutra als Liutdraha (ahd.: klares Wasser, wie der gleichnamige, aus dem Mühltal kommende Bach) um 830/850 erstmals erwähnt. Das linkssaalische Gebiet am Heinrichsberg bot Schutz vor Saalehochwassern und lag an der Handelsstraße Erfurt-Altenburg. Im Süden führte über die Wöllmisse eine sehr alte Handelsstraße, die Leipzig mit Nürnberg verband. Sicherheit für den aufstrebenden Markt boten seit fränkischer und liudolfinger Zeit Befestigungen an der Saale, wie die Königshöfe Dornburg und Kirchberg (937), Greifberg (1156) und Windberg (1279), Gleisberg-Burg (1133), Lobdeburg (1166/1188) und Leuchtenburg (um 1220). Jena erhielt um **1220** von den aus Franken zugewanderten Herren von AUHAUSEN (seit 1166 **LOBDEBURGER** genannt) das **Stadtrecht**. Bürger werden 1236 urkundlich genannt, ein Stadtrat ist seit 1275 belegt. Bis etwa 1300 entstand die mächtige Stadtmauer mit vier Ecktürmen, drei Toren und

einer Pforte. Von der **Stadtbefestigung**, die unter den Bedingungen der sich verschärfenden Kämpfe zwischen Städten und Feudalgewalten zu Beginn des 14. Jh. weiter ausgebaut wurde, haben sich das Johannistor (1304), der Pulverturm und Untergeschosse des Anatomieturmes und des Roten Turmes erhalten. Unter Efeu versteckt findet man neben der Universität im ehemaligen Schloßbereich Grundmauern des NO-Turmes (Abb. 31).

Abb. 30: Blick vom Landgrafen auf die Kernberge und nach Süden bis zur Leuchtenburg (Foto: W. HEINRICH 1999)

Abb. 31: Jena von Nord-West 1650 (Caspar MERIAN d. J. 1627-1687)

Jena gehörte seit 1331 den **Wettinern**, seit der Erbteilung 1485 der **ernestinischen Linie** (bis 1918). Jenas Stadtväter nutzten geschickt finanzielle Nöte ihrer Landesherrn, um wichtige Privilegien zu erwerben: 1347/1352 das Münz- und Zollrecht sowie das Schultheißenamt, 1365 die niedere, 1429 die hohe Gerichtsbarkeit, 1406 das Geschoßprivileg (Rechte der Grundstücksbesteuerung). Aber auch die Vorstädte und Handwerker strebten entsprechend ihrer wachsenden wirtschaftlichen Bedeutung (Bildung der Handwerkerinnungen) nach Mitsprache im Stadtrat.

Drei große Bürgerbauten aus dieser Zeit, das Rathaus, die Stadtkirche und die Camsdorfer Brücke, zeugen für den Wohlstand der Bürger. Das **Rathaus** wurde zwischen 1377 und 1380 unter Einbeziehung eines Vorgängerbaues aus dem frühen 13. Jh. errichtet. Seit dem 15. Jh. zeigt die Kunstuhr, die 1755 an den neu erbauten barocken Mittelturm versetzt wurde, die Zeit an. Der Schnapphans über dem Zifferblatt versucht bei jedem vollen Stundenschlag die ihm vom Pilger entgegengehaltene Kugel (menschliche Seele?) zu erschnappen. Doch zur rechten Zeit warnt das Glöcklein eines Engels davor. Der Schnapphans zählt zu den „**7 Wundern**" oder besser Wahrzeichen des mittelalterlichen Jenas (Abb. 32):

ara
Durchfahrt unter dem Altar der Stadtkirche

mons
der Jenzig

caput
Schnapphans

pons
alte Camsdorfer Brücke (1912/13 abgebrochen und neu gebaut)

draco
siebenköpfiger Drache, Studentenarbeit um 1600

vulpecula turris
der Fuchsturm

Weigeliana domus
das mit astronomischen und technischen Erfindungen ausgestattete Haus des Mathematikers und Astronomen Erhard WEIGEL (1898 abgebrochen)

Abb. 32: Die sieben Wunder Jenas:
„Ara, caput, draco. mons, pons, vulpecula turris, Weigeliana domus -septem miracula Jenae" (Zeichnungen: K. RAMM)

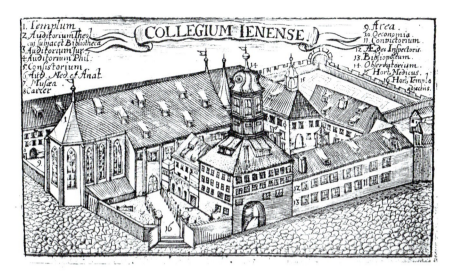

Abb. 33: Collegium Jenense mit Observatorium nach 1658 (erste Universität)
(nach einem Stich von C. JUNGHANß, 1644 -1724)

Abb. 34: Markt mit Hanfried und Ratszeise
(Foto: W. HEINRICH 1999)

Jenas Marktplatz, der beherrscht wurde von dem stattlichen Rathaus, wo sich unter großen, gotisch gewölbten Durchgängen die Fleisch- und Brotbänke, die kleine und große Ratswaage sowie die Einnahmestelle der Akzise (Steuer, daher der Name Zeise) befanden, zählte zu den größten in Thüringen. Die **Stadtkirche** St. Michael wurde um 1390 begonnen, der Turm 1556 vollendet. Vorgängerbauten weisen ins frühe 12. und 13. Jahrhundert. Um 1480 überspannte die erste steinerne **Brücke** bei **Camsdorf** die Saale. Wiederholt unterbrachen Kriege (Hussiteneinfall, Sächsischer Bruderkrieg 1446 bis 1451, Vitzthumsche Fehde) die Bautätigkeit, die Stadtbefestigung aber wurde 1430 verstärkt.

1490 besaß Jena ca. 3.800 Einwohner, die vorwiegend ein Handwerk betrieben, ferner Ackerwirtschaft, Fischerei, Brauerei und den Anbau von Wein (seit dem 12. Jh.), der wie der Färber-Waid weithin gehandelt wurde. Mittelalterliche Hohlpfennige und das Stadtwappen mit dem Erzengel Michael tragen die Weintraube.

Drei **Klöster** gehörten zu Jena, und zwar das zu großem Reichtum gelangte Zisterzienser-Nonnenkloster (1301) hinter der Stadtkirche, Filiale des von den LOBDEBURGERN gestifteten Klosters in Roda; das Dominikanerkloster (1286) in der SW-Ecke des Stadtmauer-Karrees (Kirche 1498 vollendet, 1945 zerstört), späterer Sitz der ersten Universität (Collegium Jenense, Abb. 33) und vor dem Löbdertor, am heutigen Engelplatz, das Karmeliterkloster (1414/1418).

Zur Zeit der **Reformation** befand sich Jena im Zentrum der lutherischen Bewegung. In Orlamünde wirkte der radikale Reformator Andreas KARLSTADT, sein Freund Martin REINHART in Jena. Einer Aufforderung des Kurfürsten folgend, in den Saalestädten Ordnung zu schaffen, eilte Martin LUTHER nach Jena und predigte 1524 in der Stadtkirche gegen den „Allstedter Geist" und führte im „Bären" am 22. 8. 1524 ein unversöhnliches Streitgespräch mit KARLSTADT, REINHART und anderen „Schwarmgeistern". 1525 erreichte der Bauernkrieg seinen Höhepunkt. Anfang Mai, vor der entscheidenden Schlacht des Bauernheeres unter Thomas MÜNTZER am 15. Mai bei Bad Frankenhausen, kam es in Jena zur Erstürmung der beiden Mönchsklöster durch aufständische Bauern und Vorstädter. Am 21. Juni hielt Kurfürst JOHANN (der Beständige) blutiges Gericht auf dem Marktplatz. Die Stadt wurde entwaffnet und mit einer hohen Geldbuße belegt. In der Folge wurden die Güter der Kirche säkularisiert, das Kirchen- und Schulwesen reformiert, und das Nonnenkloster wurde Stadtschule.

Der Entschluß von JOHANN FRIEDRICH I., dem nach der Niederlage im Schmalkaldischen Krieg (1546/47) mit der Kurwürde und den Kurlanden auch die Wittenberger Akademie verloren gegangen war, als Ersatz in Jena eine **Universität** zu gründen, war von nachhaltiger Wirkung für die Entwicklung der Stadt. Noch während seiner kaiserlichen Gefangenschaft eröffneten seine Söhne 1548 im ehemaligen Dominikanerkloster (Abb. 33) die **Hohe Schule**, die protestantische Beamte, vor allem Theologen und Lehrer ausbilden sollte. Die ersten Professoren waren Johannes STIGEL und Victorin STRIGEL, beide Schüler MELANCHTONS, der eine neulateinischer Dichter und „poeta laureatus", der andere Theologe. Aber erst **1558** bestätigte der Kaiser die **Universitätsgründung**, und am 2. Februar fand die feierliche Eröffnung statt. Der Mediziner Johannes SCHROETER, Leibarzt Kaiser FERDINANDS, war der erste Rektor. Anläßlich der 300jährigen Jubelfeier der Alma mater Jenensis wurde auf dem Markt das von Johann Friedrich DRAKE geschaffene Bronzestandbild des Gründers, Kurfürst JOHANN FRIEDRICH I. (der Großmütige), von den Jensern liebevoll **Hanfried** genannt, enthüllt (Abb. 34).

Herausragende Gelehrte zogen bald Studenten aus ganz Europa an. Basilius MONNER und Matthäus WESENBECK legten in Jena den Grundstein für die Entwicklung der Rechtswissenschaft. Mit der Gründung des Schöppenstuhles wurde Jena Gerichtszentrum. Schul- und Kirchenwesen und die Apotheken wurden positiv von der Salana beeinflußt. Als Universitätsstadt erlebte Jena einen langanhaltenden wirtschaftlichen und geistigen Aufschwung. Bis weit in das 19. Jh. hinein profitierte die Stadt von ihren akademischen Bürgern. Das Kloster wurde umgebaut, Häuser und Wohnungen entstanden, und einzelne Fachwerkhäuser (Marktmühle, Siedelhof u.a.) wurden im Untergeschoß in Stein übertragen. Für das Bürgertum bildeten sich neue Erwerbszweige heraus, die den Weinbau der vom 13. bis 17. Jh. gewinnbringend betrieben wurde, zurückdrängten und schließlich zum Entstehen eines gewissen Philistertums führten. Kaufleute, Schneider und Gastwirte verdienten an der Akademie nicht schlecht, ebenso die Vermieter von Stuben, Reitpferden, Kutschen und Schlitten. Künstler schufen Professorenbildnisse und Epitaphien sowie Stammbuchblätter und später Andenkenporzellan. Das **Buch- und Verlagswesen** erfuhr eine ungeahnte Blüte, die zur Reformation begann und mit der Herausgabe der Jenaer Luther-Ausgabe (1555/58) im ehemaligen Karmeliterkloster einen ersten Höhepunkt erreichte. Um 1700 stand Jena in Deutschland an zweiter Stelle hinter Leipzig in der verlegerischen Produktion.

Andererseits kam es zu ständigen Streitereien zwischen Stadt und Universität. Die *cives academici* unterstanden ihrer eigenen Gerichtsbarkeit, waren befreit von Steuern, Einquartierungen und anderen städtischen Verpflichtungen. Nächtliches Lärmen, Kleiderluxus, Schulden, Völlerei und Trunksucht und andere Laster empörten die braven Philister. Tumulte und Duelle, Plündern der Weinberge, Stören von Hochzeiten und Gottesdiensten brachten die Musensöhne in Verruf. Noch GOETHE nannte die Rauf- und Saufbolde „die wilden Jäger von der Saale". Doch wurden diese Auswüchse des Studentenlebens in Kauf genommen, da Bürger und Rat aus dem hohen Ansehen der Universität großen Nutzen zogen.

Der **Dreißigjährige Krieg** hinterließ auch in Jena seine Spuren. Zwar verhinderten Schutzbriefe für lange Zeit kriegerische Zugriffe, doch erfuhr die Stadt zahlreiche Einquartierungen und Durchzüge unterschiedlicher Truppen mit all ihren Folgen. Die größte Plünderung brachte das Jahr 1637. Nachdem die Truppen des Schweden BANÉR weichen mußten und zuvor den äußeren Bogen der Camsdorfer Brücke zerstört hatten, wurde die Stadt ein Opfer der nachstoßenden kaiserlichen Söldner. Es herrschten Not und Teuerung. Pest, Hunger und Ruhr rafften viele Menschen dahin. Die Einwohnerzahl sank von 4.200 auf 3.600, die der Studenten von 800 auf 246, stieg jedoch nach dem Friedensfest von 1650 rasch auf 400 an.

Mit der Berufung des Anatomen und Mediziners Werner ROLFINCK (1629), der eine Anatomische Anstalt und ein Chemisches Laboratorium einrichtete sowie den seit 1586 bestehenden Botanischen Garten erneuerte und erweiterte, begann die erste Blütezeit der Universität. Den im lutherischen Dogma erstarrten Theologen traten die **Pietisten** und **Frühaufklärer** entgegen. Vertreter einer modernen Wissenschaft, wie Werner ROLFINCK, der Astronom und Mathematiker, Philosoph und Pädagoge Erhard WEIGEL, der Jurist Georg Adam STRUVE, der Theologe Johann MUSÄUS, die Historiker Johann Andreas BOSE und Caspar SAGITTARIUS, der Theologe Johann Franz BUDDEUS (er hielt wie WEIGEL Vorlesungen in deutscher Sprache) und der Kameralwissenschaftler Joachim Georg DARJES (er gründete mit der Rosenschule 1761 eine der ersten Industrieschulen in Deutschland) machten Jena zum Ort der Freigeisterei und zogen neue Hörer an. PUFENDORF, LEIBNIZ und WOLFF zählten zu den Studenten der Frühaufklärung in Jena.

Von **1672** bis **1690** war Jena - als typisches Zeichen territorialer Zersplitterung Deutschlands - mit lediglich 515 km^2 **selbständiges Herzogtum**. Eigene Münzen, eigenes Heer und eine kostspielige Hofhaltung im neuen Schloß (heute steht an gleicher Stelle das Universitätshauptgebäude), neue Gebäude für Beamte und Professoren (darunter das berühmte WEIGELsche Haus, eines der „7 Wunder") prägten diese Periode. 1674 erschien bei NEUENHAHN die erste Jenaische Zeitung. Johann Nicolaus BACH, ein Vetter des großen

Johann Sebastian, bestimmte rund 50 Jahre das Musikleben der Stadt, und Johann Christian Günther, Deutschlands größter Lyriker vor Goethe, starb arm und krank als Student in Jena.

Als Folge der ökonomischen Misere der Erhalterstaaten und durch das Fehlen industrieller Produktion sank Jenas Niveau unaufhaltsam und erlebte erst nach der Französischen Revolution einen neuen Höhenflug. Humanitätsgedanken und Nationalgefühl bestimmten fortan das bürgerliche Denken. Die deutsche Sprache erfuhr in der Dichtung der deutschen Klassik eine bisher unerreichte Höhe. Das Zusammentreffen von klassischer deutscher Philosophie und klassischer deutscher Literatur in dem winzigen Herzogtum Weimar und seiner Universitätsstadt Jena ließen ein Zentrum geistiger Schöpferkraft entstehen, und die Universität stieg zu einer im deutschen wie internationalen Maßstab führenden Hochschule auf.

1775 hatte Herzog **Carl August** – ab 1815 Großherzog – die Regierung übernommen. In Goethe fand er nicht nur einen fähigen Staatsminister, sondern auch den Freund und Ratgeber. Goethe nahm sich der zurückgebliebenen Universität und der Stadt an, ließ die Befestigungsmauern teilweise abbrechen, den Graben zuschütten; das Löbdertor verschwand, neue Anstalten wurden gegründet, der Botanische Garten wurde 1794 am Fürstengraben eingerichtet, die Bibliothek erneuert, die Saale reguliert, Straßen gebaut. Überdies fand Goethe noch Muße, in Jena seine wichtigsten Werke zu schreiben oder zu planen und naturwissenschaftliche Studien zu betreiben (1784 hat er in Zusammenarbeit mit dem Mediziner Justus Loder im Anatomieturm den Zwischenkieferknochen beim Menschen entdeckt).

1789 hielt **Friedrich Schiller** seine stürmisch gefeierte und preisgekrönte **Antrittsvorlesung** als Professor für Geschichte, der er bis 1799 blieb. Seit 1934, dem 175. Geburtstag des Dichters, trägt die Universität seinen Namen. Schiller verlebte hier seine glücklichsten und schaffensreichsten Jahre. Der Freundschaftsbund, 1794 in Jena zwischen Goethe und Schiller geschlossen, befruchtete ihr Schaffen. Jena wurde zum **Zentrum der klassischen deutschen Literatur und Philosophie** und der **Geburtsort der deutschen Frühromantik**. Fichte, Hegel und Schelling, das philosophische Dreigestirn; die Juristen Hufeland und Feuerbach; die Mediziner Loder und Stark; die Chemiker Göttling und Doebereiner; die Mineralogen Walch und Suckow, die Botaniker Batsch und Voigt zählten zu den Glanzlichtern der Salana. In den Häusern des Verlegers Frommann und des Theologen Griesbach trafen sich Geistesgrößen aus ganz Deutschland, und um die Brüder Schlegel und ihre Frauen Caroline und Dorothea scharten sich Dichter und Naturforscher, wie Tieck und Novalis, Steffens und Ritter.

Nach den **Napoleonischen Kriegen** verlor Jena seine Vorrangstellung. Geldmangel und politischer Druck ließen die kurze Blüte der Universität allzubald vergessen. Als die französischen Truppen nach der Schlacht bei Jena und Auerstedt am 14. Oktober 1806 plündernd in die Stadt einmarschierten, bekundeten sie nicht nur die Niederlage des friderizianischen Preußens, sondern weckten zugleich ein Aufbegehren gegen politische Machtlosigkeit. Die fortschrittliche Burschenschaftsbewegung, aus den Befreiungskämpfen gegen Napoleon geboren, durch Fichte, Oken und Luden vorbereitet, fand in Jena eine Geburtsstätte und ihr frühes Zentrum. Am 12. Juni 1815 kam es in der „Tanne" zur Gründung der ersten deutschen **Burschenschaft**. Erstmalig trug eine Fahne die Farben

„Rot-Schwarz-Rot" (seit 1816 „Schwarz-Rot-Gold") zum Zeichen der progressiven bürgerlichen Nationalbewegung. Die nach dem Verbot von 1819 illegal fortgeführte Burschenschaftsbewegung differenzierte sich in verschiedene Strömungen, mündete mit den „Progreß"-Studenten in die Revolution von 1848 und verfiel danach dem Korporationswesen.

Die Industrialisierung verlief in Jena zunächst sehr zögerlich. Es entstanden einige kleinere Betriebe. 1864 wurde in der Kammgarnspinnerei in Ober-Camsdorf die erste Dampfmaschine aufgestellt. Erst durch die Gründung bedeutender Industrieunternehmen im späten 19. Jh. veränderte sich das „liebe närrische Nest". Aus der **1846** von **Carl Zeiß** eröffneten **Optischen Werkstatt** entwickelte sich dank des genialen **Ernst Abbe** und der Zusammenarbeit mit **Otto Schott** und seiner 1884 gegründeten Glashütte ein weltbekannter Konzern. Die von Abbe ins Leben gerufene Carl-Zeiß-Stiftung verband technischen und sozialen Fortschritt wie Achtstundentag, bezahlten Urlaub und Gewinnbeteiligung. Jena erhielt endlich **Eisenbahnanschluß** (1874 und 1876), und ein mächtiger Bauboom setzte ein, von Fabrikgebäuden bis zu Villen und Wohnsiedlungen, Universitätsinstituten und einem stattlichen Hauptgebäude zur 350-Jahrfeier. Das Volkshaus, Volksbad und eine neue Camsdorfer Brücke, Sparkasse, Post, Phyletisches Museum und Stadtmuseum, Schulen, Hotels und Sportplätze veränderten Jenas Stadtplan, dazu Elektrizitäts- und Gaswerk, Straßenbahn, Kanalisation und der parkartige Nordfriedhof, einer der schönsten und modernsten im damaligen Deutschland. Denkmäler für Professoren wurden am Fürstengraben (via triumphalis) enthüllt und 1911 das für Ernst Abbe

Abb. 35: Blick vom ehemaligen Universitätshochhaus über die Stadt auf Hausberg und Jenzig (Foto: W. Heinrich 1999)

unweit des Zeiss-Werkes von van de VELDE, KLINGER und MEUNIER; auf dem Eichplatz (heute vor der Universität) erinnerte das Burschenschaftsdenkmal von DONNDORF an die Gründung der Urburschenschaft in Jena 1815, auf dem Forst wuchsen Kriegerdenkmal und Bismarckturm. Bekannte Musiker konzertierten in Jena, und dank des Kunstvereins hielt die Moderne Einzug.

Sprunghaft kletterten Jenas Einwohnerzahlen um 1900 auf 20.000, bis zum Ausbruch des ersten Weltkrieges auf 48.659, 1940 auf 69.000; 1975 wurde Jena Großstadt. Neue Betriebe, wie das Zementwerk PRÜSSING in Göschwitz, das Reichsbahnausbesserungswerk (RAW) und die Maßstabfabrik SCHIETRUMPF nahmen ihre Arbeit auf, andere wurden Zulieferungsbetriebe des ständig wachsenden Zeisskonzernes. Allein zwischen 1913 und 1928 stieg der Auslandsumsatz von 11 Mill. auf über 18 Mill. RM. Seit 1925 hatte ZEISS das absolute Patentmonopol für militärische Erzeugnisse und belieferte wie schon vor und während des ersten Weltkrieges viele Länder, da kein moderner Krieg ohne Präzisionsinstrumente der Feinmechanik und Optik zu Land, in der Luft und auf dem Wasser geführt werden konnte. Andererseits förderte die Zeiß-Stiftung die Universität. Zu den herausragenden Gelehrten gehörten der Zoologe und Darwinist Ernst HAECKEL, der Mathematiker Gottlob FREGE, der Botaniker Ernst STAHL, der Anatom Max FÜRBRINGER, der Chirurg Bernhard RIEDEL, der Hygieniker August GÄRTNER, der Psychiater Otto BINSWANGER, der Kinderarzt Jussuf IBRAHIM. Der Jurist Eduard ROSENTHAL war Schöpfer der Thüringer Verfassung und Abgeordneter im Weimarer Landtag, außerdem Vorsitzender des Vereins für Thüringische Geschichte und Altertumskunde. Wilhelm REIN und Abraham ESAU als Physiker und der Philosoph und Nobelpreisträger Rudolph EUCKEN trugen Jenas Ruf in die Welt.

Seit der Aufhebung des Sozialistengesetzes lebte in Jena die **Arbeiterbewegung** auf, und die Stadt wurde zum Tagungsort zahlreicher Parteitage der Linken (SPD 1905, 1911 und 1913 im Volkshaus, 1916 Osterkonferenz der Arbeiterjugend gegen Krieg mit Karl LIEBKNECHT). Nach der Novemberrevolution wurde Jena Sitz der KPD-Bezirksleitung. Deren „Neue Zeitung", u.a. redigiert von Emil HÖLLEIN und Alexander ABUSCH, erschien im Karl-Liebknecht-Haus.

Am 1. Mai **1920** wurden die Freistaaten – vormals Fürstentümer – zum **Land Thüringen** vereinigt, und Jenas Universität erhielt den Status einer **Landesuniversität**. Ihre Umgestaltung nach bürgerlich demokratischen Prinzipien knüpfte an die Reformbestrebungen von 1848 an. Republikanischer Eid, eine neue Disziplinarordnung und studentische Selbstverwaltung, Wahldekanat und Rektor aus den Reihen der Professoren (früher war ein Fürst der Rector Magnificentissimus) waren wichtige Neuerungen. Finanzielle Unterstützung und Schenkungen kamen seit 1921 von der „Gesellschaft der Freunde der Thüringischen Landesuniversität". Mit zunehmender Faschisierung Thüringens und der Alma mater löste das „Führerprinzip" die demokratische Selbstverwaltung ab. 1934 erhielt die Universität den Namen des Dichters und ihres einstigen Professors FRIEDRICH SCHILLER.

Trotz **Inflation** und **Weltwirtschaftskrise** entstanden neue Wohnviertel im Süden und Osten; die Paradiesbrücke, Capitol, Hautklinik, Südschule und Ackerbauschule, das Bauhaus mit Mensa, Abbeanum und Theater sowie das erste Planetarium der Welt (mit der ersten Spannbetondecke), setzten neue Akzente. 1938 wurde der Fürstengraben durch den Johannisfriedhof in Richtung Weimar verlängert, 1939 die Autobahnbrücke bei Göschwitz errichtet. Im gleichen Zeitraum wurden Jenas Juden verschleppt, links und liberal eingestellte Bürger verfolgt. Unendliches Leid brachte der **Zweite Weltkrieg** mit seinen Bombenangriffen auch Jena. 709 Tote und über 2.000 Schwerverletzte waren zu beklagen. 1.424 Wohnungen und rund 140 Geschäfte und Warenhäuser waren total vernichtet, 4.743 Wohnungen schwer beschädigt. Hinzu kamen die Verwüstungen in den Jenaer Großbetrieben und in der Universität, und es gingen unersetzbare Kulturwerte der Stadt verloren.

Nach der Befreiung durch die Amerikaner und der Übergabe des Gebietes an die Sowjetunion am 1. Juli 1945 begann ein **Neuanfang** voller Hoffnung – wenn auch zunächst mit dem Zerschlagen der an der Rüstung beteiligten Großindustrie. Die Amerikaner nahmen bei ihrem Abzug über 180.000 Patente und Dokumente inklusive der Spezialgeräte von Zeiss und Schott mit, dazu 126 Wissenschaftler und Fachleute, woraus die neuen Werke in Mainz und Oberkochen entstanden. Die Sowjets deportierten 280 Gelehrte und Techniker mit ihren Familien 1946 für sechs bzw. sieben Jahre der Ungewißheit nach Kiew, Leningrad und Moskau. Trotz der nahezu restlosen Demontage der Großbetriebe wie auch des vollständigen Abbaus der elektrischen Bahnanlagen und des zweiten Gleises in der sowjetischen Besatzungszone wurde unverzüglich mit dem Wiederaufbau und der Produktion begonnen. 1948 wurden die Zeiss- und Schottwerke in Volkseigentum überführt, d.h. die Carl-Zeiß-Stiftung enteignet. 1950 wurde der VEB Jenapharm gegründet, dessen Ursprung die Penizillinherstellung durch Hans KNÖLL im Schott-Labor war, aus dem das Akademie-Institut für Mikrobiologie erwuchs. Die bereits am 15. Oktober 1945 neueröffnete Universität und die später entstandenen zahlreichen Akademie-Institute (u.a. Erdbebenforschung, Pflanzenernährung und Tierseuchenforschung) errangen wie die Produkte des wissenschaftlichen Gerätebaus bei Zeiss und die Glaserzeugnisse des Jenaer Glaswerkes trotz der Bevormundung durch die SED und die sowjetische Oberherrschaft internationale Anerkennung. Vieles wurde gebaut, Industrieanlagen, Plattenbausiedlungen in Nord und Süd und der auf dem Eichplatz protzende, 121 m hohe Turm, mit dem die gewachsene innerstädtische Struktur zerstört wurde (Abb. 35).

Seit der **Wiedervereinigung** der beiden Teile Deutschlands verändert Jena erneut sein Gesicht. Vernachlässigte Stadtviertel werden aufgeputzt, das Zentrum großzügig und modern bebaut, die Infrastruktur verbessert. Bedeutendste Baustelle war das ehemalige Zeiss-Hauptwerk, wo jetzt die Goethe-Galerie mit ihren eleganten Geschäften, das Hotel Esplanade sowie der Campus der Universität entstanden sind und die Schrott-Plastiken des Amerikaners Frank STELLA mit den nach Jena zurückgekehrten Gipsabgüssen der Antike um die Aufmerksamkeit der Studenten buhlen.

Das Zeisswerk mit ehemals über 40.000 Beschäftigten ist – stark geschrumpft – mit Oberkochen vereint und der Schott-Betrieb mit der Mainzer Firmengruppe. Neu entstanden ist Jenoptik mit Sitz im alten Zeisswerk. Die Universitätsstrukturen wurden reformiert, die Akademie-Institute aufgelöst. Forschung wird an der Universität, den Max-Planck-Instituten und anderen neu gegründeten Forschungseinrichtungen betrieben. Jena ist auf dem Weg zu einer anerkannten Bio- und Technologieregion mit rund 96.500 Einwohnern und 16.500 Studenten der Universität und Fachhochschule.

10. LANDWIRTSCHAFT

Im heutigen Stadtgebiet von Jena sieht man nur noch vereinzelte Flächen, die landwirtschaftlich genutzt werden. Man erkennt in den am Stadtrand befindlichen Ortsteilen noch einige typische Bauernhöfe, meist liebevoll restauriert als Wohnsitz der Nachkommen und Erben. Mit aktueller landwirtschaftlicher Produktion haben sie jedoch nichts mehr zu tun. Es ist hier wie in anderen vergleichbaren Städten auch: Mit dem Wachsen der Stadt durch die Industrieansiedlung und die Ausdehnung der Wohngebiete wurden Flächen gebraucht, die bis dahin überwiegend der Landwirtschaft dienten. So begann spätestens mit der Eingemeindung der früher noch selbständigen Vororte der zwangsläufige Rückzug der Landwirtschaft. Der Verkauf ihrer Äcker und Wiesen galt als Trostpflaster, und die auch im Jenaer Umfeld verbreiteten Nebenerwerbsbauern wurden mehr und mehr in das städtische Leben integriert.

Die Entwicklung der Landwirtschaft in Jena und seiner näheren Umgebung ist historisch auch im Zusammenhang mit der Waldwirtschaft zu sehen. Zunächst wurde der Wald gerodet, um Flächen für die Nahrungsgüterproduktion zu schaffen. Aber die ohnehin schwer zu bearbeitenden Hangflächen waren auf die Dauer nicht trächtig genug und wurden später nur noch als Hütefläche für Ziegen und Schafe genutzt (Ortsbezeichnung Ziegenhain). Es folgte die erneute Bewaldung dieser verödeten Äcker und Wiesen, wofür im 17. Jh. die ersten Bemühungen zu verzeichnen sind. Pioniergehölze waren vor allem Kiefer und Fichte. Mitte des 19. Jhs. verzeichnete Jena den Beginn großer Nadelholzaufforstungen. In dieser Zeit wurden auch die kahlen Hänge der Wöllmisse und der Lobdeburg bepflanzt.

Um die Jahrhundertwende regte vor allem der „Jenaer Verschönerungsverein" den Anbau von Kiefer, insbesondere Schwarz-Kiefer, aber auch von Laubbäumen, z.B. Ahorn und Esche, an. Die Veränderung der Berge um Jena durch den Waldwuchs zeigen sehr eindrucksvoll die Bildvergleiche auf Ansichtskarten vor 100 Jahren (Abb. 15, S. 33) und der Jetztzeit. In den letzten Jahrzehnten verlief die Begrünung der Berge auffallend intensiv; vermutlich fördert der angestiegene Nährstoffeintrag auf dem Luftwege das Wachstum stärker als Industrie- und Autoabgase zu Baumschädigungen führen.

Die Nadelholzaufforstungen im 19. Jh. begrenzten und beendeten später die bis dahin geübten Formen der Nebennutzung des Waldes durch die Landwirtschaft. Hier sind vor allem die Waldweide, die Waldgrasgewinnung durch Mahd, die Waldmast mit Eicheln und Bucheckern sowie die Laub- und Nadelstreugewinnung zu nennen.

„Und ein Wein wächst auf den Bergen, und der Wein ist gar nicht schlecht..." – so beginnt der zweite Vers des berühmten Jenaer Studentenliedes.

Die Hänge um Jena waren früher vom **Weinbau** geprägt, der im 16. Jh. seine größte Ausbreitung fand. Jena hatte damals stattliche **700 ha Rebfläche**. Weinbergslagen waren der Jenzig, der Landgrafenberg, die Sonnenberge, der Steiger, die Eule, der Beutenberg und Schlegelsberg. Wir sehen also, daß der Wein nicht nur in Winzerla, einer damaligen Winzersiedlung, angebaut wurde. Den Weinbau brachte vermutlich die Adelsfamilie von AUHAUSEN, die sich später die **Lobdeburger** nannten, im 12. Jh. aus Franken nach Jena. Weinbau und Weinhandel wurde für die Jenaer vor der Universitätsgründung zum

Haupterwerbszweig. Nach dem 30-jährigen Krieg begann der Niedergang des Weinbaues mit vielfältigen Ursachen: Konkurrenz der Weine aus besseren Anbaugebieten, Einschleppung der Reblaus und anderer Rebkrankheiten, Klimaveränderungen u.a. In der ersten Hälfte des 20. Jhs. kam der Weinbau in Jena völlig zum Erliegen. Heute erinnert nur noch der Weinberg am Zwätzener Käutzchenberg an diese alte Tradition der Landnutzung um Jena. Diese Anlage entstand in den 20er Jahren dieses Jhs. als Versuchsfläche der damaligen Ackerbauschule in Zwätzen. Nach zwischenzeitlicher Verwahrlosung haben begeisterte Freizeitwinzer das Denkmal des Jenaer Weinbaues wieder hergerichtet, und sie beweisen, daß auch hier erträgliche Leistungen erzielt werden können... und der zweite Vers des oben genannten Studentenliedes nicht immer zutrifft:
„*...tut er gleich die Strümpfe flicken und den Hals zusammendrücken, ist er doch zur Bowle recht.*"

Es gibt auch noch einige andere interessante Kulturen, mit denen die Jenaer Hangflächen bebaut und genutzt wurden. Neben dem Wein gab es früher vor allem **Pfingstrosen-, Salbei-, Färberwaid- und Weinrautenflächen**, die dem Landmann erträgliche Nebenverdienste brachten (Abb. 36, 37). Aber auch der **Hopfen** fand Aufnahme in die „Familie" der landwirtschaftlich kultivierten Pflanzen. Nach der politischen Trennung von den

Abb. 36: Zeugnis früherer Heilpflanzenkultur - Pfingstrosenfelder bei Jenalöbnitz (Foto: W. HEINRICH 1998)

Abb. 37: Salbeifelder am Alten Gleisberg (Foto: W. STOCK 1996)

traditionellen Hopfenanbaugebieten in Bayern wurde 1950 in der Nähe des Thalsteins die erste Hopfenanlage in Jena eingerichtet. Von 1951 bis 1968 gab es auch in Wöllnitz eine 3 ha große Anlage. Später konnte man auch in Zwätzen, Kötschau und Dornburg Hopfenanlagen sehen, bevor 1972 der Hopfen wieder aus dem Blickfeld der Landwirtschaft Jenas verschwand.

Wenn man von Jena und seiner Landwirtschaft spricht, dann ist das für den Eingeweihten stets mit der Entwicklung und dem Einfluß der wissenschaftlichen Einrichtungen auf diesem Gebiet verbunden. Die Universität Jena war die erste, die das universitäre Landwirtschaftsstudium einführte. Bis dahin war die Landwirtschaft ein Teilgebiet des Lehrfaches Kameralistik, in dem vor allem Staats- und Finanzbeamte ausgebildet wurden. Friedrich Gottlob SCHULZE, dessen Denkmal am Fürstengraben steht, richtete **1826** im GRIESBACHschen Haus ein **Landwirtschaftliches Institut** ein. Für Versuche und praktische Vorführungen pachtete SCHULZE 1844 in Zwätzen Ländereien vom dortigen Kammergut. Hier entstanden auch ein Botanischer Garten für Landwirte und eine Baumschule, in der u. a. die Maulbeerbäume für die in Jena begonnene Seidenraupenzucht angezogen wurden. In Zwätzen wurde 1830 auf Initiative von SCHULZE auch einer der ersten landwirtschaftlichen Vereine Thüringens gegründet, der durch seine enge Verbindung mit der Universität eine Quelle fachlichen Wissens für den Fortschritt der Landwirtschaft über das Großherzogtum Sachsen-Weimar-Eisenach hinaus war. Schließlich war es auch **SCHULZE**, der **1856** die **Zwätzener Ackerbauschule** gründete, die bis zum Ende des 2. Weltkrieges vielen Bauernkindern das fachliche Wissen für die erfolgreiche Führung eines landwirtschaftlichen Betriebes vermittelte.

Zwätzen blieb auch danach Standort wissenschaftlicher Einrichtungen der Landwirtschaft und der Veterinärmedizin. Im Institut für Landwirtschaftliches Versuchs- und Untersuchungswesen, dem Institut für Pflanzenernährung mit den vielen Gewächshäusern, dem Forschungszentrum für Bodenfruchtbarkeit, dem Veterinäruntersuchungs- und Tiergesundheitsamt sowie dem Institut für Bakterielle Tierseuchenforschung wurde Agrarforschung betrieben und den Landwirtschaftbetrieben vielfältige Unterstützung gegeben, die der Landwirtschaft insgesamt zu einem beachtlichen Entwicklungsstand verhalf. Die heute in Zwätzen angesiedelte Thüringer Landesanstalt für Landwirtschaft dient dem Thüringer Landwirtschaftsministerium als wissenschaftliche Einrichtung in vielen Belangen der umweltgerechten und kostengünstigen Produktion einschließlich der Qualitätssicherung.

Die Institute der 1969 leider aufgelösten Landwirtschaftlichen Fakultät der Universität Jena betrieben Versuchs- und Demonstrationsarbeiten auf ihren Lehr- und Versuchsbetrieben in und um Jena. Das größte und wohl auch bekannteste war das **Lehr- und Versuchsgut Zwätzen**, bekannt durch die **Züchtung von Rindern und Schweinen** und die Erprobung moderner Produktionsverfahren. Auf den Weiden an den Hängen konnten wir die an ihrer hellen Mähne leicht zu erkennenden **Haflinger** bewundern, eine aus Südtirol stammende Pferderasse, deren erste Zuchtexemplare in Jena standen. Das Lehr- und Versuchsgut Zwätzen bewirtschaftete einschließlich der im damaligen Landkreis Jena gelegenen Betriebsteile Altenberga (Geflügel-, Kaninchen- und Bienenzucht) sowie Martinsroda insgesamt 400 ha landwirtschaftlicher Nutzfläche. Im Jahre 1956 mußten auch noch 55 ha der Stadt Jena gehörenden Flächen in Jena-Ost mit 25 Kühen und 100 Mastschweinen übernommen werden. In Zwätzen wurde in den 60er Jahren das **Schwarz-

bunte-Milch-Rind durch Einkreuzung aus ausländischer Jersey- und Friesian-Kühe gezüchtet, deren Stammkühe eine für damalige Zeit sehr hohe Milchleistung von 7.000 l Milch im Jahr mit 4,5 % Fett brachten. Das Lehr- und Versuchsgut Zwätzen hatte auch großen Einfluß auf die Landeszucht durch die Bereitstellung von Besamungsbullen, u.a. für die **Besamungsstation** im Stadtteil Göschwitz, die das gesamte ostthüringer Gebiet versorgte, zunächst mit der Besamung der Rinder, später auch anderer Tierarten. Sehr bedeutsam für die Landeszucht war auch die von den Zwätzenern gebaute Rinderaufzuchtanlage für 4.500 Jungrinder in Zimmritz bei Jena. Hierhin verkauften die Landwirtschaftsbetriebe ihre Jungrinder und bekamen sie als hochtragende Färsen zurück.

Zu erwähnen ist auch das zum Stadtgebiet Jenas zählende **Lehr- und Versuchsgut Remderoda**, das seit 1951 zur Universität Jena gehörte und später von der Zwätzener Landesanstalt für Landwirtschaft übernommen wurde. Dort wurden vor allem Aufzucht- und Fütterungsversuche bei Rindern, Schweinen und Geflügel (Masthähnchen, Puten) durchgeführt.

Die landwirtschaftlich genutzte Fläche im Stadtgebiet Jena betrug in der ersten Hälfte des 20. Jhs. rund **2.000 ha, davon 1.100 ha Ackerland** (Abb. 38). Die intensivste Nutzung verzeichnen wir in den Jahren während des Zweiten Weltkrieges und danach. In meist mühsamer Handarbeit wurden damals Flächen, die heute längst anderen Zwecken dienen, mit Getreide, Kartoffeln und Futterpflanzen bebaut. Die landwirtschaftlichen Erzeugnisse unterlagen der Ablieferungspflicht. 1953 gab es in Jena 176 ablieferungspflichtige landwirtschaftliche Erzeuger. Im Stadtgebiet wurden 1.700 Rinder, davon 600 Kühe, 2.700 Schweine, 800 Schafe und 300 Pferde gehalten. Hinzu kommen noch die in dem damaligen staatlichen Mastbetrieb Lobeda gehaltenen 5.000 bis 6.000 Schweine. Der Standort dieser großen Schweinemastanlage befand sich übrigens im jetzigen Zentrum des Stadtteiles Lobeda-West.

1960 gab es in Jena 8 Landwirtschaftliche Produktionsgenossenschaften (LPG) in den Ortsteilen Ammerbach, Winzerla, Löbstedt, Lobeda, Lichtenhain, Wöllnitz und Ziegenhain sowie 2 Güter (Zwätzen und das Zeiß-Gut in Burgau). Die Zahl der LPG verringerte sich in den nachfolgenden Jahren durch deren Auflösung oder Angliederung an die nahe gelegenen LPG des Landkreises Jena, z.B. Großlöbichau und Drackendorf. In Wöllnitz und Ziegenhain hielt sich noch längere Zeit eine Schafhaltegenossenschaft mit etwa 300 Schafen zur Nutzung der höher gelegenen Flächen zwischen den Kernbergen und dem Johannisberg. Heute umfaßt die landwirtschaftliche Fläche durch die Erweiterung des Stadtkreises etwa 4.500 ha – davon werden ca. 1.100 ha als Hutungsflächen für die Schafhaltung genutzt (Abb. 39).

Abb. 38: Auf den Hochflächen breiten sich Ackerflächen aus - Blick zum Cospoth (Foto: W. HEINRICH 1999)

Abb. 39: Traditionelle Hutungsflächen in Hang- und Plateaulagen werden auch heute wieder mit Schafen beweidet (Foto: W. HEINRICH 1999)

11. FORSTWIRTSCHAFT UND JAGD

Forstwirtschaft

Die nacheiszeitliche Wiederbewaldung Mitteleuropas ist anhand der Ergebnisse pollenanalytischer Untersuchungen nachgewiesen. Mit wenigen Ausnahmen, hier insbesondere den felsigen, flachgründigen südexponierten Steilhanglagen, kann im Raum Jena von einer flächendeckenden Bewaldung ausgegangen werden. Zur **ursprünglichen natürlichen Vegetation** gehören vor allem die artenreichen Kalk-Buchenwälder und die buchenreichen Eichen-Hainbuchen-Wälder. Sicherlich haben bereits die neolithischen und bronzezeitlichen Siedler das Waldbild beeinflußt, doch gibt es darüber kaum detaillierte Kenntnisse. Einschneidende Eingriffe des Menschen in die Wälder begannen jedoch mit Beginn des 7. Jhs. durch Holznutzung und Rodungen zur Landgewinnung für den Ackerbau.

Im Mittelalter, ab dem 12. bis zum 15. Jh., veränderte sich die Landschaft um Jena gravierend. Weitere Rodungen zur Gewinnung von Siedlungs- und Ackerland und die Ansiedlung von neuen Erwerbszweigen, wie dem Weinbau und der Viehhaltung, prägten die Landschaft zunehmend. Im ausgehenden Mittelalter war der Wald im Gebiet um Jena und in Thüringen großflächig zurückgedrängt. Durch unkontrollierte Holznutzungen, Brandrodungen, "**Nebennutzungen**", wie Waldweide, Waldmast, Waldgrasnutzung, Laub- und Nadelstreunutzung, Rindennutzung u.a. wurde die Leistungsfähigkeit und Regenerierbarkeit der Wälder stark beeinträchtigt. Vielerorts kam es zur Holznot.

Es folgten Erlasse des Kurfürsten zum Schutz und zur pfleglichen Behandlung der Wälder, niedergeschrieben 1556 in der Sächsisch-Ernestinischen Landesordnung von JOHANN FRIEDRICH II., dem Mittleren. Es wurden Anordnungen und Bestimmungen zur Bewirtschaftung der Wälder, sogenannte Hauordnungen, erlassen, die zum Ziel hatten

- den Holzeinschlag in Form der Plenterwirtschaft (Sicherung der Nachhaltigkeit) durchzuführen und
- die Rodungen einzuschränken, auch in Gemeinde- und Bauernwäldern.

Von einer Forstwirtschaft, also geregelten und zielführenden Maßnahmen im Wald, konnte man im 16. Jh. jedoch noch nicht sprechen. Im und infolge des 30jährigen Krieges (1618-1648) waren die Wälder weiterhin unkontrollierten Eingriffen ausgesetzt. Die Interessen der höfischen Jagd mit hohen Wildbeständen überlagerten die ersten Bemühungen zu einer **geregelten Waldwirtschaft**. Herzog BERNHARD zu Sachsen-Jena erließ im Jahre 1646 die "Forst- oder Wald- item Jagd- und Waidwerkordnung" mit drei wesentlichen Inhalten:

- Einführung von Schlagholzwirtschaft auf herrschaftlichen und Gemeindeforsten und deren Überwachung durch die Forstbediensteten
- Verbot weiterer Rodungen
- Sparsamer Umgang mit Nutzholz

Abb. 40: An schattseitigen Hanglagen dehnen sich vereinzelt großflächige Laubholzwaldungen aus - Blick über Leutra auf den Spitzenberg (Foto: W. HEINRICH 1997)

Abb. 41: Seit dem vorigen Jahrhundert wurden Flächen mit der Schwarz-Kiefer (*Pinus nigra*) aufgeforstet (Foto: W. HEINRICH)

Rechte zur Holznutzung, wie Köhlerei, Harzerei u.a. wurden eingeschränkt. Die Waldverjüngung erfolgte ausschließlich über die Naturverjüngung. Im 18. und 19. Jh. entwickelten sich aus den Schlagwäldern Buchen-Mittel-Wälder, die später in Hochwald überführt werden sollten. Die zum Forsteinrichtungsamt Jena gehörenden großherzoglichen Wälder wurden hauptsächlich als Mittelwald bewirtschaftet. Für alle Forste wurde eine genaue Schlageinteilung mit einer periodischen Nutzung zwischen 20 bis 30 Jahren ausgearbeitet. Die Grundsätze der damals aufkommenden Forstwissenschaft wurden in die Forst- und Waldordnung von 1775 für das Fürstentum Weimar und die "Jenaische Landesportion" aufgenommen.

Am Ende des 18. Jhs. hatte sich die Forstwirtschaft so etabliert, daß alle Waldungen ihrer Aufsicht und Kontrolle unterworfen waren. In der ersten Hälfte des 19. Jhs. wurde gezielt mit **Aufforstungen** der Flächen begonnen, die durch Abholzungen und übermäßigen Weidebetrieb mit Schafen und Ziegen kahl und unbewirtschaftet waren. Versuche mit Laubholz auf den teilweise extremen Standorten schlugen oft fehl. Versuche mit Wald-Kiefern (*Pinus sylvestris*) und Schwarz-Kiefern (*Pinus nigra*) zeigten bessere Erfolge. Die Berufskenntnisse von Forstleuten waren hier gefragt. Aufschlüsse über die Bemühungen der Aufforstungsmaßnahmen finden sich im Stadtarchiv Jena. Diese Aufforstungs- und Pflanzaktionen mit Nadelholz prägen bis heute zum großen Teil den Charakter der Landschaft um Jena (Abb. 40, 41).

Mit Beginn des 20. Jhs. stieg der Bedarf an Holz für die Bauwirtschaft und holzverarbeitende Industrie. Dagegen verringerte sich der Brennholzbedarf spürbar durch Verbreitung der Kohleheizung. Die Niederwaldwirtschaft, vor allem in den Bauernwäldern, verlor völlig an Bedeutung und wird heute kaum noch betrieben. In der Forstwirtschaft wurden zunehmend wissenschaftliche und wirtschaftliche Fachkenntnisse zur Erzielung größerer verwertbarer Holzmengen und höherer Erlöse aus dem Wald umgesetzt.

Nach 1945 entwickelte sich in allen Verwertungsbereichen ein enormer Holzbedarf. Die in diesen Jahren scheinbare "Ordnung" im Wald war den Leseholzaktionen zur Bereitstellung von Brennholz zu verdanken. Die Forstwirtschaft zwischen 1945 und 1990 war von großen materiellen Aufwendungen des Staates gekennzeichnet, der "Volkswirtschaft" Holz zur Verfügung zu stellen. Die Wälder, und dabei wurden ab Mitte 1970 fast alle Eigentumsformen mit einbezogen, wurden teilweise, je nach Sortimentsbedarf, bis an die Leistungsgrenze belastet. Kahlschlagwirtschaft und Monokulturen, oft aus Mangel an geeignetem Pflanzenmaterial, waren die Regel. Die gesamte forstliche Organisation lief über die **Staatlichen Forstwirtschaftsbetriebe (StFB)**, hier dem StFB Jena.

Ab Herbst 1991 wurden in Thüringen Forstamtsstrukturen mit den sogenannten **Einheitsforstämtern** gebildet. Die Waldeigentümer erhielten die volle Souveränität über ihre Wälder zurück, unter hoheitlicher Aufsicht der Forstbehörden. Großzügige Förderprogramme sollen den Wiedereinstieg in die private und kommunale Waldwirtschaft, die teilweise unter schwierigen, kleinflächigen Strukturverhältnissen zu leiden hat, erleichtern. Gründungen von Forstbetriebsgemeinschaften auf freiwilliger Basis vereinfachen diesen Prozeß.

Die Waldbesitzverhältnisse im Bereich des Thüringer Forstamtes Jena stellen sich wie folgt dar (Stand 1.1.1999):

Gesamtfläche: **10621 ha**
davon:
Staatswald   2362 ha = 22%
Stadtwald Jena   1441 ha = 14%
Körperschaftswald   634 ha = 6%
Privatwald   4875 ha = 45%
Treuhandwald   912 ha = 9%
Bundesforst   397 ha = 4%

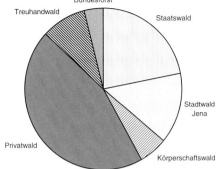

Gesetzliche Grundlage zur Bewirtschaftung der Wälder ist das **Thüringer Waldgesetz** vom 7.9.1999. Oberster Grundsatz ist dabei, den Wald auch für zukünftige Generationen zu erhalten und zu vermehren und ihn so zu behandeln, daß er den vielfältigen Anforderungen als Nutz-, Schutz- und Erholungswald gerecht wird. Die Zielstellungen der Forstwirtschaft, naturnahe, standortgerechte, stabile Wälder zu erzielen, sind dafür der beste Garant.

Jagd
Auch in unserer engeren Heimat waren die ersten Menschen Jäger und Sammler. Die Jagd war Haupternährungsquelle. Häute, Felle und Knochen wurden für Kleidung und vielerlei Gebrauchsgegenstände verwendet. Einfache Schlag- und Stoßinstrumente aus Stein und Holz fanden Verwendung. Großwild, wie Elch und Bär, wurden in Fallgruben gefangen. Vom Wurfspeer über Pfeil und Bogen sowie die Armbrust führte die Entwicklung hin bis zu den Feuerwaffen.
Im Mittelalter übten die Könige und Fürsten das **Jagdrecht** aus, später konnte auch der niedere Adel an der Jagd teilhaben. So jagten in den ausgedehnten Wäldern der Wöllmisse die Herren vom Kirchberg und das Geschlecht der Lobdeburger. Den Bauern und kleinen Waldbesitzern war dies versagt. Sie mußten aber bei den Herrschaftsjagden Frondienste leisten, und es war ihnen nicht gestattet, das Wild von ihren Feldern zu vertreiben. In den Forsten um Jena wurde vorwiegend Hirsch, Reh und Wildschwein, Wildkatze, Fuchs und Dachs nachgestellt; auf den Feldern wurden Hase, Fasan und Rebhuhn gejagt.
Im Jahr 1848 wurde in Deutschland das Jagdprivileg des Adels gebrochen. Die Frankfurter Nationalversammlung beschloß: „Jedem steht das Jagdrecht auf seinem Grund und Boden zu". Mit der Verabschiedung des ersten Thüringer Jagdgesetzes im Jahre 1926 konnte dann ein Durchbruch zu neuen jagdrechtlichen Regelungen erreicht werden – die Pflicht zur Hege wurde festgeschrieben, auch der Schrotschuß auf das Rehwild verboten. Während des Zweiten Weltkrieges und der Zeit danach gab es auch in den Wäldern um Jena kaum einen geregelten Jagdbetrieb. Dieser wurde erst 1953 durch ein entsprechendes Gesetz in der DDR wiederbelebt. Jagd- und Wildbewirtschaftung erfolgten im Zusammenwirken von staatlichen Forstwirtschaftsbetrieben und Jagdgesellschaften. Seit dem 11. November 1991 gilt das **Thüringer Jagdgesetz**, das in dem 1953 in Kraft gesetzten Bundesjagdgesetz wurzelt. Die Jagd hat in unserer Region eine lange und große Tra-

dition. Ausmaß und Auffassungen, staatliche Zwänge und persönliches Engagement wechselten, und noch heute bestehen manche Unklarheiten. Auch in Zukunft muß die Jagd unter dem Gesichtspunkt der nachhaltigen Nutzung des Waldes und Wildes sowie des Biotop- und Artenschutzes ein unverzichtbarer Bestandteil unserer Kultur bleiben. Dabei geht es um die Erhaltung und Gestaltung unserer Kulturlandschaft, insbesondere auch unserer Wälder als naturnaher Lebensraum für die bei uns noch vorhandenen Wildarten, wie Reh, Wildschwein, Hase, Fuchs, Dachs u.a. **Förster und Jäger** tragen gemeinsame Verantwortung für einen naturverträglichen Wildbestand, der dem Wald nicht schadet.

12. HYDROLOGIE UND WASSERWIRTSCHAFT

Die hydrologischen Verhältnisse in der Landschaft des Mittleren Saaletales werden von einer ganzen Reihe von Faktoren bestimmt, wie Klima und Witterungsverlauf, Geologie und Bodenverhältnisse, Bodenbedeckung und Siedlungen sowie nicht zuletzt von wasserwirtschaftlichen Anlagen im gesamten Einzugsgebiet der Saale oberhalb von Jena.

Hydrogeologie
Die Trias besteht aus kluft-, untergeordnet auch porenwasserführenden Sand- und Kalksteinen und grundwasserstauenden Tonsteinen und Mergeln. Kalksteine und Gips können außerdem z.T. beträchtliche Mengen Karstwasser führen.
An den Mergeln des obersten Buntsandsteins staut sich das durch den klüftigen Muschelkalk durchsickernde Niederschlagswasser und tritt in zahlreichen **Schichtquellen** (z.B. Ammerbach, Fürstenbrunnen, Mühltal) an die Oberfläche. Zum Teil nimmt das Quellwasser seinen Weg zunächst unter abgestürzten Muschelkalkmassen talwärts und tritt erst weit unterhalb des Quellhorizontes als „**Schuttquelle**" zutage (Drackendorfer Bach). Trotz der Härte des Wassers, der mit den Niederschlägen stark schwankenden Quellschüttungen und einer hohen Infektionsgefahr infolge Verunreinigungen von der zumeist landwirtschaftlich genutzten Oberfläche war dieser Quellhorizont früher für Jenas Wasserversorgung von großer Bedeutung. Für die jahrhundertelang genutzten Mühltalquellen wird eine Schüttung zwischen 1.400 m^3/Tag und 12.000 m^3/Tag angegeben. Die Gesamthärte schwankt um 25 DG, wobei der Anteil der Karbonathärte mit etwa 17 DG überwiegt. DG (Deutsche Grad), auch °d, bezeichnet die Wasserhärte. 1 DG entspricht 10,00 mg/l CaO bzw. 7,19 mg/l MgO.
Die Gipse der Rötbasis weisen infolge Verkarstung eine relativ hohe Grundwasserführung auf. Durch die Lösung von Gips ist das Wasser sehr hart. An der Quelle der Teufelslöcher wurden Werte um 100 DG mit bis 85 DG Nichtkarbonathärte ermittelt.
Günstiger sind die Wässer aus dem Buntsandsteingebiet südlich und südöstlich von Jena, die bei fehlender Rötgipsüberdeckung eine Gesamthärte von 10 bis 18 DG (etwa 2/3 Karbonathärte) aufweisen. Um 1950 dienten 13 Brunnen im Buntsandstein oberhalb von Jena der Versorgung der Stadt.
Auch an die quartären Schotter der Saale ist Grundwasser gebunden. Je nach den Untergrundverhältnissen kann die Gesamthärte im Raum Jena zwischen 15 und 90 DG (Karbonathärte 13 bis 22 DG) schwanken. Noch um die fünfziger Jahre unseres Jahrhunderts entnahm die Stadt Jena aus flachen Brunnen vorwiegend an der Einmündung des

Grundwasserstroms der Mühltal-Leutra in das Saaletal täglich etwa 3.000 m³ Wasser, welches gechlort werden mußte.

Hydrologie und Wasserwirtschaft
Die **Saale** ist nicht nur ein wesentlicher Bestandteil der Jenaer Landschaft, sie übt auch einen entscheidenden Einfluß auf die Entwicklung der Stadt und die Organisation des städtischen Lebens aus. Von den 427 km Gesamtlänge mit einem Gesamtgefälle von 734 m entfallen 15 km auf das Stadtgebiet, das von dem Fluß gewissermaßen in 2 Hälften geteilt wird. Die Wasserführung schwankt im langfristigen Mittel zwischen einem Höhepunkt im März-April, einer Kombination von Schneeschmelze und Frühjahrsregen, und einem Tiefpunkt im August-September. Das Verhältnis zwischen höchster und niedrigster mittlerer monatlicher Wasserführung beträgt nur 2:1. Eine so ausgeglichene jährliche Abflußkurve ist seit der Inbetriebnahme der beiden großen **Talsperren** am Oberlauf der Saale (Bleiloch seit 1932 und Hohenwarthe seit 1941) der Normalfall. Als Orientierungspunkt mögen die rund 30 m³/s dienen, die die Saale rein statistisch etwa bei Jena, d.h. zwischen den beiden Pegelmeßstellen bei Rothenstein und Camburg-Stöben, im langjährigen Mittel führt. Trotz der Talsperren sind aber größere Schwankungen nicht zu vermeiden. So wurden in den vergangenen Jahrzehnten mehrfach Niedrigwassermengen von nur 5 - 6 m³/s registriert. Auf der anderen Seite können mit Hilfe von großen Speicheranlagen auch **Hochwasser** nicht vermieden oder beliebig in Grenzen gehalten

Abb. 42: Saale-Hochwasser des Jahres 1994 (Foto: D. STREMKE 14.04.1994)

werden. Sicher ist, daß bis zum Bau der Talsperren die Saaleaue bei Jena sehr häufig überschwemmt war. Von den seit 1205 aufgezeichneten Hochwassern war sicherlich das vom November 1890 das schwerste, das im Mittleren Saaletal Schäden in einer Größenordnung von 6 Mio. anrichtete, für damalige Verhältnisse eine hohe Summe. In späteren Berechnungen, insbesondere zur Retentionswirkung der geplanten Talsperren, wurde eine Hochwassermenge von 980 - 1.620 m^3/s unterhalb von Jena (Camburg) angenommen. Das war das 30 - 50fache der normalen Wasserführung. Bei diesem Extremhochwasser war die gesamte Saaleaue, auch das Gebiet zwischen Bahndamm und Dornburger/ Camburger Straße, die gesamte Ortslage von Wenigenjena und der Vorstadtbereich zwischen Altstadt und der Saale am Steinweg und Anger überschwemmt.

Seit Inbetriebnahme der Saaletalsperren sind als höchste Abflußwerte 200 - 250 m^3/s gemessen worden. Das Beispiel des Aprilhochwassers 1994 (Abb. 42), bei dem nach den Messungen von Rothenstein und Camburg eine Abflußmenge von 270 - 280 m^3/s für das Stadtgebiet von Jena angenommen werden kann, zeigt, daß auch ohne Einschaltung der Talsperren, allein aus dem unterhalb gelegenen Einzugsgebiet, insbesondere des Nebenflusses Schwarza, bei hoher Bodensättigung und starken Niederschlägen in kurzer Zeit eine solche Wassermenge abfließt, daß immer noch weite Teile der holozänen Aue direkt überschwemmt werden und die Bereiche hinter Dämmen und Verkehrsanlagen durch aufsteigendes Grundwasser ebenso betroffen sind. Rund zwei Tage lang wurde von den Talsperren kein Wasser abgelassen. Trotzdem stand im Jenaer Stadtgebiet die Saaleaue fast überall in voller Breite mehrere Tage unter Wasser. Vor allem Sportanlagen (Ernst-Abbe-Sportfeld), Gewerbeeinrichtungen, Kleingärten und Kläranlagen, aber auch wichtige innerstädtische Verbindungsstraßen waren überflutet. Der Gesamtschaden des Aprilhochwassers 1994 wurde auf 5,3 Mio. DM geschätzt (Abb. 42; 84, S. 149).

Innerhalb der Stadtgrenzen gibt es neben der Saale noch weitere 70 km fließende Gewässer. Von den Saalezuflüssen sind die Roda mit 33 km Gesamtlänge und der Gembdenbach die wichtigsten. Die kurzen und meist aus dem Unteren Muschelkalk stammenden westlichen Zuflüsse, insbesondere die Leutra aus dem Mühltal, schwanken in ihrer Wasserführung sehr stark, regelmäßig liegen ihre Oberläufe im Sommer und Herbst trocken. Andererseits können die bei lokalen Starkregen anfallenden Wassermengen auch bei diesen kleinen Bächen größere Schäden anrichten, wie dies schon an der Leutra und am Ammerbach der Fall war. Das kleine Rückhaltebecken oberhalb der Ortslage Ammerbach hat sich auch 1994 bewährt.

Für die Entwicklung der Siedlungen im Jenaer Raum, insbesondere die Stadt selbst, war die Sicherung der **Wasserversorgung** stets von grundlegender Bedeutung. Bereits im mittelalterlichen Jena existierte neben der direkten Entnahme von Flußwasser und der Gewinnung von Grundwasser aus Zieh- und Pumpbrunnen ein Ansatz von zentraler Wasserversorgung. Von den Quellen im Mühltal wurde das Wasser mittels einer hölzernen Rohrleitung zunächst zu einem Sammelbehälter vor bzw. in der Stadt geführt, von dem es dann innerhalb der Stadtmauern wieder in Holzröhren verteilt wurde. Dieses System funktionierte praktisch bis ins 19. Jh. hinein, unterstützt durch regelmäßige Straßenspülung mit Leutrawasser, das in einer Kette von Teichen gespeichert wurde. Deshalb galt Jena schon im 16. und 17. Jh. als eine der saubersten Städte in Deutschland. Seit dem 18. Jh. war allerdings das Saalewasser nicht mehr zum Trinken, Waschen oder Brauen zu gebrauchen. Mit der Entwicklung und Ausbreitung der Stadt auf den Röthang mußte in der zweiten Hälfte des 19. Jhs. ein neues Wasserversorgungssystem aufgebaut werden. Durch den Anschluß der Quellen im Coppanzer Grund bei Ammerbach 1878 in einer Höhe von 225 m ü.NHN mittels einer **Hochdruckwasserleitung**, konnte dann über eine Stadtringleitung eine Wasserverteilung in Wohn- und öffentliche Gebäude bis auf ein Niveau von 220 m ü.NHN gewährleistet werden. Kommunale Hochdruck-Wasserleitungssysteme entstanden auch in den damaligen Vororten, in dem damals noch selbständigen Wenigenjena östlich der Saale erst 1897. Mit dem Bau eines neuen Hochdruckbehälters in 246 m Höhe und eines größeren Pumpwerkes im Mühltal war schließlich schon 1888 ein geschlossenes Stadtrohrnetz fertig, das die Versorgung je nach Höhenlage in verschiedenen Zonen sicherte.

Obwohl die sommerlichen Versorgungsengpässe das fortschreitende Wachstum von Bevölkerung und Industrie immer stärker behinderten, blieb es trotz großer Pläne, wie z.B. Anschluß an eine Fernwasserversorgung, bis in die 30er Jahre hinein bei der immer intensiveren Nutzung von mehr oder weniger stark verunreinigten Grundwassers mittels **Flachbrunnen** im Stadtgebiet. Seit 1937 gelang es, zunächst bei Göschwitz und Lobeda, in einer Tiefe von 100 - 200 m im Buntsandstein ergiebige Wasservorräte zu erschließen, die eine gute Wasserqualität besitzen und jahreszeitlich nur geringen Schwankungen unterliegen.

Die **18 Tiefbrunnen**, die inzwischen im Saaletal bei Maua, Rothenstein, Ölknitz, Schöps, Jägersdorf und Altendorf sowie im Rodatal bei Rutha, Zöllnitz, Laasdorf, Gernewitz, Gröben und Stadtroda existieren, bilden heute die Hauptversorgungsbasis mit Trinkwasser für Jena.

In den 60er Jahren wurde mit dem Bau einer Trinkwassertalsperre an der Ohra zugleich ein **Fernwasserversorgungssystem** für Zentral- und Nordthüringen geschaffen, an das auch Jena einen Anschluß erhielt. In Erwartung eines starken Bevölkerungswachstums, war eine tägliche Abgabe von maximal 20.000 m³ geplant. Real wurde 1979 z.B. eine Tagesmenge von 14.000 m³ erreicht, 1997 lag sie nur noch bei 8.700 m³. Zur optimalen Versorgung wurden im Niveau der Höchstbebauungsgrenze oder darüber größere Hochdruckwasserbehälter mit einem Fassungsvermögen von je 10.000 m³ errichtet, so bei Remderoda, Drackendorf und am Nordhang des Hausberges in Jena-Ost. Darüber hinaus werden aber auch noch gegenwärtig Tiefbrunnen und Quellen im Jenaer Stadtgebiet genutzt bzw. in Reserve gehalten, so z.B. Quellen in Zwätzen, Kunitz, Laasan, Wöllnitz (Fürstenbrunnen), Altlobeda und Leutra. Ihre Wasserqualität schwankt z.B. zwischen den Härtegraden 2 (mittel) und 4 (sehr hart). Aus den Tiefbrunnen im Buntsandstein und den Talsperren im Thüringer Wald wird dagegen weiches Wasser geliefert.

Von dem gesamten **Trinkwasserangebot** der Stadtwerke Jena in einer Größenordnung von **täglich** rund **25.000 m³**, von dem auch noch 18 Umland-Gemeinden versorgt werden, entfallen ca. 2/3 auf Eigenförderung und 1/3 auf sog. „Fremdbezug". Die verbrauchergerechte Aufbereitung geschieht in den 3 Wasserwerken Burgau, Porstendorf und Steudnitz. Allein Burgau versorgt rund 40.000 Einwohner.

In einer Reihe der im Jahre 1994 eingegliederten Gemeinden am Rande der Stadt besteht noch eine Gruppenversorgung, so in Münchenroda - Remderoda, Isserstedt, Cospeda - Lützeroda - Closewitz und Krippendorf - Vierzehnheiligen. Einige Großbetriebe der Stadt, wie Schott Jenaer Glas GmbH und Jenoptik, versorgen sich eigenständig mit Saalewasser bzw. mit Grundwasser aus Tiefbrunnen.

Auch die bei einer Bevölkerungs- und Wirtschaftskonzentration wie Jena besonders wichtige **Abwasserbehandlung** ist in den letzten Jahren weiter verbessert worden. Im Gebiet des Wasser- und Abwasserzweckverbandes Jena, das von den Gemeinden Zöllnitz, Jägersdorf, Schöps und Milda im Süden bis Camburg und Frauenprießnitz im Norden reicht, waren 1997 schon 92,1 % an Abwasserbehandlungsanlagen und 78,3% an Kläranlagen (im Vergleich Thüringen: 58 %) angeschlossen. Die **zentrale Kläranlage** an der nördlichen Stadtgrenze in der Gemarkung Kunitz ist nach Abschluß der 1998 begonnenen Rekonstruktion in der Lage, nicht nur die mechanische und biologische Reinigung, sondern auch den Nährstoffabbau (Phosphor, Stickstoff) einer Abwassermenge durchzuführen, die theoretisch von 145.000 Einwohnern abgegeben wird. Von den wesentlich kleineren Anlagen in Milda, Dorndorf, Isserstedt und Maua besitzt nur letztere gegenwärtig diese Qualität. Obwohl in den letzten Jahren große Anstrengungen unternommen wurden, den Anschluß an die zentrale Anlage systematisch zu erweitern, werden für einige Zeit auch noch Kleinkläranlagen, insbesondere bei Lücken- und Abrundungsbebauung, als Übergangslösungen für einen Abwasseranfall von maximal 50 Einwohnern gebaut werden müssen. Dies gilt vor allem für die alten Ortslagen von Ammerbach, Winzerla, Burgau, Göschwitz und Drackendorf, aber auch für Teile des Kernbergviertels und von Ziegenhain.

Bebaute Gebiete ohne öffentliche Entwässerungsanlagen befinden sich gegenwärtig noch in Ammerbach, südlich und nördlich des Ortskernes, in der Ringwiese zwischen Kahlaischer Straße und dem Bahndamm, in den Ortslagen Ziegenhain und Löbstedt sowie in dem Bereich zwischen Neuwöllnitz, Altwöllnitz und dem Pennickental.

Durch den quantitativen und qualitativen Ausbau der Abwasserbehandlung sowohl in Jena selbst als auch durch die Inbetriebnahme größerer Kläranlagen oberhalb von Jena, so in Rudolstadt, Saalfeld, Kahla und Stadtroda wird die Wasserqualität der Saale beim Verlassen des Stadtgebietes in den nächsten Jahren die Güteklasse II erreichen, die einem Grad der organischen Belastung von nur noch „mäßig belastet" entspricht. Anfang der 90er Jahre lautete die Bewertung noch: kritisch belastet (II-III).

13. NATURSCHUTZ UND LANDSCHAFTSPFLEGE

Die Entwicklung Jenas zur industriellen Großstadt blieb und bleibt nicht ohne Wirkung auf Landschaft und Natur. Für den Schutz der natürlichen Reichtümer sowie die Pflege und sinnvolle Gestaltung unserer Landschaft trägt die Gesellschaft eine große Verantwortung. Wichtigste Aufgabe ist es vor allem, den Kultur- und Erholungswert der Landschaft als Ganzes zu bewahren und zu mehren, die Lebensräume der wildlebenden Pflanzen- und Tierarten zu sichern und damit die heimische Pflanzen- und Tierwelt in ihrer Gesamtheit zu schützen, die Beziehungen zwischen Pflanze, Tier und Umwelt aufzudecken und die wichtigsten typischen Lebensräume als Naturschutzobjekte für die wissenschaftliche Forschung und die nachfolgenden Generationen zu erhalten.

Naturschutz und Landschaftspflege haben in Jena eine lange Tradition. Erste Wurzeln sind in der frühzeitigen Erkenntnis der außerordentlichen Naturausstattung dieses Raumes begründet. Mit dem Aufblühen der Naturwissenschaften an der Universität wurde auch die Umgebung Jenas zum Gegenstand der Forschung und Lehre. Große Vorbilder wie der Botaniker Matthias Jacob SCHLEIDEN oder die Zoologen Ernst HAECKEL und Alfred BREHM beeinflußten nicht nur die Jugend Jenas, sich näher mit der Natur und seiner pflanzlichen und tierischen Lebewelt zu befassen, sie prägten in nicht unerheblichem Maße auch die öffentliche Meinung. Vielen Menschen wurde bewußt, über welch großen Naturreichtum dieses Mittlere Saaletal verfügt.

In früheren Zeiten war der Naturschutz mehr oder weniger privatem Engagement überlassen. Einzelpersonen, Gruppierungen Gleichgesinnter oder Interessengemeinschaften naturwissenschaftlicher Fachrichtungen bemühten sich um die Pflege und Erhaltung ausgewählter Arten und deren Lebensräume. Die staatlich gelenkte und geförderte Naturschutzarbeit wurde erst durch eine entsprechende Gesetzgebung möglich. Bedeutsam war insbesondere das Reichsnaturschutzgesetz aus dem Jahre 1935. Für das Territorium der DDR galten dann das Gesetz zur Erhaltung und Pflege der heimatlichen Natur von 1954 sowie das Landeskulturgesetz von 1970. Seit 1990 regeln das **Bundesnaturschutzgesetz** (BNatSchG; 1976) und das **Thüringer Gesetz über Naturschutz und Landschaftspflege** (ThürNatG) all solche Aspekte.

Nach 1935, verstärkt seit den 50er Jahren, wird somit Naturschutz auf gesetzlicher Grundlage und unter fachlicher Führung eines Gremiums engagierter Naturschützer betrieben. Ein Rückblick auf die Geschichte und Entwicklung des Naturschutzes in und um Jena ist beispielsweise verbunden mit dem Wirken des Geographen Joachim H. SCHULTZE, der Botaniker Theodor HERZOG und Otto SCHWARZ, des Laienbotanikers Otto FRÖHLICH oder der Mitglieder der schon 1885 gegründeten Thüringischen Botanischen Gesellschaft. Nach dem Kriege bemühten sich das **Naturschutzaktiv** der Stadt Jena und des Landkreises sowie die **Naturschutzbeauftragten** und andere ehrenamtliche Kräfte in Zusammenarbeit mit wissenschaftlichen Einrichtungen um den Schutz wertvoller Landschaftsteile und Lebensräume und deren ständige Pflege.

Schon 1937 wurde das "Leutratal" als **Naturschutzgebiet** (NSG) einstweilig gesichert. Doch erst 1961 konnte es zusammen mit den NSG "Großer Gleisberg", "Hohe Lehde", "Isserstedter Holz" und "Poxdorfer Hang" endgültig ausgewiesen werden. Seit 1981 besteht das NSG "Dohlenstein", nach 1990 sind mit "Windknollen" und "Schießplatz Rothenstein" weitere Gebiete beantragt worden (Tab. 1). Das System der Reservate wird durch **Naturdenkmale** (ND), **Flächennaturdenkmale** (FND) bzw. **Geschützte Landschaftsbestandteile** (GLB) ergänzt. Nach 1990 konnte dieses Netz der Schutzgebiete beachtlich erweitert werden, so daß heute im Mittleren Saaletal und auf dem Territorium der Stadt Jena 5 Naturschutzgebiete, 29 Flächennaturdenkmale bzw. Geschützte Landschaftsbestandteile und 36 Baum-Naturdenkmale bestehen (Tab. 2, 3). Die notwendigen Pflegearbeiten werden von freiwilligen Helfern und seit 1991 auch von ABM-Kräften unter fachlicher Anleitung und Kontrolle ausgeführt.

Tab. 1: Naturschutzgebiete (NSG) und Landschaftsschutzgebiete (LSG) in der Stadt Jena und ihrer Umgebung

Nr.	Bezeichnung	Größe (ha)	ausgewiesen seit
Landschaftsschutzgebiete (LSG)			
1	"Mittleres Saaletal" (zusammengefaßt aus a-d)	17.700	29.03. 1972
a	Oberaue Jena	?	(27.03. 1939) 20.08. 1951
b	Unteraue	?	(26.04. 1939) 20.08. 1951
c	Trießnitz	?	(25.06. 1940) 20.08. 1951
d	Saaletal zwischen Kahla und Göschwitz	?	(30.10. 1959)
Naturschutzgebiete (NSG)			
1	"Leutratal"	118,07	(23.04. 1937) 30.03. 1961
2	"Großer Gleisberg" bei Kunitz	279,52	(1958) 30.03. 1961
3	"Hohe Lehde" bei Dorndorf	74,76	30.03. 1961
4	"Isserstedter Holz"	118,40	30.03. 1961, 26.09. 1997
5	"Dohlenstein" bei Kahla	43,00	25.03. 1981
6	"Windknollen" bei Cospeda	185,10	17.04. 1997
7	"Schießplatz Rothenstein"	240.00	(27.01. 1993)
8	„Gleistalhänge" (inkl. "Poxdorfer Hang")	263,40	27.08. 1999
Kerngebiete des Naturschutzgroßprojektes (zur Ausweisung als NSG vorgesehen)			
1	Hohe Lehde - Gleistalhänge	480,00	
2	Großer Gleisberg - Jenzig	640,00	
3	Wöllmisse	1276,00	
4	Dohlenstein	84,00	
5	Windknollen	416,00	
6	Jenaer Forst	445,00	
7	Cospoth - Leutratal	591,00	
8	Rothenstein	563,00	

Tab. 2: Flächennaturdenkmale (FND) und Geschützte Landschaftsbestandteile (GLB) in der Stadt Jena

Nr.	Bezeichnung	Größe (ha)	FND/GLB seit
1	"Teufelslöcher"	0,41	1963,1976
2	"Sachsensümpfe"	1,00	1963,1976
3	"Steinbruch im Fränkelsgrund"	3,00	1967
4	"Südhang Lobdeburg"	2,80	1976
5	"Mönchsberg"	0,80	1976,1990
6	"In den Bornwiesen"	2,50	1990
7	"Pennickental/ Fürstenbrunnen"	5,00	1990
8	"Pennickental/ Neuer Leo-Bruch"	5,00	1990
9	"Pennickental/ Engländers-Bruch"	5,00	1990
10	"Heiligenberg"	5,00	1990
11	"Gembdenbach"	2,00	1990
12	"Erlkönig"	2,50	1990
13	"Über der Lutschke"	5,00	1990
14	"Stoys Wiese"	3,00	1990
15	"Die Sachsenecke"	5,00	1990
16	"Lämmerborn"	0,30	1990
17	"Winterling-Edellaubholzwald"	3,35	1965
18	"Hangwald bei Kunitz"	2,38	1983
19	"In den Quellen"	2,03	1984
20	"Am Spitzenberg"	2,65	1984
21	"Im Ölste, Zwätzen"	1,10	1995
22	"Ehemalige Fäkalienfelder am Thalstein"	7,74	1995
23	"In der Grunzke"	1,80	1995
24	"Glatthaferwiesen Löbstedt"	5,64	1995
25	"Rabenschüssel"	5,04	1990,1992
26	"Isserstedter Söll"	8,08	1990,1992
27	"Serbe-Tümpel"	0,49	1990,1992
28	"Tongruben Wogau"	2,01	1990,1992
29	"Tännichtwiese"	1,98	1992

Tab. 3: Naturdenkmale (ND) in der Stadt Jena

deutscher Name	wissenschaftlicher Name	Wuchsort	ND seit
Berg-Ahorn	Acer pseudoplatanus	Fürstengraben 18	1996
Roßkastanie	Aesculus hippocastanum	Kronfeldstr.	1963
Roßkastanie	Aesculus hippocastanum	Zwätzengasse 17	1996
7 Hainbuchen "7 Buchen"	Carpinus betulus	Bei der Tongrube	1963
Baum-Hasel	Corylus colurna	Philosophenweg 3-5	1963
Baum-Hasel	Corylus colurna	Landgrafenstieg 2	1996
Hupeh-Stinkesche	Euodia hupehensis	Scharnhorststr. 1	1996
Rot-Buche	Fagus sylvatica	Neugasse 23-25	1996
Rot-Buche	Fagus sylvatica	Knebelstr. 5	1996
Rot-Buche	Fagus sylvatica	Schillbach-Str. 44	1996
2 Rot-Buchen "Dicke Buchen"	Fagus sylvatica	An der Spitze	1963
8 Blutbuchen	Fagus sylvatica 'Atropunicea'	Puschkin-Platz	1963
Gemeine Esche	Fraxinus excelsior	Saalbahnhofstr. 23	1996
Ginkgo	Ginkgo biloba	Am Planetarium 9	1996
Europ. Lärche "Kandelaber-Lärche"	Larix decidua	Auf dem Tatzend	1963
Platane	Platanus x hispanica	Lutherstr./Melanchtonstr.	1996
Platane	Platanus x hispanica	Platanenhaus	1996
5 Schwarz-Pappeln	Populus nigra	Stadtrodaer Str.	1996
Kaukasische Flügelnuß	Pterocarya fraxinifolia	Am Planetarium 1	1963
Trauben-Eiche	Quercus petraea	Sickingstr./Erfurter-Str.	1996
Stiel-Eiche	Quercus robur	K.-Kollwitz-Str./ Feuerwehr	1996
Stiel-Eiche "Bismarck-Eiche"	Quercus robur	Sellierstr./Haeckelstr.	1963
Pyramideneiche	Quercus robur 'Fastigiata'	Westbahnhofstr./ E.-Haeckel-Platz	1996
Silber-Weide	Salix alba	Am Neutor/ Leutra-Saalemündung	1996
Japanischer Schnurbaum	Sophora japonica	Fürstengraben/ Schloßgasse	1996
Japan. Schnurbaum	Sophora japonica	Sellierstr. 7	1963
9 Speierlinge	Sorbus domestica	Auf dem Horlberge (Ziegenhain)	1996
Elsbeere	Sorbus torminalis	Bei den 7 Buchen	1996
Gemeine Eibe	Taxus baccata	Philosophenweg 44	1963

Winter-Linde	Tilia cordata	Auf dem Tatzend	1963
Sommer-Linde	Tilia platyphyllos	Weidenweg (Löbstedt)	1996
Sommer-Linde	Tilia platyphyllos	Gut Zwätzen	1996
Sommer-Linde "Sternlinde"	Tilia platyphyllos	Der Stern	1996
Sommer-Linde	Tilia platyphyllos	Papiermühle	1996
Sommer-Linde "Brätzellinde"	Tilia platyphyllos	An der Brätzel	1963

Wertvolle Teile der Jenaer Umgebung, wie die Oberaue und Unteraue oder die Trießnitz waren schon vor Jahren zum **Landschaftsschutzgebiet (LSG)** erklärt. Das **LSG "Mittleres Saaletal"** beinhaltet jedoch seit seiner Ausweisung im Jahre 1972 die Zusammenfassung und Erweiterung aller bisherigen LSG, welche damit ihre eigenständige Existenz beendeten. Somit bestand ab 1972 ein den gesamten Jenaer Raum umfassendes Landschaftsschutzgebiet.

Die Abgrenzung dieses LSG zum inneren, bebauten Stadtgebiet wurde durch die sogenannte "**Höchstbebauungsgrenze**" vollzogen. Über und außerhalb dieser Grenze waren landschaftsverändernde Maßnahmen, insbesondere die Errichtung fester Bauten (Gartenlauben, Wochenendhäuser, Garagen, Bienenhäuser usw.), die Errichtung von Zäunen sowie Eingriffe in den natürlichen Pflanzenbestand untersagt, Zuwiderhandlungen sollten geahndet werden. Diese Grenze wurde jedoch bis heute durch Beschlüsse der Stadt mehrfach geändert und je nach Bedarf immer weiter in das LSG hinein ausgedehnt. Trotz des formellen Verbotes entstanden im bestehenden LSG sogar noch umfangreiche

Abb. 43: An vielen Stellen sind die Röthänge und auch die Wellenkalksteilhänge bereits stark von Sträuchern und Bäumen bewachsen - die Erhaltung von Offenlandbiotopen ist jedoch für die Artenvielfalt von besonderer Bedeutung (Foto: F. JULICH 1997)

Abb. 44: Orchideenreiche Halbtrockenrasen kennzeichnen das Mittlere Saaletal um Jena - Wanderungen lohnen nicht nur in das NSG "Leutratal" (Foto: P. WEISSERT 1995, R. BEYER 1998)

Wohnungsbauten, wie Teile des Wohngebietes Lobeda und Winzerla. Auch eine Vielzahl von Gartenhäusern und Kleingartenanlagen wurden in dieser Zeit im Landschaftsschutzgebiet genehmigt. Ein heutiger Rückbau ist nicht möglich (Bestandesschutz nach Bundeskleingartengesetz). Es ist aber beabsichtigt, die bestehende LSG-Grenze zum Stadtgebiet Jena und einigen eingemeindeten Ortsteilen in bestimmten Teilen zurückzunehmen, so daß solche Wohnungsbauten und Gartenhäuser aus dem LSG ausgegrenzt werden (in der Novellierung des ThürNatG vom 07.01.1999 bereits festgelegt).

Der staatliche Naturschutz ist heute gut organisiert. Im Dezernat Stadtentwicklung der Stadtverwaltung Jena besteht das **Umwelt- und Naturschutzamt**, in dem im Sachgebiet Naturschutz die Aufgabenbereiche Eingriffsregelung, Baumschutz, Biotop- und Artenschutz (inkl. Biotoppflege) bearbeitet werden. Eine enge Zusammenarbeit besteht mit den Naturschutzvereinen, speziellen Fachgruppen und wissenschaftlichen Einrichtungen, z.B. dem Naturschutzbund Deutschland NABU e.V. oder dem Arbeitskreis Heimische Orchideen Thüringen e.V. (AHO). Einrichtungen wie das Institut für Ökologie der Friedrich-Schiller-Universität Jena oder die Thüringer Landesanstalt für Umwelt geben wertvolle fachliche Unterstützung.

Um den besonderen Charakter und den Naturreichtum der näheren und weiteren Umgebung Jenas langfristig zu erhalten und zu pflegen, den botanischen und zoologischen Artenschutz sowie komplexen Biotopschutz zu sichern, ist 1992 die Aufnahme großer Bereiche von Natur und Landschaft in das Bundesförderprogramm "Naturschutzgroßprojekte" des Bundesministeriums für Umwelt (BMU) beantragt worden. In einer Projektkonzeption wurde die bundesweite Bedeutung des Gebietes mit den bemerkenswerten Offenlandbiotopen und xerothermen Gebüschen und Wäldern dargelegt und ein Konzept der Pflege und Entwicklung zur Erreichung bestimmter langfristiger Zielstellungen des Naturschutzes entwickelt. Im Jahre 1996 wurde dieses **Naturschutzgroßprojekt "Orchideenregion Jena – Muschelkalkhänge im Mittleren Saaletal"** bestätigt. Rund um die Großstadt Jena befinden sich **8 Kerngebiete** mit einer Fläche von 4.495 ha (Tab. 1). Ein 9.821 ha umfassendes sog. "übriges Projektgebiet" – mit dem bestehenden LSG "Mittleres Saaletal" in großen Teilen deckungsgleich – soll die Kerngebiete "puffern". Die **Gesamtfläche** des Naturschutzgroßprojektes beträgt somit etwa **14.300 ha** (Abb. 43, 44).

Das gesamte Projektgebiet wird geprägt durch das tief in die Triasschichten eingeschnittene Tal der Saale und ihrer Zuflüsse. Bedingt durch die geologisch und klimatisch günstigen Gegebenheiten hat sich, nicht zuletzt auch durch anthropogene Einflüsse, eine Vielzahl unterschiedlichster Biotope entwickelt, die einen bemerkenswerten Artenreichtum insbesondere auch an wärmeliebenden Orchideen aufweisen. Das ist u.a. dadurch begründet, daß bereits im Mittelalter Plateau- und Oberhangbereiche durch die Holzgewinnung und Viehweide fast kahl gehalten, die südexponierten, warmen Muschelkalkhänge als Weinberge und die sanfter geneigten Unterhänge als Weide, Mähwiese oder Acker genutzt wurden. Der Wegfall dieser Nutzungsformen (Auflassung, Brache) und der in letzter Zeit zunehmende Nährstoffeintrag aus der Atmosphäre führen jedoch zu einer natürlichen Vegetationsentwicklung (Sukzession) und damit zu verschiedenartigen Veränderungen der Pflanzengemeinschaften. Wertvolle Trockenrasen, Fels- und Felsgeröllfluren und andere Offenlandbiotope verbuschen immer stärker; Halbtrockenrasen und Mähwiesen werden zu Gebüschfluren, und ehemals wertvolle Kalkäcker entwickeln sich zunehmend über Ruderal- und Staudenfluren zu Gebüschen und Pionierwäldern. Diese Sukzession muß in ausgewählten Bereichen durch pflegerische Eingriffe aufgehalten oder zurückgedrängt werden. Gehölze müssen weichen, um die Lebensbedingungen für Arten des Offenlandes zu erhalten. Dies beinhaltet durchaus ein gewisses Konfliktpotential. Hinzu kommt, daß in der Großstadt Jena und ihrer Umgebung verschiedenartige Bedürfnisse nach wirtschaftlicher Entwicklung, Verbesserung und Erweiterung der Verkehrsverbindungen, der Wohnqualität, nach Freizeitvergnügen und Erholung bestehen. Auch für solche divergierenden Nutzungsinteressen gilt es Kompromisse zu finden, will man in diesen Teilen der Kulturlandschaft aus gesamtgesellschaftlichen Interessen den Belangen des Naturschutzes Vorrang geben.

Träger des Projektes ist ein **Zweckverband** der Stadt Jena und des Saale-Holzland-Kreises in Zusammenarbeit mit allen Vereinen und Verbänden, die sich mit der Landnutzung befassen und sich zur "Stiftung Lebensraum e.V." zusammengeschlossen haben. Bis zum Jahr 2006 besteht die Förderung des Projektes durch die Bundesregierung und das Land Thüringen. Das Finanzvolumen beträgt in dieser Zeit rund 20 Mio. DM, welches entsprechend eines Pflege- und Entwicklungsplanes für den Ankauf wertvoller Flächen, die Erstpflege und für biotoplenkende und biotopsichernde Maßnahmen verwendet wird. Die Folgepflege nach Beendigung der Förderung muß durch den Projektträger organisiert und gesichert werden. Dabei ist vorgesehen, auf den Trocken- und Halbtrockenrasen teilweise die traditionelle Nutzung durch Schafe und Ziegen sowie eine Mahd wieder einzuführen, alte Streuobstwiesen wieder in Nutzung und Pflege zu nehmen und Produkte wie Obstsäfte, Obstweine und -liköre herzustellen und zu vermarkten. 1997 hat sich der Förderverein "Mittleres Saaletal" gegründet, der sich der Wiederbelebung dieser und weiterer traditioneller Nutzungsformen über den Weg der Direktvermarktung verschrieben hat.

Der **Lehrpfad** verläuft größtenteils durch das Kerngebiet 3 ("Wöllmisse") des Naturschutzgroßprojektes. Von entsprechenden Aussichtspunkten schaut man über das Saaletal hinüber auf die Kerngebiete 7 ("Cospoth - Leutratal"), 6 ("Jenaer Forst") oder 5 ("Windknollen"). Nur aus der Ferne ist das Kerngebiet 4 ("Dohlenstein") erfaßbar. Im Pennickental sind die ehemaligen „Kalktuff"-Brüche als FND geschützt. An bedeutenden Zeugen der Geschichte auf dem Johannisberg, an der Lobdeburg und in Drackendorf werden auch Aspekte von **Denkmalschutz und Denkmalpflege** offensichtlich. Schließlich führt unser Anliegen zu umfassendem **Landschaftsschutz** und gezielter **Landschaftspflege**. Die durch Menschen geprägte Umwelt kann auch nur durch Menschen erhalten werden. Dabei ist stets daran zu denken, daß Nutzung und Schutz, Gestaltung und Erhaltung gleichermaßen Einheit und Widerspruch sind. Wir alle tragen Verantwortung.

*Alle im Exkursionsführer erwähnten Tier- und Pflanzenarten, die auf der Grundlage des Bundesnaturschutzgesetzes (§ 20e), der Bundesartenschutzverordnung sowie auch des Washingtoner Artenschutzübereinkommens (Anhang C) als **"besonders geschützt"** ausgewiesen sind, werden **mit * gekennzeichnet**. Es wird erwartet, daß der Wanderer darüber hinaus auch alle anderen Arten schont. Denken wir bei einer Wanderung stets daran, welchen Schaden wir der Natur und Landschaft durch rücksichtsloses oder auch nur gedankenloses Verhalten zufügen können. Es ist nicht gestattet, die Landschaft in irgendeiner Weise zu verunstalten (z.B. durch Hinterlassen von Abfällen aller Art), Natur-*

denkmäler zu beschädigen, besonders geschützte Pflanzen abzureißen oder auszugraben, geschützten Tieren nachzustellen oder sie zu beunruhigen, die Wegesicherungseinrichtungen und Bänke zu beschädigen. Die genannten Forderungen kann jeder Wanderer durch freiwillige Disziplin erfüllen und so zur Erhaltung der Naturreichtümer unserer Heimat beitragen.

14. ERHOLUNG UND TOURISMUS - BERGGEMEINSCHAFTEN UND WANDERWEGE

Spricht man von Erholung und Tourismus, so ist Jena sicherlich die Thüringer Großstadt, bei der man am ehesten den die Stadt umgebenden Landschaftsraum assoziiert. Denkt man bei Erfurt an Domstufen, Krämerbrücke und die mittelalterliche Altstadt und bei Weimar an die klassizistische Innenstadt und den berühmten Park an der Ilm, so ist es bei Jena das Landschaftsbild der markanten Kalkfelsen des Mittleren Saaletales, das den unverwechselbaren Charakter der Stadt ausmacht. Zwar kann auch Jena mit interessanten Museen, Theater, Philharmonie-Orchester, einem bedeutenden Botanischen Garten und dem ältesten Planetarium der Welt aufwarten, doch der eigentliche Reiz der Stadt liegt in der sie umgebenden Landschaft, die von den Straßen und Plätzen der Stadt in immer wieder anderen Blickbeziehungen erlebbar ist.

Schon die Stadteinfahrten werden – aus allen vier Himmelsrichtungen – stark vom Landschaftsraum geprägt: von Norden und Süden durch das breite, offene Saaletal, von Westen durch das bewaldete Mühltal oder von Osten durch das offene Gembdental mit Blick auf die markanten Kalkfelsen des Jenzigsüdhanges und die bewaldeten Nordhänge des Hausberges.

Das kleinteilige, reich strukturierte Mosaik der Hänge aus Wiesen und Obstwiesen, Gebüschen und unterschiedlichen Waldgesellschaften, Mager- und Trockenrasen bis hin zu den freien Felsstandorten bietet im Laufe der Jahreszeiten viele unterschiedliche Aspekte. Neben dem des Landschaftsbildes sind es auch die botanischen Besonderheiten, die Menschen aus nah und fern z.B. im Februar zur Winterlingblüte ins Rautal (Abb. 5, S. 14) oder im Mai/Juni zur Orchideenblüte ins Leutratal locken. An den Wochenenden werden dort geführte Wanderungen von den Mitgliedern des Naturschutzbundes angeboten.

Weniger bekannt, aber nicht minder reizvoll sind auch die Reste des Heilkräuteranbaus im Gleistal. Verwilderte Salbei-, Iris- und Pfingstrosenfelder am Südhang des Alten Gleisberges und die noch heute in Kultur befindlichen streifenförmigen Pfingstrosenfelder rund um die alte Ortslage von Jenalöbnitz geben einen Eindruck der Kulturlandschaft des vorigen Jahrhunderts (siehe Abb. 36, 37, S. 59).

Die Einzigartigkeit und Schönheit des Landschaftsraumes rund um Jena sind der Grund dafür, daß die Bevölkerung in ihrer Freizeit traditionell auf die Berge geht, wo man auf dem Jenzig, dem Fuchsturm oder der Lobdeburg nach einem schönen Spaziergang bei Bedarf auch gastronomisch versorgt wird.

Schon Mitte des vorigen Jahrhunderts gründete sich der Jenaer Verschönerungsverein, der 1893 auf dem Landgrafen die erste Gastwirtschaft errichtete. Die 1861 gegründete Fuchsturmgesellschaft erbaute bereits 1868 eine Gaststätte auf dem Fuchsturm und die Jenziggesellschaft weihte 1904 das erste Jenzigschutzhaus ein. Seit 1912 besteht die

Lobdeburg-Gemeinde, die 1929 den Vorgängerbau der 1998 eröffneten neuen Lobdeburgklause erbaute.
Seit dieser Zeit wurden von diesen **Berggemeinschaften** Wanderwege, Sitzplätze und Aussichtspunkte angelegt und unterhalten. Die gesamte Jenaer Umgebung ist dem Wanderer durch ein dichtes, immer wieder erweitertes, gut ausgebautes und markiertes **Wegenetz** erschlossen. Besonders bekannt und eindruckvoll ist die **Horizontale**, ein Wanderweg, der östlich der Stadt auf halber Höhe am Hang entlang führt (Abb. 45). Die Horizontale ist Bestandteil eines Wanderweges, auf dem man die Stadt auf einem reizvollen, ca. 100 km langen Weg umrunden kann. Weitere besonders empfehlenswerte Wanderwege sind der **Thüringenwanderweg**, der an den Höhen des Landgrafenberges, des Jenzigs und des Fuchsturmes vorbei führt und der **Geologische Lehrpfad** am Hausberg östlich der Stadt.

Abb. 45: Entlang der Horizontale (Foto: K. KRAHN)

Neben dem Wandern hat auch das **Paddeln** auf der Saale lange Tradition. Besonders mit der deutlich verbesserten Wasserqualität der letzten Jahre hat die Zahl der Wasserwanderer, die ab Pfingsten die Saale bevölkern, wieder deutlich zugenommen. Im Frühjahr 1999 wurde im Paradies wieder ein Bootsverleih auf der Saale eingerichtet.

Die Stadt verfügt über zwei **Freibäder**, den Schleichersee in der Saaleaue und das Ostbad, aber auch einige landwirtschaftliche Bewässerungsspeicher im Umland werden zum Baden genutzt.

Seit dem Ausbau des **Saale-Radwanderweges** von der Quelle im Thüringer Wald bis zur Mündung in die Elbe steigt auch die Zahl der Radwanderer jährlich an. Mit der Fertigstellung des Radweges **Thüringer Städtekette** von Eisenach über Erfurt, Weimar und Jena nach Altenburg liegt Jena demnächst am Kreuzungspunkt der beiden wichtigsten Thüringer Radwanderwege.

Wenn die Sonne die steilen Felshänge erwärmt, nutzen **Drachenflieger und Paragleiter** die entstehende Thermik, um vom Jenzigsüdhang aus über das Saaletal zu gleiten. Auch vom Sportflugplatz Schöngleina aus kann man den markanten Talraum der Saale vom Segel- oder Motorflugzeug aus der Luft erleben.

In Jena-Ost, Wogau, Maua, Leutra, Burgau und auf dem Jenaer Forst gibt es **Reiterhöfe**, wo man zum Teil auch Pferde mieten und auf festen Wegen oder markierten Reitwegen ins Gelände reiten kann.
Motocross ist auf dem Gelände des örtlichen Motocrossvereins in Großlöbichau östlich der Stadt möglich.
In den Wintermonaten bieten die zahlreichen offenen Hangpartien den Kindern Gelegenheit zum **Rodeln**, und auf den Hochflächen sind bei ausreichender Schneehöhe ausgedehnte Langlauftouren möglich.

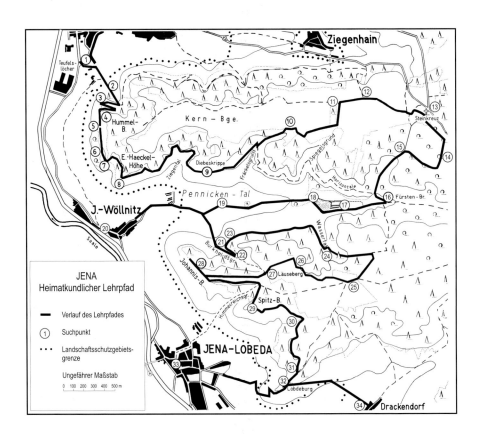

II. Der Lehrpfad

Der **Lehrpfad** ist von der Stadt schnell zu erreichen. Er beginnt am FND „Teufelslöcher" in der Wöllnitzer Straße und verläuft in einer durchgehenden Strecke von etwa 20 km innerhalb des Projektgebietes **„Orchideenregion Jena – Muschelkalkhänge im Mittleren Saaletal"** bis Drackendorf bzw. Lobeda. Die Gesamtstrecke ist in zwei, inhaltlich unterschiedlich akzentuierte Abschnitte gegliedert: Im 1. Teil werden an 19 Suchpunkten überwiegend naturkundliche (geologische, botanische und zoologische) Themen und im 2. Teil an 15 Suchpunkten mehr historische und wirtschaftliche (ur- und frühgeschichtliche, besiedlungsgeschichtliche, forst- und landwirtschaftliche) Themen dargestellt.

Der **1. Abschnitt** beginnt an den Teufelslöchern, verläuft über die Kernberghorizontale, vorbei an der Diebeskrippe, durch den Fränkelsgrund auf das Kernbergplateau, von dort zum Fürstenbrunnen und durch das Pennickental nach Wöllnitz.

Der **2. Abschnitt** beginnt in Wöllnitz und verläuft vom Burkholzgrund über die Horizontale in das Wassertal, weiter auf die Hochfläche, über den Johannisberg, Spitzberg und die Lobdeburg bis nach Lobeda bzw. Drackendorf.

Der Lehrpfad ist mit dem **Symbol** ◪ (grüner Diagonalbalken auf weißem Grund) gekennzeichnet (andere Markierungszeichen beziehen sich auf Wanderwege, die den Lehrpfad kreuzen oder streckenweise mit ihm parallel verlaufen, vgl. hierzu: Kap. III). Er ist vom Stadtzentrum-Jena (P: Seidelstraße, Am Stadion), von Wöllnitz (P), Ziegenhain, ab Steinkreuz (P), von Lobeda (P: unterhalb der Lobdeburg-Klause) oder Drackendorf (P: Drackendorf-Center) zu erreichen und kann nach eigenem Ermessen abgekürzt werden. Zahlreiche Hinweisschilder erleichtern dem Ortsfremden die Orientierung.

Der Lehrpfad wurde vor 30 Jahren von Natur- und Heimatfreunden des Deutschen Kulturbundes in Zusammenarbeit mit wissenschaftlichen Einrichtungen der Friedrich-Schiller-Universität eingerichtet und 1969 eröffnet. Auf der Grundlage dieser Erfahrungen haben wir das Konzept überarbeitet, den Lehrpfad verlängert, in der Streckenführung etwas verändert und mit neuen Themen bereichert. Die Markierung und der beispielhafte Ausbau des Weges und der Suchpunkte wurden von den Mitarbeitern „Ökoplan" des Vereines „Internationaler Bund für Sozialarbeit" ausgeführt.

Auf Wanderungen entlang des Lehrpfades bieten sich ausreichende Gelegenheiten, das Charakteristische der Jenaischen Landschaft zu erfassen und damit gleichzeitig tieferes Verständnis für ihre Entwicklung und die in dieser Form fast einmalige Verflechtung eines dynamischen urbanen Wirtschaftsraumes mit der umgebenden Natur zu gewinnen. Eine erstaunliche Vielfalt begegnet uns. Der historisch, geologisch, botanisch oder zoologisch Interessierte wird in reichem Maße selbst beobachten können, der Naturliebhaber und Wanderer von dem Reiz des ständig wechselnden Landschaftsbildes begeistert sein, dem Maler und Fotografen bieten sich zahlreiche Motive.

Die eigentliche Wegbeschreibung wird durch Linien abgegrenzt und kursiv hervorgehoben; sie wird durch folgendes Symbol am Rand schnell auffindbar: 🚶‍♂️🚶‍♀️

Unsere Ausführungen sollen der Erläuterung dienen, die bei der Fülle der aufgegriffenen Themen aber nur Anregungen zur eigenen Beobachtung und weiteren Beschäftigung sein können. Wir hoffen dennoch, dem Wanderer den Blick für die Zusammenhänge in der Natur zu weiten und das Interesse am Speziellen zu wecken. Am Lehrpfad selbst sind bzw. werden alle Besonderheiten mit Hinweisschildern versehen. Kürzere oder längere Wegstrecken wechseln mit 34 themenspezifischen Suchpunkten, an denen ein Verweilen lohnt und die sich als „Unterrichtsplätze" im Freien eignen.

Wir wünschen Ihnen Freude und Gewinn – und möchten alle Wanderer und Besucher bitten, zur Erhaltung und Pflege beizutragen.

Wir beginnen unsere Wanderung bei den Teufelslöchern in der Wöllnitzer Straße.

Es bedeuten bei den Suchpunkt-Erläuterungen:
- **B**: Botanik,
- **F**: Forstwirtschaft,
- **G**: Geographie/Geologie/Boden/Standortskunde,
- **H**: Geschichte,
- **L**: Landwirtschaft,
- **N**: Naturschutz,
- **W**: Wasserwirtschaft/Hydrologie
- **Z**: Zoologie

Lehrpfad Teil 1: Suchpunkte 1 - 19

1 DAS FLÄCHENNATURDENKMAL „TEUFELSLÖCHER"

- **H**: Höhlen / Besiedlung
- **G**: Oberer Buntsandstein
- **N**: Flächenschutz / Schutzformen
- **Z**: Fledermäuse
- **B**: Nitrophyten / Neophyten

H Die **Teufelslöcher** sind die ältesten urkundlich erwähnten Höhlen Deutschlands (1319 foramen diaboli, 1321 fenstra diaboli, 1381 Teufilsloch, Thufilsloch). Der Sage nach fanden hier Studenten das siebenköpfige Ungeheuer, den Jenaer Drachen, der als eines der „7 Wunder" Jenas gilt (vgl. Abb. 32, S. 50). Das aus Knochen, Gips und Draht gebastelte Monstrum befindet sich im Jenaer Stadtmuseum. Es diente vermutlich zu Mysterienspielen und hat mit den Teufelslöchern nichts gemein. Johann WIEDEBURG (1785) schreibt dagegen von „Töppelshöhlen" (d.h. nach Töpfen benannt). Adrian BEIER (1665) hat drei

Erklärungen zur Hand: 1. Töpfelsloch von Topfstein, der zum Häuserbau verwendet wurde; 2. Töpelsloch nach einem so benannten Steinhauer oder Besitzer der Höhle; 3. Teufelsloch nach einem Nachtgespenst. ORTLOFF (1864) endlich nennt einen Vogelsteller, der hier Menschen in sein Garn lockte.

Eine frühgeschichtliche Besiedlung der Höhlen ist nicht bekannt, aber eine Nutzung als Lager für Obst und Gemüse und als Luftschutzkeller im 2. Weltkrieg ist erwiesen.

Aus Siedlungsgruben bei den Teufelslöchern barg der Gründer des Germanischen Museums der Universität Jena, Hofrat Prof. Dr. F. KLOPFLEISCH, vor etwa 120 Jahren Reste von 30 Tongefäßen, die z.T. mit Graphit bemalt oder mit Tupfen an Rändern oder auf Leisten verziert sind – darunter waren auch solche, die auf der Töpferscheibe gedreht worden waren –, ferner Hüttenlehm, ein Webstuhlgewicht, ein Spinnwirtel, drei Knochengeräte, ein Feuersteinstückchen und einen Klumpen Bronzeschmelze. Leider ist der genaue Fundort nicht überliefert, doch kommt nach den Fundangaben wohl nur die Terrasse über den Teufelslöchern in Betracht. Die Funde gehören in den letzten Abschnitt der Älteren und in den Beginn der Jüngeren **Vorrömischen Eisenzeit**. Sie sind damit 2.600-2.500 Jahre alt.

Wegen herabstürzender Gesteinstrümmer, die bereits zu Unfällen geführt haben, besteht Lebensgefahr. Also: Nicht zu nahe an die Felswand herantreten oder gar emporzuklettern versuchen! Die Erläuterungstafel und Abbildungen vermitteln einen ausreichenden Eindruck von der Beschaffenheit der Höhlen.

Abb. 46: Blick auf die gefalteten Basisgipse des Oberen Buntsandsteins am FND „Teufelslöcher" (Foto: W. HEINRICH 1996)

Abb. 47: Eine der ältesten Darstellungen der Basisgipse an den Teufelslöchern (aus: SCHMID & SCHLEIDEN 1846)

G Aufgeschlossen ist der **Basisgips** des **Oberen Buntsandsteins** (Röt) mit deutlicher atektonischer Faltung, die bereits SCHMIDT (1779) aufgefallen war. Die Basis des Gipses besteht aus durch Hämatit (Fe_2O_3) rötlich gefärbten eckigen Gipsbruchstücken (Abb. 46, 47).
Die **Höhlen** (Abb. 48) entstanden überwiegend infolge Auslaugung von Klüften durch Sickerwasser (Schlottenbildung) und in der Kluftrichtung fließende Höhlenbäche über einem wasserstauenden Tonsteinhorizont. Doch war wohl auch der Mensch an der Erweiterung der Höhlen beteiligt, denn der Gips wurde zeitweise genutzt.

Einen „Topfstein" von den Teufelslöchern zum Ausbau der Hauswände in Jena erwähnte der bekannte Jenaer Stadtchronist Adrian BEIER 1665, doch ist nicht klar, ob damit nicht der Travertin des Pennickentals (Suchpunkt 17/19) gemeint ist. Um 1800 eröffnete man an den Teufelslöchern spezielle Brüche, um **Alabaster** für den Neubau des abgebrannten Residenzschlosses in Weimar zu gewinnen. Der Alabaster wurde in dünne Tafeln geschnitten und zur Zimmerverkleidung im Weimarer Schloß verwendet. Zur Politur von Alabaster diente verhärtete gelbe bzw. weiße Mergelerde der Teufelslöcher. Noch um die Mitte des 19. Jhs. finden sich Hinweise, daß an den Teufelslöchern weißer und grauer Alabaster gebrochen wurde.
Erwähnt seien einige Mineralfunde an den Teufelslöchern. So kamen Konkretionen von Karneol bzw. Jaspis ebenso aus dem Gips wie gelblichrote, frei kristallisierte Quarze von 0,5 bis 6,0 mm Länge, den bekannten Hyazinthen (Varietät des Zirkons [$ZrSiO_4$]) von Compostella (Spanien) ähnlich.

An der Grenze zu den unterlagernden Mergeln zwischen Chirotheriensandstein und Gips wird das von den höheren Röthängen abfließende Wasser gestaut und zum Austritt gezwungen. Aus dem Wasser setzt sich **Travertin** ab, wie sich an der Quelle vor den Teufelslöchern zeigen läßt. Auf die hohe Härte im Quellwasser wurde bereits verwiesen. Sandstein, Gips und Quellwasser an den Teufelslöchern enthalten in geringen Mengen Bittersalz ($MgSO_4 \cdot 7 H_2O$) und wurden deshalb im 18. Jh. als Abführmittel empfohlen.

Ein **Gedenkstein** vor den Teufelslöchern erinnert an Alexander von HUMBOLDT, der als 22-jähriger Assessor der preußischen Bergbauverwaltung auf seiner ersten Reise nach Jena auch die Teufelslöcher aufsuchte und am 6. Juli 1792 schrieb: „Ich habe besonders hier um Jena manches schöne gesehen, was mich sehr interessiert. Die Teufelslöcher im blättrigen Gyps habe ich besehen, auch Bittersalz gesammelt."

Nördlich der Teufelslöcher folgt in gleicher Höhe wie der Gips der unterlagernde **Chirotheriensandstein**. Die geologische Lagerung ist also gestört. In dem Tälchen muß eine Verwerfung verlaufen, die die nördliche Seite relativ zur südlichen Seite um etwa 20 m abgesenkt hat. Die Verwerfung setzt sich wahrscheinlich nach Osten in das Ziegenhainer Tal fort. Wie an zahlreichen anderen Stellen um Jena gewann man zwischen Teufelslöchern und Jenertal mürbe Sandsteine des Chirotheriensandsteins zum Scheuern der Wohnräume („Stubensand"). Den Höhepunkt der Gewinnung bildete das 19. Jh. Im Jahre 1975 stürzten die durch den jahrhundertelangen Abbau entstandenen grottenartigen Hohlräume ein.
Südlich des Aufstiegs zur Sophienhöhe sind graue Tonsteine des oberen Chirotheriensandsteins aufgeschlossen. Beim genaueren Hinschauen sind in ihnen würfelartige Gebilde zu erkennen. Sie bestanden ehemals aus Steinsalz ($NaCl$), dessen Form nach der Lösung des Salzes als sogenannte Pseudomorphose erhalten blieb.

Das Gebiet der „Teufelsöcher", d.h. der gesamte geologische Aufschluß mit den Höhlen einschließlich der angrenzenden Hangbereiche, wurde 1963 als **Flächennaturdenkmal** unter Naturschutz gestellt und 1976 durch den Rat der Stadt Jena erneut bestätigt (vgl. Kap. I/13).
Die Naturschutz-Gesetzgebung der DDR ließ verschiedene Schutzformen zu: das **Naturdenkmal (ND)** für den Schutz einzelner Objekte der Natur, wie Bäume, besondere Steine, Erdfälle oder Quellen, das **Flächennaturdenkmal (FND)** für flächenhaft ausgeprägte, schutzwürdige Objekte bis zu 5 ha, das **Naturschutzgebiet (NSG)** für den flächenhaften Schutz von gesamten Lebensgemeinschaften und Lebensräumen und das **Landschaftsschutzgebiet (LSG)** für den großflächigen Schutz einer Region oder Landschaft z.B. vor weiterer Zersiedelung oder gewerblicher Nutzung.
Heute sind ähnliche Schutzformen möglich. Das Thüringer Gesetz über Naturschutz und Landschaftspflege (ThürNatG) unterscheidet folgende Schutzgebiete: § 12 - **Naturschutzgebiete**, § 13 - **Landschaftsschutzgebiete**, § 14 - **Biosphärenreservate**, § 15 - **Naturparke**, § 16 - **Naturdenkmale**, § 17 - **Geschützte Landschaftsbestandteile**.
Bis auf das Flächennaturdenkmal finden sich alle Begriffe in der neuen Gesetzgebung wieder, das FND entspricht heute dem Geschützten Landschaftsbestandteil. Darüber hinaus werden aber durch § 18 auch wertvolle Lebensräume zu **besonders geschützten Biotopen** erklärt. Hier sind auch ohne besondere Ausweisung alle Handlungen verboten, die den Charakter dieser Biotope beeinträchtigen.

Die Teufelslöcher werden gelegentlich von **Fledermäusen*** aufgesucht. Sie verbringen hier die hellen Tagesstunden bis zur hereinbrechenden Dämmerung oder nutzen sie zur Überwinterung. Besondere Fluglöcher über den aus Sicherheitsgründen verschlossenen Höhleneingängen lassen den Fledermäusen ungehinderten Zugang zu ihren Schlafplätzen. Früher waren Fledermäuse in größerer Zahl anzutreffen, dazu gehörten auch die heute fast ausgestorbene Kleine Hufeisennase* (*Rhinolophus hipposideros*) und die Mopsfledermaus* (*Barbastella barbastellus*). Die in der Literatur zu findenden Angaben über Massen von überwinternden Fledermäusen sind nicht mehr zutreffend. Das liegt nicht daran, daß die Höhlen nicht mehr als Quartier geeignet wären, sondern am Rückgang der Fledermaus-Populationen. Die angestiegene Belastung der Umwelt mit Schadstoffen, z.B. mit chemischen Pflanzenschutzmitteln, führt zur Vergiftung ihrer Nahrung. Außerdem gehen immer mehr ihrer ehemaligen Quartiere in menschlichen Behausungen durch Sanierungs- und Modernisierungmaßnahmen verloren oder sind nicht mehr für den Tageseinstand oder für die Geburt ihrer Jungen nutzbar.
Zu den Tieren, die sich nachts in den Höhlen aufhalten, gehören einige Insektenarten, wie Fliegen, Schnaken, Wildbienen oder tagaktive Schmetterlinge. Aber auch Vögel suchen sie nachts zur Ruhe auf. Tagsüber ist heute noch der Steinmarder Schlafgast. Einige Arten nutzen die Höhlen auch zur Überwinterung.
Die Quelle vor der linken Höhle dient den Singvögeln der Umgebung (Buchfink*, Haus- und Gartenrotschwanz*, Drosseln*, Meisen*, Grasmücken* und Laubsänger*) als Tränke.

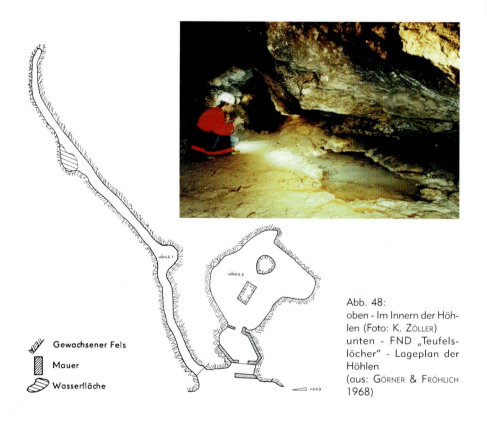

Abb. 48:
oben - Im Innern der Höhlen (Foto: K. ZÖLLER)
unten - FND „Teufelslöcher" - Lageplan der Höhlen
(aus: GÖRNER & FRÖHLICH 1968)

Gewachsener Fels
Mauer
Wasserfläche

B Bedeutsam ist das Gebiet der Teufelslöcher aber nicht nur aus geologischen und faunistischen Gründen. Dieser ehemals sicher kaum von Gehölzen bestandene Hang bietet gleichfalls charakteristischen Pflanzenarten Lebensraum. Dabei wird deutlich, daß der Mensch seine Umwelt, ausgehend von den Siedlungsräumen, in immer weitergreifendem Maße verändert und nach seinen Zwecken gestaltet hat. Als Folge der intensiven menschlichen Kulturmaßnahmen und der Vernichtung der natürlichen bzw. naturnahen Vegetation wurden großflächig neue Standortverhältnisse geschaffen, die die Entstehung völlig neuartiger Pflanzengemeinschaften mit sich brachten. Auf den Äckern, in Plantagen und Gärten entwickelten sich in Konkurrenz mit den Nutzpflanzen Unkrautfluren, im „Ödland" (an Wegrändern, auf offen gelassenem Kulturland, auf Schutthalden und Abfalldeponien) Ruderalfluren. Diese von den Menschen beeinflußten Standorte sind meist sehr stickstoffreich. Infolgedessen siedeln sich bei fehlender Konkurrenz oder Bewirtschaftung dort auch bevorzugt „stickstoffliebende" Pflanzen an (nitrophile Pflanzen oder **Nitrophyten**), wie z.B. Große Brennessel (*Urtica dioica*), Schöllkraut (*Chelidonium majus*), Kälberkropf (*Chaerophyllum*) und Kletten (*Arctium*) von den krautigen Gewächsen aber auch Sträucher, wie Schwarzer Holunder (*Sambucus nigra*) und Stachelbeere (*Ribes uva-crispa*). Pflanzen können uns also ganz bestimmte ökologische Bedingungen anzeigen. Wir kennen eine Reihe solcher **Zeigerpflanzen** (Salz-, Kalk-, Schwermetall-

Pflanzen u.a.), die für den Kenner natürlich wichtige Indikatoren sind und uns tiefer in die Zusammenhänge der Natur schauen lassen.
Es nimmt auch nicht wunder, daß sich in der durch den Menschen geschaffenen Kulturlandschaft Fremdlinge eingebürgert haben, die teils bewußt aber vielfach ungewollt mit dem Acker- und Waldbau oder durch Verkehr und Wirtschaftstransport verschleppt wurden. Kaum jemand denkt heute mehr daran, daß der Klatsch-Mohn (*Papaver rhoeas*), der mit seinen leuchtend-roten Blüten zu den Selbstverständlichkeiten unserer Landschaften gehört, mit dem Ackerbau in der Jungsteinzeit nach Mitteleuropa gekommen ist. Auf alte Kulturen verweist auch der Färber-Waid (*Isatis tinctoria*), der zur Blüte am Felshang auffällt. Pflanzen, die sich schon in prähistorischer Zeit in die einheimische Pflanzenwelt eingebürgert haben, nennen wir **Archäophyten**. **Neophyten** hingegen sind Neuankömmlinge aus historischer Zeit, z.B. das Frühlings-Greiskraut (*Senecio vernalis*) aus Vorderasien, das in Gärten vorkommende Franzosenkraut (*Galinsoga ciliata, G. parviflora*) und die sich immer stärker ausbreitende Kanadische Goldrute (*Solidago canadensis*) aus Nordamerika. Auch die oft auf unserem Weg anzutreffende Robinie (*Robinia pseudoacacia*), ein Baum, der uns im Mai/Juni mit seinen duftenden weißen Blüten erfreut, ist ein Fremdling aus Nordamerika. Der Pariser Hofgärtner Jean ROBIN hat den – später von LINNÉ nach ihm benannten – Baum 1601 nach Frankreich eingeführt. Inzwischen ist die Robinie weltweit verbreitet, und nicht selten verdrängt sie, wie übrigens andere Neophyten auch, einheimische Pflanzen und Pflanzengemeinschaften.

Der Trüper-Weg führt von den Teufelslöchern bergan. Durch einen von Roßkastanien, Spitz-Ahorn, Berg-Ahorn und Eschen bestandenen Grund gelangen wir auf die Kernbergstraße und weiter aufwärtssteigend an einen alten Hohlweg.

Johannes **TRÜPER** (1855-1921) studierte in Jena Pädagogik, Naturwissenschaften und Medizin. Er gründete am 1.11.1890 eine **Erziehungsanstalt** für geistig und seelisch entwicklungsgestörte Kinder, mit der er vier Jahre später auf die Sophienhöhe umzog. In dem das Gebäude umgebenden Park rechts der Straße mit wertvollem Baumbestand fand J. TRÜPER seine letzte Ruhe. Ab 1929 wurde die Anstalt von seinem Sohn Friedmar geleitet und 1955 verstaatlicht.

In der Kernbergstraße 42 über den Teufelslöchern wohnte von 1919-1927 der Archäologe und Honorar-Professor der Jenaer Universität Wilhelm **DÖRPFELD** (26.12.1853 - 25.4.1940), der als Mitarbeiter von Heinrich SCHLIEMANN (seit 1882) die Ausgrabungen in Troja und Mykene mit durchgeführt hat und von 1877-1881 die Ausgrabungen in Olympia leitete.

H

2 SOPHIENHÖHE

H: Namensherkunft
G: Landschaftsformung
B: Vegetationsgeschichte

H Dieser Ort wie auch eine Straße in Jena wurden nach der **Großherzogin SOPHIE LUISE** (1824 - 1897), Tochter König WILHELMS II. der Niederlande und Gemahlin des Großherzogs CARL ALEXANDER von Sachsen-Weimar benannt. CARL ALEXANDER, ein Enkel von CARL AUGUST, war ein Förderer der Kunst und der Wissenschaften. In seiner Regierungszeit (1853 - 1901) ließ er die Wartburg wiederherstellen, das Landesmuseum in Weimar bauen (1863) und die Kunsthochschule gründen.

G Der Hohlweg ist sicher eine alte, ausgetiefte **Erosionsrinne**. Schauen wir seitwärts auf den sich aus dem flachen Rötsockel erhebenden Muschelkalk-Steilhang oder zurück ins Tal, tauchen Fragen nach dem Werden unserer heutigen Landschaftsformen auf. Erinnern wir uns der Bemerkungen in den einführenden Abschnitten und erweitern wir unsere Kenntnisse durch Erläuterungen zur Tabelle 4.

Während der **Eiszeiten** (Pleistozän), in denen das nordische Eis bis an die südliche Stadtgrenze von Jena reichte, wurde die einheitliche tertiäre Landoberfläche vor allem durch die Kraft des Wassers zerfurcht und zertalt. Abtragungs- (Erosions-) und Aufschüttungs- (Akkumulations-) Phasen wechselten. Die Flüsse und Bäche tieften sich mehr und mehr in die fast ebene Rumpffläche ein und lagerten verschiedene Schotterterrassen ab. Im Verlauf der **Nacheiszeit** (Holozän) kam es in den Flußauen und Bachtälern zur Ablagerung der Auelehme. An den Hanglagen wurde – begünstigt durch die ackerbauliche und forstliche Nutzung der Flächen – in immer stärkerem Maße Material abgeschwemmt und umgelagert. Alte Oberflächen und Böden wurden dadurch verschüttet und von neuen Bodendecken überschichtet. Auch gegenwärtig sind solche Vorgänge durchaus zu beobachten, und jeder Mensch, der in irgendeiner Weise gestaltend in die Landschaft eingreift, ist gezwungen, verschiedene Dinge zu beachten und bestimmte Maßnahmen durchzuführen (hangparalleles Pflügen oder Begrünung von erosionsgefährdeten Hanglagen, Flußverbauung, Bodenbefestigung u.a.), will er nicht die Auswirkungen von Wind- oder Wassererosion ins Bedenkliche steigern.

B Die Kaltzeiten hatten darüber hinaus einen wesentlichen Einfluß auf die Pflanzendecke und die Tierwelt unserer Heimat. Mit dem Vorrücken des Eises wurden die Pflanzen und Tiere der Tertiärzeit zurückgedrängt oder vernichtet. Nur in den eisfreien Bereichen konnte sich die tundraähnliche Vegetation erhalten. Erst mit dem Rückgang des Eises setzte allmählich eine Wiederbewaldung ein. Der Klimaverbesserung entsprechend entwickelten sich Birken-Kiefern-Wälder, Eichenmischwälder und Buchenwälder, die der Mensch

Tab. 4: Phasen der Klima- und Vegetationsentwicklung in der Spät- und Nacheiszeit Mitteleuropas (NBP: Nichtbaumpollen, BP: Baumpollen, EMW: Eichenmischwälder)

Alter abs.	Pollenzone	Vorgesch. Epochen	Klima- und Vegetationsentwicklung
1000-	X	Eisenzeit	Subatlantikum (jüngerer Teil) Nachwärmezeit Zeit der genutzten Wälder und Forste Rückgang der Bewaldung, Zunahme der NBP
0-	IX		Subatlantikum (älterer Teil) Nachwärmezeit Buchenzeit Wälder aus Buche, Tanne, Hainbuche, Eiche, Erle, wenig Hasel
1000- 2000-	VIII	Bronzezeit	Subboreal, ältere Wärmezeit Eichenmischwald-Buchenzeit Rückgang der EMW, Ausbreitung von Buche, Tanne, Fichte, Getreidepollen
3000- 4000-	VII	Jungsteinzeit (Neolithikum)	Atlantikum (jüngerer Teil) Mittlere Wärmezeit Eichenmischwaldzeit - Wälder aus Eiche, Esche, Linde, Ulme, Getreidepollen
5000-	VI		Atlantikum (älterer Teil) Mittlere Wärmezeit Eichenmischwaldzeit - Wälder aus Eiche, Linde, Ulme, Erle, Fichte
6000- 7000-	V	Mittlere Steinzeit (Mesolithikum)	Boreal Frühe Wärmezeit Haselzeit Birken-Kiefern-Wälder mit viel Hasel
8000-	IV		Praeboreal Vorwärmezeit Birken-Kiefernzeit, Birken-Kiefern-Wälder mit Eiche, Hasel, Ulme
9000-	III		Jüngere Tundrenzeit (jüngere Dryaszeit) Jüngere subarktische Zeit waldarm-waldfrei, Glazialpflanzen, viel NBP
10000-	II	Ältere Steinzeit (Palaeolithikum)	Alleröd Mittlere subarktische Zeit Kiefern-Birkenzeit, Kiefern-Birken-Wälder
11000- 12000- 13000-	I		Ältere Tundrenzeit (ältere Dryaszeit) Ältere subarktische Zeit waldarm-waldfrei, Glazialpflanzen, viel NBP, kaum BP, Weide, Sanddorn, Sonnenröschen, Moosfarne

nutzte und veränderte. Den Ablauf der nacheiszeitlichen **Wald- und Vegetationsentwicklung** gelang es mit der Methode der Pollenanalyse zu rekonstruieren, indem die zeitliche Abfolge der Polleneinlagerung in Mooren bestimmt wurde (Pollendiagramme).

Am Suchpunkt Sophienhöhe sind wir in den Geltungsbereich des Naturschutzgroßprojektes und in das großräumige **Landschaftsschutzgebiet** eingetreten, das der Lehrpfad in seinem gesamten Verlauf nicht mehr verläßt. Wir wandern die Rinne aufwärts. Am Wegrand wachsen kräftige Eschen und Ahorne im Verein mit Roßkastanien, Robinien und Pappeln.

B Der Nährstoffreichtum des hier zusammengeschwemmten Bodenmaterials wird durch den Schwarzen Holunder (Sambucus nigra), die Stachelbeere (Ribes uva-crispa) und den Gras-Lauch (Allium scorodoprasum) angezeigt.

Ein gut ausgebauter Weg seitwärts am Hang führt weiter nach oben. Den Wechsel der geologischen Unterlage (Buntsandstein - Muschelkalk) erkennen wir sofort an der anderen Hangneigung und am reicheren Pflanzenkleid. Zahlreiche für den Muschelkalk typische Arten treten in Erscheinung (Wolliger Schneeball, Wald-Windröschen, Blaugras, Echter Gamander, Weiße Waldrebe u.a.). Kurz oberhalb des Hangknickes kreuzt die Untere Horizontale unseren Weg; der wendet sich schließlich nach rechts und führt am NNO-Hang entlang durch einen ehemaligen lichten Kiefernforst, der inzwischen stark von gleichgroßen Laubbäumen (Esche, Ahorn, Birke) durchsetzt ist und auch im Unterwuchs zahlreiche junge Laubbäume und Sträucher (Haselnuß, Wolliger Schneeball) enthält. Interessant ist stellenweise die Bodendecke; dichte Moospolster überziehen die oberflächlich entkalkte Erde. Wir erkennen vor allem Laubmoose (Rhytidiadelphus squarrosus, Hypnum cupressiforme, Dicranum undulatum, Scleropodium purum), finden aber durchaus auch einige Lebermoose (Lophocolea bidentata u.a.). Das Birngrün oder Birnblättrige Wintergrün (Ortilia secunda) wird man nicht übersehen; die Suche nach einer kleinen Orchidee, dem Kriechenden Netzblatt* (Goodyera repens), erfordert jedoch schon ein wenig Glück.

Z Der unterholzreiche Nadelwald bietet zahlreichen Vogelarten gute Brutmöglichkeiten. Sobald jedoch die Jungvögel ihre Nester verlassen haben, wird es still in diesem Wald. In den Frühlingsmonaten singt das Rotkehlchen* (Erithacus rubecula), und der Zaunkönig* (Troglodytes troglodytes) schmettert hier laut sein Lied. Der Gesang der Singdrossel* (Turdus philomelos), an der zwei- bis dreimaligen Wiederholung jedes einzelnen Motivs zu erkennen, wird bevorzugt von einem Baumwipfel oder sonst einer erhöhten Warte aus vorgetragen. Im Buschwerk singen Mönchs- und Gartengrasmücke* (Sylvia atricapilla und S. borin), Fitis* (Phylloscopus trochilus) und der unermüdlichste unter unseren kleinen Sängern, der Zilpzalp* (Phylloscopus collybita). Seine anspruchslose „zilp zalp zilp zalp"-Strophe ist bis in den Herbst hinein zu vernehmen. Unter der sich leicht ablösenden Rinde einer abgestorbenen Kiefer finden wir die Puppenwiegen einiger Bockkäfer (Cerambycidae) der Gattung Rhagium und Harpium sowie die Brutkammern und Fraßgänge von Borkenkäfern (Iphidae). In großer Zahl sammeln sich an solchen Stellen Goldaugen (Chrysopa vulgaris), zarte Insekten der Ordnung Netzflügler (Neuroptera) mit glasklaren, von zahlreichen grünlich bzw. gelbbräunlich schillernden Adern durchzogenen Flügeln. Rasch werden die Vertreter der Tausendfüßer (Myriopoda) sich wieder einen neuen Schlupfwinkel suchen, während die Assel (Trachelipus ratzeburgii) durch ihre gute Schutzfärbung

unserer Beobachtung leicht entgeht.
Der Wald lichtet unvermittelt auf. Schon aus einiger Entfernung erblicken wir im Frühjahr den am Waldrand blühenden, aus Gärten verwilderten Flieder, und plötzlich stehen wir am Hang hoch über dem Tal mit freier Sicht auf die unter uns ausgebreitete Stadt.

HORIZONTALE I 3

B: Kalkpflanzen
G: Unterer Muschelkalk, Fossilien

Wir wollen die für die steilen **Kalkhänge typischen Pflanzen** und Pflanzengemeinschaften betrachten, die hier recht extreme Bedingungen überstehen müssen. Der Boden ist karg, harte Felsbänke wechseln mit Kalkgeröllen, und nur in Ritzen oder dort, wo einige kräftigere Gewächse bereits Wurzeln geschlagen haben, befindet sich etwas mehr Feinerde. In erster Linie gelingt es wohl dem Berg-Gamander (*Teucrium montanum*), sich im lockeren Gesteinsschutt zu behaupten, doch auch das Kalk-Blaugras (*Sesleria varia*) vermag hier zu wachsen. Werden die Bedingungen nur etwas günstiger – sofort treten weitere Arten hinzu. Im Frühjahr öffnen sich die gelben Blüten des Frühlings-Fingerkrautes (*Potentilla neumanniana*), zur Sommerszeit überzieht die Ästige Graslilie (*Anthericum ramosum*) in lockeren Rasen die Hänge mit einem weißen Flor, dazwischen erscheinen die rotüberlaufenen Stengel des Braunroten Sitters* (*Epipactis atrorubens*), und nicht viel später erblüht der Echte Gamander (*Teucrium chamaedrys*). Im September und Oktober erwecken dann die stachligen Exemplare der prächtigen Silberdistel* (*Carlina acaulis*), auch Wetterdistel genannt, die gelben Blüten der Echten Goldrute (*Solidago virgaurea*) oder

B

Abb. 49: Im lockeren Kalkschutt siedelt der Berg-Gamander (*Teucrium montanum*) - oben.
Neben der geschützten Silberdistel* gehört auch die Golddistel (*Carlina vulgaris*) - rechts - zu den charakteristischen Arten der Kalkmagerrasen
(Fotos: W. HEINRICH)

die stellenweise sehr zahlreichen blauen Blütenköpfe der Berg-Aster* (*Aster amellus*) unsere Aufmerksamkeit. All die genannten Arten verraten durch ihren Bau die besondere Anpassung an die hier herrschenden Umweltverhältnisse (sonnig-trocken). Die Blätter sind derb und schmal, z.T. eingerollt, oft filzig behaart, zumindest aber mit dicker Oberhaut oder einer Wachsschicht versehen – alles Einrichtungen, die eine übermäßige Wasserabgabe verhindern. Solche an trockene Standorte angepaßten Pflanzen werden als Xerophyten bezeichnet (Abb. 49).

G Das Studium der **3 konstanten Felsgürtel** (Abb. 10, S. 19) und der **Oolithzone** ist beim direkten Aufstieg zur Mittleren Horizontale möglich. Besonders der mittlere Felsgürtel mit der Oolithbank α im Dach tritt deutlich hervor. Auf ihrer Oberfläche und ebenso in den 1 bis 2 m darunter befindlichen Kalklinsen entdecken wir Stielglieder der Seelilie *Holocrinus wagneri*. Im losen Schutt ist vereinzelt der Ammonit *Beneckeia buchi* zu finden. Die Oolithbank β ist unten dicht, splittrig, fossilreich und rostfarben, im oberen Teil grau und fossilarm. In einer kleinen Delle am Hang steht die unterste **Konglomeratbank** an, und dicht über dem Horizontalweg (Suchpunkt 4) wird die zweite Konglomeratbank durch eine fossilreiche Schillbank vertreten. Im flaserigen Kalk unter der zweiten Konglomeratbank ist die Muschel *Plagiostoma lineata* häufig (siehe Abb. 13, S. 23).

Beim Aufstieg zur Mittleren Horizontale (sowie auch an Kernberg- und Johannisberg-Horizontale) ist Gelegenheit gegeben, den Wellenkalk mit den typischen Sedimentbildungen, wie konglomeratischer Kalk (graue, feste, dichte Gerölle „schwimmen" in einer Grundmasse aus hellerem Wellenkalk), einzelne Geröllagen aus aufgearbeitetem Wellenkalk, Brotlaibstrukturen, Schrägschichtung, Rinnen, Rutsch- und Fließstrukturen zu betrachten. Diese Sedimentstrukturen belegen häufige Umlagerungsvorgänge wie untermeerische Schutt- und Schlammströme im Wellenkalkmeer.

Nicht den Hang steil und weglos aufwärts, sondern den sanft ansteigenden Horizontalweg entlang gehen wir weiter durch den Mischwald, dem sich zu den bereits genannten Laubgehölzen nun auch die Eiche, Buche und Eberesche hinzugesellen. Die alten Birken sind häufig vom Birken-Porling (Piptoporus betulinus) befallen. In der Krautschicht fallen vor allem die großen, 1-2fach dreizähligen Blätter des Breitblättrigen Laserkrautes (Laserpitium latifolium) auf. Nach der scharfen Biegung und einem Stück Weg genießen wir erneut einen herrlichen Blick über Tal und Stadt (Abb. 51).

4 HORIZONTALE II

H: Siedlungsgeschichte / Stadtentwicklung / Rundblick
G: Schichtenfolge und Schichtenneigung
B: Trockenrasen / Halbtrockenrasen (Schautafel)

H Von dieser exponierten Stelle unterhalb der NW-Ecke des Hummelsberges, 300 m über NHN und rund 160 m über dem Tal, genießen wir zunächst den prächtigen **Rundblick**, der vor allem den zentralen, westlichen und nördlichen Teil der Stadt und der umgebenden Landschaft erfaßt. Unter uns breitet sich die Saaleaue aus, die hier überwiegend von Sportanlagen (Ernst-Abbe-Sportfeld) eingenommen wird. Nördlich und östlich des Saalbahnhofgeländes sind neue Gewerbegebiete und Umgehungsstraßen entstanden, die inzwischen bis zur Stadtgrenze bei Zwätzen reichen (Abb. 50, 51).

Die Lage der **mittelalterlichen Stadt** auf dem Schwemmfächer der Leutra, die hier aus dem Mühltal heraus auf eine eiszeitliche Terrasse der Saale mündet, wird seit 1972 durch den von H. HENSELMANN entworfenen wuchtigen, 121 m hohen runden Turm im Mittelgrund fixiert, der bis Mitte der 90er Jahre von der Universität genutzt wurde. Im Zentrum des Stadtkerns erhebt sich der 50 m hohe Turm der St. Michaelis-Kirche. Als Stadtturm repräsentierte er einst das städtische Gemeinwesen. Nach Norden, Süden und nach Westen in das Mühltal hinein schließt sich die dichte Bebauung aus der Zeit vor und nach der Jahrhundertwende an. Westlich der Altstadt wird das Bild von dem mächtigen Gebäudekomplex dominiert, der aus der Umwandlung des alten Zeißwerkes in ein Einkaufs-, Dienstleistungs- und Verwaltungszentrum (Goethe-Galerie) entstanden ist. Auf den leicht ansteigenden Hängen des Rötsockels folgen die Villenviertel unterhalb des Landgrafen und des Friedensberges bzw. die Reihen-und Einzelhaussiedlungen der 20er und 30er Jahre. Die geschlossene Bebauung endet meist erst am Ansatz der steilen Muschelkalkhänge. Auf den Röthängen, aber auch in der Saaleaue sind weiter nördlich in den 50er und 60er Jahren große Wohnblocks gebaut worden, deren Punkthochhäuser deutlich ihre Umgebung überragen. Neue Wohnkomplexe sind gegenwärtig im Bereich der ehemaligen Kasernen nahe Löbstedt sowie auf dem Rötsockel an der Stadtgrenze nördlich von Zwätzen im Entstehen.

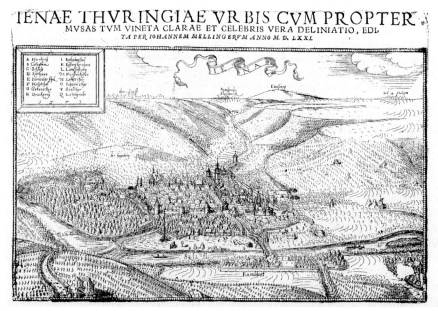

Abb. 50: Blick vom Hausberg über die mittelalterliche Stadt in das Mühltal (1571, Johann MELLINGER 1540-1603)

Abb. 51: Blick von der Kernberg-Horizontale über die Stadt und das Saaletal in das Mühltal und auf die gegenüberliegende Hochfläche (Foto: W. HEINRICH 1999)

Sechs Brücken, zwei Brücken bei Burgau (die alte Burgauer Steinbrücke befindet sich im Wiederaufbau), die beiden Paradies-Brücken, die Camsdorfer Brücke und die 1998 erbaute Wiesenbrücke, dazu für Fußgänger je ein Steg bei Burgau, am Sportplatz und am Gries, bekannt als Schwarze Brücke, verbinden im Stadtbereich die Ostseite der Saale mit der breiteren Westseite. Die Camsdorfer Steinbrücke wurde um 1480 erbaut und zählte zu den „7 Wundern" Jenas (Abb. 32, S. 50). Ihre Steine stammten von den Hausbergburgen. 1912 wurde die alte Brücke abgebrochen und durch eine neue, breitere ersetzt, die in den letzten Kriegstagen 1945 gesprengt und 1946 bereits wiederhergestellt wurde. Über die Hochfläche ragen die Steilstufen des Oberen Muschelkalks auf, so der Cospoth und der **422 m hohe Coppanzer Berg (höchster Punkt um Jena)** im Südwesten, die Cospedaer Höhe mit dem neuen Wohnpark, der Windknollen und der Jägersberg im Nordwesten. In nördlicher Richtung verdeckt die Kulisse von Hausberg und Jenzig den Blick saaleabwärts. Trotz Abbau und Umwandlung tritt das frühere südliche Industriegebiet unterhalb des Tatzend und am Ausgang des Lichtenhainer Tales noch deutlich (Schott- und Zeißwerke) in Erscheinung.

Die ehemals markanten Punkte am Rande des geschlossenen Forstplateaus, Bismarck- und Forstturm (Kriegerdenkmal von 1870/71), heben sich kaum noch aus der Walddecke heraus. Wenn man von diesem Aussichtspunkt auf dem Horizontalweg weiter nach Süden geht, tauchen das Neubaugebiet von Winzerla mit dem Heizkraftwerk, der Ortsteil Göschwitz und in der Ferne die westliche Kulisse des Saaletales auf (Abb. 60, S. 108).

G Geologisch befinden wir uns nach wie vor im **Unteren Muschelkalk** und zwar oberhalb der Oolithzone und der 3 konstanten Felsgürtel. Den **Mittleren Muschelkalk** treffen wir in Resten erst auf dem Plateau der Kernberge an. Schauen wir zur linken Saaleseite, bemerken wir, daß auf den gegenüberliegenden Bergen bei etwa gleicher Höhe jüngere Schichten liegen. Besonders deutlich wird dies bei einem Blick zum Landgrafen und Napoleonstein. Die ehemalige Gaststätte am Landgrafen steht auf der Oolithbank, nach einer Verebnung folgt der durch die Terebratelzone gebildete Anstieg zum Blinkerdenkmal. Die flachen Wiesen unterhalb des Napoleonsteins werden vom Mittleren Muschelkalk eingenommen. Den Anstieg zum Napoleonstein (361 m) bedingt der untere Teil des **Oberen Muschelkalkes**, dessen höherer Teil die Hochfläche zwischen Cospeda - Closewitz - Rödigen bildet. Dagegen ist auf dieser Seite in der Nähe des Steinkreuzes (Suchpunkt 13) in etwa 380 m Höhe die Terebratelzone aufgeschlossen. Das Einfallen der Schichten nach NW bestätigt uns auch ein Blick auf die geologische Karte von Thüringen: Im Raum Neustadt-Hermsdorf-Stadtroda tritt Buntsandstein zutage, bei Jena Muschelkalk, und im Zentrum des Thüringer Beckens bei Erfurt finden wir vorwiegend Keuper. Schließlich verursacht diese Schichtenneigung auch die nur im Muschelkalk eingeschnittenen, schluchtartigen Täler links der Saale und die muldenartigen Talböden im Buntsandstein der rechten Saaleseite. Bereits BATSCH hatte um 1800 die Schichtenneigung nach Nordwesten beobachtet und die unterschiedliche Talausbildung zu beiden Seiten der Saale damit erklärt.

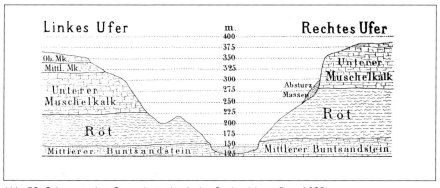

Abb. 52: Schematischer Querschnitt durch das Saaletal (aus: PILTZ 1892)

Entlang des Weges sind die steileren Hangpartien von **Blaugras-Trockenrasen** bedeckt. **B** Diese Pflanzengesellschaft – der Pflanzensoziologe bezeichnet sie nach den Vorkommen des Blaugrases (*Sesleria varia*) und der Gamander-Arten (*Teucrium montanum, T. chamaedrys*) als Teucrio-Seslerietum – besiedelt die flachgründigen Kalkroh- und Rendzina-Böden. Die Bestände sind meist lückig und nicht sehr artenreich, erst an flacheren Partien tritt die Erd-Segge (*Carex humilis*) hinzu, die Gras- und Krautschicht bedeckt den Boden dann völlig. Je nach Jahreszeit und Bestandesstruktur werden uns Rauhhaar-Veilchen (*Viola hirta*), Großes Windröschen (*Anemone sylvestris*), Acker-Glockenblume (*Campanula rapunculoides*), Kleiner Wiesenknopf (*Sanguisorba minor*), Kleiner Odermennig (*Agrimonia eupatoria*), Schwarzwurzel (*Scorzonera hispanica*) oder auch Habichtskräuter (*Hieracium* spec.) auffallen.
An den noch extremeren Standorten der Felssimse treten auch **Pionierfluren** mit Zartem Mauerpfeffer (*Sedum acre*), Berg-Lauch (*Allium senescens*) oder sogar Wimper-Perlgras (*Melica ciliata*) auf.

Früher wurden die Hänge unregelmäßig genutzt, aufwachsendes Holz wurde entnommen, Schafe wurden geweidet. Mit der völligen Auflassung wuchsen verschiedene Sträucher auf. Im Schutz dieser Gehölze erscheinen auch Arten der Trockengebüsch- und Waldsäume, wie Hirschwurz-Haarstrang (*Peucedanum cervaria*) und Berg-Heilwurz (*Libanotis pyrenaica*, Abb. 53).

Werden die Böden an flacher geneigten Hängen gründiger, hinsichtlich der Feuchtesituation auch ausgeglichener, erreicht die Aufrechte Trespe (*Bromus erectus*) zusammen mit Furchen-Schwingel (*Festuca rupicola*), Schmalblättrigem Wiesenrispengras (*Poa pratensis* ssp. *angustifolia*) oder auch Vogelfuß-Segge (*Carex ornithopoda*) und Blaugrüne Segge (*Carex flacca*) höhere Deckungswerte und zeigt damit die Ausprägung von **Halbtrockenrasen** an. Nach den vorherrschenden Arten wird diese Rasengesellschaft als Mesobrometum (früher auch Onobrychido-Brometum genannt) bezeichnet. Vor allem auf dem Rötsockel erscheint in solchen Rasen, die ehemals einschürig gemäht und nicht gedüngt worden sind, die Saat-Esparsette (*Onobrychis viciifolia*). Das sommerlich bunte Bild wird aber auch durch Wiesen-Salbei (*Salvia pratensis*), Kriechende Hauhechel (*Ononis repens*) oder verschiedene gelbblühende Schmetterlingsblütler wie Hornklee (*Lotus corniculatus*), Hufeisenklee (*Hippocrepis comosa*), Hopfenklee (*Medicago lupulina*) oder Wundklee (*Anthyllis vulneraria*) geprägt. Bleibt Mahd oder Beweidung aus, wachsen Sträucher auf, und auch Arten der Waldsäume wie Rauher Alant (*Inula hirta*) oder Ebensträußige Wucherblume (*Tanacetum corymbosum*) werden häufiger. Schließlich durchsetzen geschlossene Gebüsche die nicht mehr bewirtschafteten Wiesen. Nachteilig ist dies nicht in jedem Falle, immerhin wird das Arten- und Biotopspektrum erweitert, doch muß aus naturschutzfachlichen Gründen und im Rahmen gezielter Pflegepläne über das konkrete Naturschutzziel und darauf basierender Biotoppflegemaßnahmen entschieden werden.

B *Auf schmalem Pfade der Kernberghorizontale gehen wir am steilen Westhang in südlicher Richtung weiter. Oberhalb des Weges ist die dickbankige Terebratelzone zu verfolgen. An neuen Pflanzen begegnen uns auf Felssimsen oder in schmalen Gesteinsritzen die Echte Zwergmispel (Cotoneaster integerrimus) – dieser Strauch ist an der oberen Hangkante am Rande der oberen Horizontale (empfehlenswerter Wanderweg!) noch häufiger – und am Hang und Wegesrand der Rote Hartriegel (Cornus sanguinea) sowie angepflanzte Grau-Erlen (Alnus incana).*

Z *Auf dem stark besonnten Horizontalweg fliegt der grünschillernde Feld-Sandlaufkäfer (Cincindela campestris) rasch vor uns auf, um nach einer kurzen Flugstrecke von 5-10 m wieder zu landen. Der tief blauschwarz schimmernde Blattkäfer (Timarcha coriaria) läßt sich leicht greifen und gibt dabei einen gelbrötlichen Sekrettropfen ab. Häufig begegnen wir an warmen Tagen Blindschleichen (Anguis fragilis), die sich auf dem schmalen Weg der Horizontale sonnen. Diese völlig harmlosen Tiere werden neuerdings leider oft Opfer von Mountainbikefahrern, die sich zu rasch und geräuschlos nähern, wodurch den Tieren eine Flucht unmöglich wird. An einem Sonntag im Frühjahr 1998 wurden allein 17 tote Blindschleichen auf der mittleren Horizontale gezählt. Ein Aderlaß, den keine Tierart auf Dauer erträgt (Abb. 58)!*

Abb. 53: Charakteristische Arten der Trocken- und Halbtrockenrasen (Fotos: W. HEINRICH):
o.l. - Großes Windröschen (*Anemone sylvestris*); o.r. - Wimper-Perlgras (*Melica ciliata*); u.l. - Aufrechter Ziest (*Stachys recta*); u.r. - Skabiosen-Flockenblume (*Centaurea scabiosa*)

Ein Blick nach oben in die flimmernde Kalkwand, die gegen den blauen Himmel steht, über Felsbänke, schroffe Einschnitte und Geröllfelder vermittelt eine Vorstellung von der Karstlandschaft des Mittelmeergebietes.
Nach kurzer Wanderung stehen wir vor einer ausgeprägten Steilrinne, der sogenannten

5 STUDENTENRUTSCHE

G: Verwerfung / Erosion

G In der Steilrinne verläuft eine **Verwerfung**, die die markante **Terebratula-Zone** auf der südlichen Seite um etwa 6 m relativ zur Nordseite abgesenkt hat. Durch **Erosion** (lat. erosio = Ausnagung) – darunter versteht man die abschleifende Tätigkeit von Wasser, Eis und Wind – wird ständig sich lösender Kalkschutt entlang der Rinne talwärts transportiert und am Hangfuß zu einem Schuttkegel zusammengetragen. Die fast senkrecht verlaufende »Rutsche« ist so auffällig, daß sie den Westhang der Kernberge von den verschiedensten Standpunkten im Tal oder den gegenüberliegenden Höhen kenntlich macht (siehe Abb. 54).

 Links der Studentenrutsche – die Entstehung des Namens ist nicht klar – steht ein knorriges Exemplar der Wild-Birne (Pyrus pyraster). Nicht weit ist es bis zum nächsten Suchpunkt – an der Stelle eines ehemaligen Bergsturzgebietes. Oberhalb des Weges lädt das kleine Plateau mit einer Sitzbank zum Verweilen ein.

6 AM HUMMELSBERG

G: Bergrutsch, Bergsturz
B: Laubbäume / Herbstfärbung

G An der unruhigen Hanggestaltung unterhalb der Horizontale stellen wir fest, daß wir uns in einem Bergsturzgebiet befinden. Die **Bergstürze** werden durch die auf dem Härteunterschied beruhende Hohlkehlenbildung zwischen Röt und Wellenkalk verursacht. Die Durchfeuchtung (Quellhorizont!) und Gleitfähigkeit der tonigen Basis des Kalkes begünstigen das Abrutschen (**Bergrutsch**) oder das Abstürzen (**Bergsturz**) der darüberliegenden Schichten, besonders dann, wenn – wie auf der östlichen Saaleseite – die Schichten nach dem Hang hin geneigt sind. Das Schichtenfallen ist die Ursache dafür, daß die Bergstürze des Mittleren Saaletales vorwiegend auf die Ostseite der Saale beschränkt sind. Der Hauptsturz am Hummelsberg erfolgte etwa 1770. Nach F. C. Schmidt (1779) wurden bei dem „Erdbeben" die Bäume bis an ihre Äste verschüttet. Etwa 0,125 km^2 werden von den Bergsturzmassen bedeckt. Die durch den Absturz unterhalb des Weges entstandene kuppenartige Hanggestaltung ist von hier aus wegen der aufgekommenen Bäume nicht zu erkennen aber vom nächsten Suchpunkt (Im Hort) sehr gut einzusehen.

Ein schmaler Pfad, der von der Horizontale zur SW-Kante des Berges führt, erschließt den **Oberen Wellenkalk**. Links des Pfades ist am Hang das vollständige Profil des **Terebratelhorizontes** (Fossilien!) aufgeschlossen. Auf der Hangkante befindet sich ein niedriger Felsgürtel mit plattigen Kalken, die die Muschel *Myophoria incurvata* führen. 2 m darüber folgt die Untere Schaumkalkbank. Ein wenig weiter nach Norden ist dann der gesamte **Schaumkalkhorizont** angeschnitten, und am Plateau finden sich mürbe, plattige Kalke mit *Neoschizodus orbicularis*. Im Schaumkalk fällt uns auf, daß die Fossilien nicht als Körperfossilien erhalten sind. Der ursprüngliche Körper der Tiere wurde durch Sediment erfüllt, es liegt heute ein als Steinkern bezeichneter Ausguß des Körperinneren vor.

Es bietet sich hier die günstige Gelegenheit, zahlreiche **Laubgehölze** kennenzulernen. **B** Neben der Hänge-Birke (*Betula pendula*), die wohl jeder kennt, fällt die Weiße Robinie (*Robinia pseudoacacia*) besonders im Frühsommer durch ihre hängenden, mit duftenden weißen Schmetterlingsblüten besetzten Trauben auf. Der unvorsichtige Kletterer wird mit ihren Dornen (umgewandelte Nebenblätter) unangenehme Bekanntschaft machen! Wie die Robinie oder die im Geäst emporkletternde Weiße Waldrebe (*Clematis vitalba*) besitzt auch die Gemeine Esche (*Fraxinus excelsior*), die bereits vor der Laubentfaltung im zeitigen Frühjahr ihre unscheinbaren Blüten öffnet, gefiederte Blätter. Mit den auffällig schwarzen, gegenständigen Seitenknospen und der dicken Endknospe ist die Esche auch im blattlosen Zustand leicht zu erkennen. Wie bei fast allen einheimischen Gehölzen sind die jungen Blattanlagen durch Knospenschuppen geschützt. Der bereits mehrmals erwähnte Wollige Schneeball (*Viburnum lantana*) aber besitzt nackte Knospen, wodurch er seine Herkunft aus den wintermilden Mittelmeergebieten verrät. Die Früchte dieses Strauches sind zunächst rot, später werden sie schwarz. Die Blätter sind unterseits mit Sternhaaren dicht besetzt. Einfache Haare können wir auf den elliptischen Blättern der Roten Heckenkirsche (*Lonicera xylosteum*) betrachten, die mit den doppelten, scharlachroten Beeren sofort auffällt. Der Weißdorn, im Volksmund wegen seiner Früchte auch Mehlfäßchenstrauch genannt, hat bis zu 6 cm lange Dornen. Sehen wir die weißen Blüten einmal genauer an, werden wir den Eingriffligen (*Crataegus monogyna*) und den Zweigriffligen Weißdorn (*C. oxyacantha*) leicht unterscheiden können. Zu den Rosengewächsen gehört auch der Wilde Birnbaum (*Pyrus pyraster*), dessen Früchte jedoch kaum genießbar sind (siehe auch Abb. 55, 56, 57).

Unsere einheimischen Ahornarten – der Berg-Ahorn (*Acer pseudoplatanus*), der Spitz-Ahorn (*A. platanoides*) und der Feld-Ahorn (*A. campestre*) – sind mit Hilfe der beigefügten Abbildung leicht zu unterscheiden. Häufig wird die Elsbeere (*Sorbus torminalis*) mit ihnen verwechselt. Sie gehört aber zu den Ebereschen, die im Gegensatz zum Ahorn wechselständige Blätter haben und sich durch kräftig-farbenes Herbstlaub und schönen Fruchtbehang auszeichnen. Leicht zu erkennen ist in den Gebüschen der Rote Hartriegel (*Cornus sanguinea*) an seinen jungen roten Zweigen, aber erst im Herbst macht er seinem Namen wirklich Ehre. Bis in den November hinein überzieht sein verfärbtes Laub wie ein roter Schleier den hellen Kalk.

Mit der **Verfärbung der Blätter im Herbst** kündigt sich der **Laubfall** der sommergrünen Gehölze an. Das ist einerseits eine notwendige Schutzmaßnahme gegen hohe Wasserverluste – denn die Pflanzen könnten im Winter nicht das durch die Blattflächen abgehende

Abb. 54: Blick auf die Kernberge mit der Studentenrutsche - man beachte die von der oberen Hangkante zunehmende Bewaldung des Hanges
oben - um 1940 (aus: MÄGDEFRAU 1940)
mitte - um 1965 (Foto: R. BEYER)
unten - 1999 (Foto: W. HEINRICH)

Verdunstungswasser aus dem Boden ersetzen – andererseits kommt der Abwurf einer Entschlackung gleich, da mit den alten Blättern auch die darin angereicherten und nicht mehr verwendbaren Ballaststoffe entsorgt werden. Der Blattfall wird durch die Bildung eines Trenngewebes an der Basis der Blattstiele ermöglicht und durch eine lichtabhängige Hormonwirkung gesteuert. Zuvor werden aber das Chlorophyll und Eiweiße abgebaut und in den Pflanzenkörper zurückgeführt. Dieser Prozeß wird durch niedrige Temperaturen gefördert. Jeder hat schon das herbstliche Phänomen beobachtet, wie sich unsere Wälder von einem Tag zum anderen verfärben. Das grüne Chlorophyll verschwindet sozusagen über Nacht, während der gelbe Anteil (die Carotinoide) noch länger erhalten bleibt und die Gelbfärbung der Blätter hervorruft. Zusätzlich kann es bei verschiedenen Arten noch zur Bildung von Anthocyanen kommen, die die Rot- und Violettfärbung bewirken. Die Braunfärbung entsteht durch die nach dem Absterben eintretende Bräunung des Zellinhalts und der Zellwände. Einige Gehölze behalten ihre grüne Farbe bis zum Laubfall (Esche, Flieder, Liguster, Holunder Erle, Robinie), andere zeichnen sich durch eine besonders schöne Verfärbung aus (Hartriegel, Ahorn, Elsbeere, Vogelbeere, Rot-Buche, Hainbuche, Birke, Kirsche, Brombeere, Pfaffenhütchen und die sommergrüne Lärche).

Unsere mitteleuropäische Flora ist an Gehölzen nicht sehr reich. Dennoch können wir an diesem Lehrpfad mehr als 50 verschiedene Baum- und Straucharten kennenlernen; aber nur die wichtigsten werden wir uns einprägen können (Abb. 55, 56, 57).

Abb. 55: Blattformen von Gehölzen - einfache Blätter

Abb. 56: Blattformen von Gehölzen - gelappte Blätter

Abb. 57: Blattformen von Gehölzen - gefiederte Blätter

Ausgeruht setzen wir unsere Wanderung fort. Zum nächsten Suchpunkt gelangen wir, indem wir entweder unserem Weg folgen oder aber den bereits erwähnten Pfad durch das Gehölz aufwärts benutzen bis zur Oberen Horizontale. Über einen Verbindungsweg Im Hort erreicht man wieder den Lehrpfad auf der Mittleren Horizontale.

IM HORT 7

B: Nacktsamer – Bedecktsamer / Nadelbäume
Z: Insekten / Reptilien
N/B: Naturschutzgroßprojekt / Orchideen

Die bisher betrachteten Gehölze gehören zu den **bedecktsamigen Pflanzen (Angiospermen)**. Bei diesen sind die Samenanlagen mit der Eizelle in einem Fruchtknoten eingeschlossen und von dem Pollen erst über Narbe und Griffel zu erreichen. Bei den **nacktsamigen Pflanzen (Gymnospermen)** liegen die Samenanlagen für den Pollen noch frei zugänglich auf Samenschuppen, die zusammen mit ihren Deckschuppen mehr oder weniger komplexe Zapfen bilden. Die bedeutendste Gruppe der Nacktsamer sind die **Nadelgehölze** (Coniferen). Es handelt sich meist um reichverzweigte Bäume, die aber nie einen so breiten Kronenaufbau haben wie die Laubbäume, da die Seitenachsen in der Entwicklung gegenüber der Hauptachse (Stamm) zurückbleiben. Sie sind – vor allem in der Jugend – stockwerkartig angeordnet. Die Blätter sind nadelförmig, einzeln (Fichte, Tanne, Eibe) oder zu mehreren in gemeinsamer Scheide (Kiefer, Lärche) angeordnet und bei den meisten Vertretern immergrün. In fast allen Organen sind, außer bei der Eibe*, Harzgänge vorhanden. Die Zapfenblüten sind eingeschlechtlich, entweder mit weiblichen und männlichen Zapfen auf einer Pflanze vorkommend (Tanne, Fichte, Lärche, Kiefer) oder aber auf verschiedene Pflanzen verteilt (Wacholder, Eibe). Die männlichen Zapfen entlassen aus Pollensäcken eine Vielzahl von Pollenkörnern (Windbestäubung!), die sich als „Schwefelregen" niederschlagen können. Dieser ist leicht zu erzeugen, wenn man im Mai oder Juni an den Zweigen schüttelt. Die weiblichen Zapfen brauchen nach der Bestäubung zwei Jahre bis zur Reife. Die kleinen grünen Zapfen der Wald-Kiefer (*Pinus sylvestris*) z.B., die an den Zweigen hängen, sind erst ein Jahr alt. In ihnen findet die Befruchtung statt. Die schmutzig gelbbraunen verholzten Zapfen, z.T. noch an den Zweigen hängend, z.T. schon auf der Erde liegend, enthalten die reifen, geflügelten Samen (Windverbreitung!).

Die im Mittelmeergebiet bis Österreich verbreitete Schwarz-Kiefer (*Pinus nigra*) ist durch forstbauliche Maßnahmen im Gebiet eingebracht worden. Durch ihre in dichten Büscheln gehäuften längeren (8-15 cm), schwarzgrünen Nadeln, die größeren Zapfen, den gedrungenen Wuchs und die schwarzgraue Borke wirkt sie robuster als die einheimische Kiefer und fast düster, hebt sich aber im wirksamen Kontrast vom Kalkhintergrund ab (Tab. 5, S. 172). Doch verdrängt sie im zunehmenden Maße die einheimische Kiefer und in dichten Beständen den artenreichen Unterwuchs.

Der Weiß-Tanne (*Abies alba*) mit ihrer schönen weißgrauen Borke werden wir auf unserem Wege nicht begegnen, wie wir ohnehin nie einen Tannenzapfen finden können, da sich die einzelnen Zapfenschuppen noch am Baum von der Spindel lösen und zur Erde fallen. Die als Ganzes abfallenden „Tannenzapfen" stammen von der Fichte (*Picea abies*), die es an den sonnigen Hanglagen zu keinen nennenswerten Wuchsleistungen bringt. Dafür ist der Wacholder (*Juniperus communis*) mit seinen quirlständigen, kurzen Nadeln und seinen zur Reife blauschwarzen „Beeren"-zapfen ein typischer Vertreter offener, warmer Standorte. Die sommergrüne Lärche (*Larix decidua*) treffen wir auf der Wöllmisse in Aufforstungen an.

Z In der Nähe des Suchpunktes lebt an den stark besonnten Steinen ein recht großer Vertreter der **Urinsekten** (Apterygota), der Felsenspringer (*Lepismachilis*). Wollen wir weitere Tiere in diesem Bereich der Kalkhänge kennenlernen, so werden wir einige mittelgroße Steine umwenden müssen. Der Schatten bietet für die meisten Arten den benötigten Schutz vor zu starker Sonnenstrahlung und Feuchtigkeit. Räuberische Arten, wie der Steinläufer (*Lithobius forficatus*) suchen wiederum derartige Stellen zum Nahrungserwerb auf. An Vertretern der **Reptilien** werden wir hier gelegentlich der Zauneidechse (*Lacerta agilis*) begegnen, deren Männchen im Frühsommer durch ihre gelbgrün leuchtenden Rücken und Flanken auffallen und daher schon wiederholt irrtümlich für die in Thüringen nicht vorkommende Smaragdeidechse* (*Lacerta viridis*) gehalten wurden. Selten wird man auch einmal die scheue Schling- oder Glattnatter* (*Coronella austriaca*) zu Gesicht bekommen. Diese Natter ist völlig harmlos und bedarf unseres Schutzes. Oftmals wird sie für die auf den Muschelkalkhängen um Jena fehlende Kreuzotter* (*Vipera berus*) gehalten. Sie kann von dieser an der Ausbildung der Kopfschilder unterschieden werden. Während bei der Kreuzotter zwischen dem Augenunterrand und den Oberlippenschildern sich noch eine Längsreihe kleiner Schildchen findet, stoßen bei der Schlingnatter* die Oberlippenschilder bis an den Unterrand der Augen. Ein deutliches Unterscheidungsmerkmal sind die Augen selbst. Während die Glattnatter runde Pupillen hat, sind die der Kreuzotter senkrecht schlitzförmig wie bei einer Katze.

Aus der Saaleaue klingt zu uns der lachende Ruf des Grünspechtes* (*Picus viridis*) und der ähnliche aber zum Ende hin abfallende Ruf des Grauspechtes* (*P. canus*) herauf.

Abb. 58: Oftmals als Schlange verkannt, zählt die beinlose, völlig harmlose Blindschleiche (*Anguis fragilis*) zu den Echsen.
Foto: F. JULICH)

Im **Naturschutzgroßprojekt** wurde die Wöllmisse als **Kerngebiet 3** mit einer Gesamtfläche von 1.094 ha ausgewiesen. Es ist ein zusammenhängendes Waldgebiet auf den Plateaulagen, an das sich in südlichen Lagen, besonders in Stadtnähe wertvolle Fels- und Geröllpartien, Trocken- und Halbtrockenrasen und warmtrockene Gebüschfluren anschließen. Die Wöllmisse ist sowohl aus vegetationskundlich/floristischer, als auch aus faunistischer Sicht eines der wertvollsten Gebiete des Projektes. Ziel ist es, die gebietsbestimmenden Trocken- und Halbtrockenrasen-Gesellschaften in ihren standorttypischen Ausprägungen zu erhalten und vor Beeinträchtigungen zu schützen. In weiten Teilen des Projektgebietes sind sie durch Sukzession (Verbuschung und Bewaldung, s. Abb. 54) hochgradig gefährdet, weshalb Entholzungs- und Pflegemaßnahmen notwendig werden. Es ist jedoch nicht die vollständige Entbuschung größerer Flächen vorgesehen, weil Einzelsträucher, wie Wolliger Schneeball oder Wacholder durchaus typisch sind. Notwendig ist die Entnahme von unerwünschten Holzarten, wie Schwarz-Kiefer, Wald-Kiefer und Esche auf ausgewählten Teilflächen sowie auch von Hartriegel, Schlehe und Weißdorn auf den wertvollsten Biotopteilen.

N/B

Der Kiefernbestand im Grunde vor der Ernst-Haeckel-Höhe ist licht und artenreich. Bei genauerem Hinsehen fällt jedoch auf, daß an dem süd-südostwärts gerichteten Hang andere Arten in größerer Zahl vorkommen als am Nordwesthang. Im Sommer sind es vor allem die Orchideen* und im Herbst die Enziane*, Gold- und Silberdisteln*, die unsere Aufmerksamkeit erregen. Es sind wärmeliebende Arten, die vor etwa 5.000 Jahren in der nacheiszeitlichen Wärmezeit aus Südeuropa eingewandert sind und z.T. im Jenaer Raum die Nordgrenze ihrer Verbreitung erreicht haben (Bocks-Riemenzunge*, Spinnen-Ragwurz*, Dreizähniges Knabenkraut*). Sie finden in den Kalktrockenrasen und sonnendurchlässigen, lichten Beständen der Wald-Kiefer optimale Lebensbedingungen. Der Erhalt und Schutz der **Orchideenregion Jena** ist ein erklärtes Ziel des Naturschutzgroßprojektes.

Die einheimischen **Erdorchideen** besitzen unterirdische Speicherorgane, mit denen sie die Winterpause oder auch sommerlichen Trockenperioden

Abb. 59: Zu den in den Kalkmagerrasen häufigen Orchideenarten zählt die Große Händelwurz (*Gymnadenia conopsea*; Foto: F. Julich)

überdauern. Der Frauenschuh*, das Waldvöglein* und das Große Zweiblatt* sowie der hier häufige Braunrote Sitter* (*Epipactis atrorubens*) besitzen einen verzweigten Wurzelstock (Rhizom), Knabenkraut*, Kuckucksblume*, Ragwurz* und Händelwurz* dagegen Knollen. Die paarigen, hodenförmigen Knollen der Knabenkräuter (*Orchis*) haben der Gattung und der Familie zu ihrem Namen verholfen (*Orchis*, griech. = Hoden). Bei der hier an dem Hang ebenfalls reichlich vertretenen Großen Händelwurz* (*Gymnadenia conopsea*, Abb. 59) ist die Knolle handförmig (wie ein Händel) gegliedert.

 An der Spitze des scharf nach Osten abbiegenden Weges wollen wir wieder verweilen:

8 BEI DER ERNST-HAECKEL-HÖHE

H: Ernst HAECKEL / Stadtentwicklung / Pennickental
G: Geländeformung − Verwitterung, Erosion / Kiese und Sande
B: Vegetationsdifferenzierung
Z: Vögel − Flugbilder

H Der Aussichtspunkt am Rande der Kernberghochfläche über der Horizontale (Haeckelbank) gehörte zu den Lieblingsplätzen von Ernst **HAECKEL,** dem bekannten Zoologen und Ehrenbürger Jenas. Beeindruckt von der Jenaer Landschaft schrieb er:

„Bei jeder neuen Biegung entfalten sich neue, überraschende Aussichten, im Grunde immer das freundliche, vielgewundene Saaletal mit seinen Wiesen, Äckern und Dörfern, von den Schlangenwindungen der Saale und den ihr folgenden Chausseen durchzogen. Rings an den niederen Abhängen freundliche Dörfer mit Obstgärten und dichten Baumgruppen, weiter hinauf kleine Waldstücke und endlich auf der Höhe der nackten, gelben Kernberge, deren schöne und großartige Formen zum Teil in wahrhaft italienischer Farbenpracht gegen die tiefblauen Himmel sich absetzen, größere und kleinere Waldpartien, mit unbewaldeten Strecken abwechselnd."

Ernst HAECKEL (* 16. 2. 1834 in Potsdam, † 9. 8. 1919 in Jena) kam nach abgeschlossenem Medizinstudium in Berlin, Würzburg und Wien und ergebnisreichen Forschungsreisen 1861 nach Jena und erhielt 1865 den ersten **Lehrstuhl für Zoologie** an der Universität. Hier entwickelte er sich zu dem bedeutendsten deutschen Vertreter der Evolutionstheorie und widmete unter dem Einfluß des Darwinismus sein gesamtes weiteres Schaffen dem Kampf um die Durchsetzung des Entwicklungsgedankens. Die Hauptleistung auf dem Gebiet der systematischen Zoologie bildete die monographische Bearbeitung einiger Gruppen niederer Meerestiere. Durch zahlreiche populärwissenschaftliche Werke - sein Buch **„Die Welträtsel"** erschien in einer Auflage von fast einer halben Million - trug er den Entwicklungsgedanken in breiteste Bevölkerungskreise und interessierte diese für eine naturwissenschaftlich-materialistische Weltanschauung. 1882 konnte HAECKEL den Bau eines eigenen Institutsgebäudes erreichen, das mit seinem Anbau von 1912 noch heute Sitz der Zoologie ist. 1906 gründete er den Deutschen Monistenbund, eine linksbürgerliche Freidenkervereinigung. Zur Förderung und Popularisierung der Entwicklungslehre veranlaßte HAECKEL den Bau des im Jubiläumsjahr 1908 der Universität übergebenen **„Phyletischen Museums"**. Zu diesem

Anlaß verlieh die Stadt ihrem großen Mitbürger das Ehrenbürgerrecht. Durch testamentarische Verfügung wurde sein Wohnhaus „**Villa Medusa**" als Museum eingerichtet.

Von hier aus nach Süden haben wir einen Überblick über die jüngere **städtebauliche Entwicklung** Jenas. Vor der Autobahn (A4, Dresden-Eisenach-Frankfurt), die bei Göschwitz in das wegen seiner besonderen Flora bekannte Leutratal einmündet, erstreckt sich das Wohngebiet von Lobeda-West, an der gegenüberliegenden Hangseite das von Winzerla. Direkt vor uns, in Nachbarschaft des zentralen Heizkraftwerkes, ist mit dem Burgaupark ein neues Einkaufszentrum und zwischen Lobeda-West und Göschwitz ein Gewerbe- und Industriegebiet (Jenoptik) entstanden, südlich der Autobahn ein Gewerbegebiet mit weiteren Märkten.

Bei nicht allzu schlechter Witterung erkennen wir im Hintergrund den Dohlenstein bei Kahla (Bergsturz am Westhang mit Verlagerung der Saale) und die Leuchtenburg. Der aus dem umgebenden Buntsandstein herausragende Sattel ist eine zu dem Leuchtenburggraben gehörende eingesunkene Muschelkalkscholle, die später als Härtling herauspräpariert wurde (typisches Beispiel für Reliefumkehr!). In der Ferne steigt das Thüringer Schiefergebirge auf (Abb. 60).

Nach Osten sehen wir ein typisches Seitental der Saale, das **Pennickental**. Mit einem so deutlich gestuften Tallängsprofil und den mächtigen **Travertinablagerungen** ist es aber einmalig in der Jenaer Umgebung. Die Travertine (Kalktuffe) waren bereits im 16. Jh. aufgeschlossen und wurden seitdem zur Steingewinnung und zur Herstellung von lufttrockenen Backsteinen, Zahnpasta und speziellen optischen Gläsern genutzt (Abb. 80-82).

Der Name „Pennicke" (1142 Ponicke, 1779 Peinicke, 1836 Penicke) ist altsorbisch und bedeutet „Stelle, wo das Wasser in die Erde versinkt" bzw. "eindringt". Es dürfte beweisen, daß schon den Sorben des 8.-10. Jhs. die charakteristischen Ablagerungen aufgefallen sind.

Am gegenüberliegenden Johannisberg, jenseits des von Ost nach West verlaufenden Pennickentales, sehen wir, wie sehr das **Hangprofil** durch die unterschiedliche Härte der einzelnen Schichten bestimmt wird (Abb. 60). Die härteren Schichten stehen tafelartig hervor und zeigen einen fast senkrechten Anschnitt, während die verwitterungsanfälligeren Schichten durch abrutschenden Verwitterungsschutt eine flachere Hangneigung aufweisen. Für den weicheren Buntsandstein ist eine sanfte, gerundete **Geländemodulation** bezeichnend – ein Blick nach Süden wird uns überzeugen – demgegenüber bleibt der widerstandsfähige Kalkstein insgesamt in steileren und mehr schroffen Geländeformen erhalten. Der Wechsel zwischen unterschiedlieh harten Schichtablagerungen bewirkt den stufenförmigen Aufbau. Zu den bereits erwähnten Felsbildnern (Rötgips, 3 konstante Felsgürtel, Terebratelbank und Schaumkalkzone) kommt ein weiterer Geländeanstieg an der Basis des Oberen Muschelkalkes. Die Burgen und Schlösser stehen in der Regel auf den festeren Bänken (Leuchtenburg und Fuchsturm auf der Oolithbank α, Kunitzburg und Dornburger Schlösser auf der Terebratelbank, Rudelsburg und Saaleck auf Schaumkalk).

G

Vom Suchpunkt haben wir auch einen reizvollen Blick auf die Saaleaue und den **Schleichersee**. Dieser See stellt nicht etwa einen Totarm der Saale dar, wie leicht zu vermuten wäre, sondern entstand als Baggersee der ehemals durch Paul SCHLEICHER betriebenen Kiesgewinnung. Die quartären **Kiese** und **Sande** der Saaleaue hatten wirtschaftliche Bedeutung. Entsprechende Flurteile, in denen Kies zutage tritt, tragen um Jena die Bezeichnung Gries.

Abb. 60: Blick von der Kernberg-Horizontale über das Pennickental nach Süden (Foto: W. HEINRICH 1999)

Bereits 1436 wird ein Acker "In der Sandgrube" bei Lobeda verliehen, auch das Erbbuch des Amtes Burgau von 1495 enthält südlich von Lobeda eine Flurbezeichnung Sandgrube. Jahrhundertelang erfolgte ein bedarfsweiser Abbau der Kiese und Sande für die Befestigung von Wegen und Straßen, als Zierpflaster und als Ziermaterial für Gärten sowie als Bau- und Mauersand. Trotz der niederen Qualität wurden bedeutende Mengen als Betonzuschläge genutzt. Beispielsweise lieferten die Burgauer Kiesgruben den Zuschlag für die Betonbauten der Firma Carl Zeiß zu Anfang des 20. Jhs., darunter für Deutschlands erstes Hochhaus (66 m).
Um 1890 begann die verstärkte Kiesgewinnung aus dem Grundwasserbereich der Saaleaue und aus der Saale direkt. Bereits 1892 wurde an der Rasenmühle Jena Betonkies und Bausand durch einen Elektrobagger gefördert, 1897 waren 17 Leute damit beschäftigt. 1954 förderten 8 Arbeitskräfte mit einem Trockenbagger und 3 Schwimmbaggern in der Saaleaue Zuschläge, die speziell für Beton verwandt wurden. Vor dem Zweiten Weltkrieg befanden sich Entladestellen für Saalebagger am Burgauer Wehr, oberhalb des Bades Lichtenhain und am Jenzigfuß. Durch Verunreinigungen der Saale war die Qualität der Baggerkiese relativ gering, sie waren nur „für gröbere Betonarbeiten brauchbar".
Wirtschaftlich am wichtigsten waren die Mittelterrasse I (Hauptabbauzeit 1885 bis 1925) und die Niederterrasse (vorwiegend 1920 bis 1955). Die relativ hochwertigen Wiesen und Weiden der Saaleaue verteuerten die Kiesgewinnung aus der Niederterrasse beträchtlich. Überwiegend erfolgte nur eine einfache Siebung der Rohkiese ohne weitere Aufbereitung, teilweise wurde das Grobkorn gebrochen. Die Produktionshöhe lag in den meist nur kleinen und kurzlebigen Lagerstätten zumeist unter 50.000 t pro Jahr, Einzeltagebaue wie Göschwitz und Lobeda erreichten über 100.000 t/a. Der Kiesabbau endete in Burgau um 1930. In Lobeda wurde er bis 1965 und in Porstendorf bis 1970 fortgesetzt.

Im Tal fällt uns der **Gegensatz zwischen** den weitgehend **kahlen südexponierten** und den **bewaldeten Nordhängen** auf. An den absonnigen Nordlagen mit höherer Luftfeuchtigkeit greift der Buchenwald – zuweilen ersetzt durch Kiefernforste – über die Hangkante hinweg bis herab zum Rötsockel. Auf den wärmebegünstigten Südhängen lichten sich die auf der Hochfläche stehenden Buchen- und Eichen-Hainbuchen-Wälder an der Hangkante immer mehr auf, bis schließlich großflächige, nur ab und zu durch Buschwerk unterbrochene Blaugras-Rasen zur Ausbildung gelangen. Der Übergangsbereich zum Röt ist häufig terrassiert und wird von Gebüschen oder Berggärten eingenommen. Die sanften Partien des Buntsandsteins werden vorwiegend landwirtschaftlich genutzt. Früher wechselten Ackerflächen mit Grünländereien. Heute ist die Feldwirtschaft völlig aufgegeben.

Im Tal sehen wir eine rege Bautätigkeit. Uns wird bei dieser Betrachtung eindringlich vor Augen geführt, daß eine Verbauung der Hänge einen irreparablen Verlust an seltenem Naturraum und reizvoller Landschaft bedeuten würde.

Vom Boden schauen wir auch einmal in die Höhe, um uns an dem eleganten Flug von **Greifvögeln** zu erfreuen. Während der Habicht* (*Accipiter gentilis*) als ausgesprochener Buschjäger sich nur selten über der freien Fläche zeigt, werden wir bei einer etwas längeren Rast sicherlich einen oder mehrere Mäusebussarde* (*Buteo buteo*) bei Flugspielen im Aufwind über dem Tal beobachten können. Letzterer ist leicht an den breiten Schwingen und dem kurzen Schwanz, hier Stoß genannt, zu erkennen. Der Habicht* besitzt dagegen relativ kurze Schwingen und einen langen Stoß (Abb. 61).

Abb. 61: Flugbilder heimischer Greifvögel (Entwurf: D. v. KNORRE)

B Im weiteren Verlauf ist der Hang zunächst mit dichten Schwarzkiefer-Beständen überzogen, dann wird er offen und ist mit Gebüschgruppen von Hartriegel und Schneeball, einzelnen Kiefern, Birken aber vor allem mit vielen Exemplaren des Gemeinen Wacholder (Juniperus communis) bestanden. Den Weg säumen Birken. Auf dem nackten Gestein fallen stellenweise graue Krusten von **Flechten** auf. Diese Lebewesen, in denen Algen und Pilze zu einer morphologischen und physiologischen Einheit zusammentreten (Symbiose), vermögen wohl die extremsten Bedingungen zu überstehen, denn immerhin können an Südhängen die Temperaturen an der Oberfläche bis auf 70° C ansteigen!
Der Weg führt in einen kleinen Grund und dann tief in das Ziegental hinein. Wie schon bei der sog. Studentenrutsche fallen auch hier vereinzelt angepflanzte Exemplare des Gemeinen Blasenstrauches (Colutea arborescens) und des Gemeinen Erbsenstrauches (Caragana arborescens) auf. Im ersten scharfen Wegknick nach der Ernst-Haeckel-Höhe treffen wir neben dem Erbsenstrauch auch den Gemeinen Goldregen (Laburnum anagyroides) an, eine häufig kultivierte Zierpflanze, die sich aber seit dem 16. Jh. als Neophyt verbreitet hat. Ein kräftiger Strauch wird im Frühjahr mit seinen vielen kleinen gelben Blüten, die vor den Blättern kommen, Aufmerksamkeit erwecken – die Kornelkirsche (Cornus mas), auch Herlitze oder Hornstrauch genannt.
Links am Wege hat man in den Muschelkalk eine kleine Höhlung gehauen. An alten Birken wachsen oft Birken-Porlinge (Piptoporus betulinus). Wenn der Weg wieder in südwestliche Richtung umbiegt, erkennen wir an dem von Schwarz- und Wald-Kiefern bestandenen Abhang im Sommer die Blütenkerzen der Großen Händelwurz* (Gymnadenia conopsea) und den Braunroten Sitter* (Epipactis atrorubens); und im Herbst öffnen sich die blauen Blüten des Fransen-Enzians* (Gentianella ciliata) neben den rötlichen des Deutschen Enzians* (G. germanica) zwischen zahlreichen Berg-Astern (Aster amellus), Gold- und Silberdisteln* (Carlina vulgaris, C. acaulis).
Nach einer erneuten Kurve wandern wir wieder am Südhang entlang und gelangen zur Diebeskrippe.

9 DIEBESKRIPPE

H: Carl Botz
G: Bergrutsch
B: Pflanzen
Z: Schnecken

H Hier endete die 1858/59 durch den unter **Carl Botz** arbeitenden Verschönerungsverein gebaute Horizontale, die bei Ziegenhain beginnt und 1892 bis zum Fürstenbrunnen verlängert wurde. Carl Botz (* 18. 8. 1804 in Jena, † 6. 9. 1890 in Jena) wurde bereits mit 20 Jahren Großherzoglicher Baurat am Hofe von Carl August. Sein Hauptaugenmerk galt der Gestaltung der Landschaft und dem Anlegen von Wegen. 1848 wurde C. Botz Chausseebauingenieur und Landbaumeister. Am 1. 6. 1875 verlieh ihm die Stadt Jena anläßlich seines 50jährigen Dienstjubiläums als großherzoglicher Baurat und in Würdigung seiner Verdienste bei der Verschönerung von Jenas Umgebung die Ehrenbürgerwürde.

Die Herkunft des Namens **„Diebeskrippe"** ist ungewiß. Es ist nicht ausgeschlossen, daß an dieser vom Tal unsichtbaren Stelle früher Diebe ihre Beute verborgen haben. In Kriegszeiten bot der Ort sicher auch Schutz für Menschen und Vieh (Abb. 83, S. 148).

Die Lokalität ist durch **Kriechbewegungen** von Wellenkalk-Blöcken geprägt. Zwischen einer etwa 100 m langen und 30 bis 40 m hohen Abrißwand und einer gratartigen, etwa 12 m hohen Mauer öffnet sich ein 80 m langer und 3 bis 12 m breiter Kamin, in dem die Oolithbank α deutlich zu erkennen ist. Im Gesteinsschutt sind Stielglieder von Seelilien gar nicht selten (Abb. 62). **G**

Die im Gegensatz zu den auf gleichen Ursachen beruhenden Bergstürzen relativ langsam verlaufenden Kriechbewegungen (**Bergrutsch**) setzen sich hier bis in die Gegenwart fort.

Eine Meßstelle wurde 1969 eingerichtet und erbrachte in den ersten beiden Jahren folgende Werte:
Messung von Nord am 25.9.1969 bei 15°C → 16,45 m
Messung von Nord am 24.9.1970 bei 10°C → 16,45 m + 25,60 mm

Die weiteren im Zeitraum von 1972 bis 1997 durchgeführten Messungen ergaben eine Abhängigkeit der Kriechbewegungen von der Feuchtigkeitszufuhr. Perioden erhöhter Niederschläge führten zu Bewegungsbeschleunigungen. Die mittlere Bewegungsgeschwindigkeit betrug in etwa 25 Jahren 5,5 mm pro Jahr.

Feld-Ahorn (*Acer campestre*), Berg-Ahorn (*A. pseudoplatanus*), Gemeine Esche (*Fraxinus excelsior*) und Robinie (*Robinia pseudoacacia*) gedeihen in geschützter Lage der Kluft zu großen Bäumen. In der Mitte der Diebeskrippe steht ein besonders prächtiges Exemplar der Elsbeere (*Sorbus torminalis*). Der Gemeine Efeu (*Hedera helix*), eigentlich eine Buchenwaldart, überzieht den Kalkschutt, die Wilden Birnbäume (*Pyrus pyraster*) tragen in jedem Jahr reichlich Früchte, und auf den Felssimsen wächst der Berg-Lauch (*Allium senescens*), der an seinem charakteristischen Geruch zu erkennen ist. **B**

Im Bereich der Diebeskrippe finden wir einige typische **Gehäuseschnecken**. Groß und besonders bei feuchtschwüler Witterung aktiv, die Weiße Turmschnecke (*Zebrina detrita*), mit einem 20-22 mm hohen Gehäuse und die flachgewundene Gemeine Heideschnecke (*Helicella itala*). Legen wir uns noch eine Probe des feinen Hangschotters auf ein dunkles Blatt Papier, so finden wir weitere nur 2-4 mm große Arten: Die bienenkorbförmige Gestreifte Puppenschnecke (*Pupilla sterri*) und die etwas schlankere Zylinderwindelschnecke (*Truncatellina cylindrica*), die unterirdisch in etwa 30 cm Tiefe lebende blinde Nadelschnecke (*Cecilioides acicula*) und die flachen scheibenförmigen Grasschnecken, die Glatte Grasschnecke (*Vallonia pulchella*) und die Schiefe Grasschnecke (*Vallonia excentrica*). Die gut bekannte Weinbergschnecke (*Helix pomatia*) werden wir nur in den Frühlingsmonaten während der Paarungszeit hier herumkriechend antreffen, während sie sich sonst zu etwas feuchtere, beschattetere Stellen zurückzieht (Abb. 63 zeigt die Riemenschnecke). **Z**

Die hier am Hang recht einzeln stehenden Büsche sind beliebte Singwarten für Bluthänfling* (*Carduelis canabina*) und Baumpieper* (*Anthus triviales*). Letzterer verbindet seinen Gesang meist mit einem Balzflug. Das Nest des Bluthänflings* mit seinen 5-6 auf bläulichweißem Grunde gefleckten Eiern steht bevorzugt in einzelnen Wacholderbüschen, während das Baumpiepernest am Boden unter Grasbüscheln verborgen angelegt wird.

Abb. 62: Abrißwand der Diebeskrippe (Foto: F. JULICH 1995)

Abb. 63: Besonders in Buchenwäldern und unter morschem Holz lebt die Riemenschnecke (*Helicodonta obvoluta*; Foto: F. JULICH)

 Auch hinter der Diebeskrippe bleibt der Hang unruhig gestaltet. Am weiteren Weg ist konglomeratisch ausgebildeter Wellenkalk zu beobachten. In Höhe einer Bank sind scharf begrenzte Körper (Brotlaibstruktur) aus dichtem Kalk aufgeschlossen. Vermutlich ist während der Bildung des Wellenkalkes eine spezifisch schwerere Schicht beim Einsinken in den wassergesättigten Untergrund in einzelne „Brotlaibe" aufgelöst worden. Kräftige Schwarz-Kiefern stehen am Wege, der durch ein Geländer zur Steilwand eines ehemaligen Steinbruches der Göschwitzer Kalk- und Zementwerke abgesichert ist. Das Überklettern der Absperrung und Betreten dieses Bruches ist wegen Lebensgefahr verboten. Etwa 25 m vor der Abzweigung des Fränkelsgrundes wird die Oolithzone gequert. Wollte man auf der Horizontale weiterwandern, käme man bald an einen sehr gefahrvollen Steilabsturz. Wir führen deshalb den Lehrpfad durch den Fränkelsgrund aufwärts zur Hoch-

fläche. Im oberen Teil des Grundes lichtet sich der Wald auf, Schlehdorngebüsche, alte Triften mit viel Wacholder und bunte Trespenrasen wechseln miteinander. Nach dem steilen Aufstieg kann man am Ausgang des Grundes auf einer Bank ausruhen.

Abb. 64: Brotlaibstruktur im Wellenkalk: Vermutlich ist während der Bildung des Wellenkalkes eine spezifisch schwerere Schicht beim Einsinken in den wassergesättigten Untergrund in einzelne „Brotlaibe" aufgelöst worden. (Foto: G. WEISE)

AM FRÄNKELSGRUND 10

Z: Ameisen
L: Extensivwirtschaft, Schafhutung

Durch den lichten Kiefernwald, an dessen Boden die Waldgrille (*Nemobius sylvestris*) und die Waldschabe (*Ectobius sylvestris*) leben, wandern wir ein Stück auf einem Rasenweg nach Osten weiter.

Auf **Ameisen** stoßen wir praktisch an fast allen Rastpunkten unseres Weges. Doch nur dem geübten Blick des Kenners dieser zu den Hautflüglern (Hymenoptera) gehörenden Insekten werden dabei die verschiedenen Arten auffallen. Ihre Nester – alle Ameisen sind staatenbildende Insekten – legen diese teilweise unter flachen mittelgroßen Steinen an. Diese erwärmen sich bei Sonneneinstrahlung, erhalten dabei aber zugleich die notwendige Feuchtigkeit des Bodens. Wenden wir einen derartigen Stein um, so sehen wir nicht nur die Ameisen geschäftig herumlaufen, auch ihre Brut haben sie während der Tages-

stunden abgelegt und sind nun sogleich bemüht, diese in die schützenden Gänge im Boden zurückzutragen. Gelegentlich finden sich mitten unter den Ameisen kleine, bis maximal 5 mm lange, abgeflachte weiße Tiere. Hierbei handelt es sich um eine Mitbewohnerin der Ameisennester, die blinde und pigmentlose Assel (*Platyarthrus hoffmannseggi*).
Andere Ameisenarten aus der Gattung der Wiesenameisen (*Lasius*) errichten während der Sommermonate auf freien Flächen mit nicht zu kräftiger Vegetation kleine Erdhügel, ähnlich Maulwurfshaufen, in denen sie dann ihre Brut geschützt vor Austrocknung und dennoch am warmen Ort aufziehen können.
Im lichten Schatten von Nadelholzbeständen wie hier stoßen wir auf die großen Haufen der Waldameisen* (*Formica*). Ihre über Jahre besiedelten Nester zeigen gelegentlich eigenartige faustgroße Löcher. Dort hat dann ein Grünspecht* (*Picus viridis*) versucht, sich Zugang zur Brut und damit für sich zu einer Nahrungsquelle zu verschaffen. Waldameisen sind jedoch für den Forstmann wertvolle Helfer bei der Erhaltung des biologischen Gleichgewichtes im Wald. Aus diesem Grund stellt er gelegentlich Holzgestelle, bespannt mit grobmaschigem Drahtgeflecht, über die Ameisenhaufen, um diese so vor Freßfeinden zu schützen.

L Nach einem Rechtsbogen mündet unser Pfad auf einen breiten Weg, der nach rechts zum Spiegelsgrund und im spitzen Winkel links zur Kernberghochfläche führt. Wir treten aus dem Wald heraus und stehen am Rande einer vorwiegend **landwirtschaftlich genutzten Muschelkalkhochfläche**, die wie das Plateau auf dem Hausbergrücken und die Hanglagen im Tal von Ziegenhain aus bewirtschaftet wurde. Die alten Wirtschaftsformen haben im Laufe der Jahrhunderte eine abwechslungsreiche Raumordnung hervorgebracht. Da die Böden über dem Mittleren Muschelkalk sehr flachgründig und steinig sind, wurden durch die Bodenbearbeitung immer wieder Steine nach oben verfrachtet. Diese wurden abgelesen und an Feld- und Wegrainen zusammengetragen. Schließlich siedelten sich auf den Lesesteinwällen Kräuter und Sträucher an; es entstanden (natürliche) Hecken mit all den positiven Wirkungen, wie sie am nächsten Suchpunkt beschrieben werden.
Früher wechselten hier schmale Ackerflächen mit Rasen. Es wurden Getreide und Kartoffeln angebaut. An die ehemalige ackerbauliche Nutzung erinnern den Fachmann nur verschiedene noch sichtbare Ausackerfurchen. Heute treffen wir nur noch Magerrasen an, die – wie ausgerissene Wolle an den Schlehdornbüschen und Heckenrosen zeigen – wieder und wieder von Schafherden begangen, niedergefressen und zertreten werden. Ein solcher Verbiß und Viehtritt bewirkt stellenweise eine starke Auslese. Nur die ausschlagkräftigen, bewehrten oder giftigen Kräuter und Hölzer können sich behaupten. Je nach der Intensität und Dauer der Beweidung entwickeln sich charakteristische Gemeinschaften. Reiche Vorkommen von Wacholder (*Juniperus communis*), Gemeiner Wegwarte (*Cichorium intybus*), verschiedenen Disteln und von Zypressen-Wolfsmilch (*Euphorbia cyparissias*) weisen auf den gegenwärtigen oder früheren Weidegang der Schafe hin. An Bäumen und Sträuchern werden wir vereinzelt auch seltsame Verbißformen entdecken.
Auf den kargen, kalkreichen Flächen dominieren heute weidedankbare Gräser und Kräuter, wie Deutsches Weidelgras (*Lolium perenne*), Gemeines Knaulgras (*Dactylis glomerata*), Wiesen-Schwingel (*Festuca pratensis*) und Wiesen-Rispe (*Poa pratensis*). Sie werden be-

gleitet von Gemeinem Löwenzahn (*Taraxacum officinale*), Mittel- und Spitz-Wegerich (*Plantago media, P. lanceolata*), Gemeiner Schafgarbe (*Achillea millefolium*), Scharfem Hahnenfuß (*Ranunculus acer*) und Wilder Möhre (*Daucus carota*). Selbstverständlich finden wir auch Weiß- und Rot-Klee (*Trifolium repens, T. pratense*), Hopfen-Luzerne (*Medicago lupulina*), auch noch den Gemeinen Hornklee (*Lotus corniculatus*) und die Wiesen-Platterbse (*Lathyrus pratensis*) zwischen den tritt- und bißverträglichen Gräsern. An den Heckenrändern und in Nachbarschaft der Gebüsche häufen sich noch gelegentlich Vertreter der Halbtrocken- und Trockenrasen, zu denen Stengellose Distel (*Cirsium acaule*), Wiesen-Salbei (*Salvia pratensis*), Dorniger Hauhechel (*Ononis spinosa*), Sichel-Luzerne (*Medicago falcata*), Hufeisenklee (*Hippocrepis comosa*) und die Gemeine Kuhschelle* (*Pulsatilla vulgaris*) zählen. Die intensiv beweidete Muschelkalkhochfläche wird von den Schafen, die sich auf diesem trockenen Standort wohlfühlen, reichlich gedüngt. Das führt bei entsprechenden Niederschlägen zu einem kräftigen Aufwuchs. Die Rasen sind im Frühling nicht bemoost, wie andere weniger oder gar nicht beweidete Muschelkalkflächen. Das Plateau ist von Wildschweinen wenig zerwühlt und nur von wenigen Ameisenhaufen besiedelt. Mäuse und Wühlmäuse leben in begrenzter Koexistenz mit den Klauen der Schafe auf deren Hutungen. Normalerweise vertreibt der Tritt des Schafes die Mäuse zu Nachbargrundstücken ohne Beweidung. Da diese hier fehlen, müssen sie als anpassungsfähige Arten mit den Schafen leben. Der Mäusebussard findet weiterhin Beute in diesem Lebensraum. Für das Drachensteigen ist die Kernberghochfläche trotz guter Windverhältnisse nur bedingt geeignet, wie Drachenreste in den Hochspannungsdrähten zeigen.

Links des Weges - in Richtung auf den schmalen Kiefernwaldstreifen zu - erkennt man die ehemalige Parzellierung der Feldflur noch sehr schön an den N-S verlaufenden, von dichten Hecken bewachsenen Lesesteinrücken. Zwischen dem Kiefernbestand, der randlich von einem Laubholzdickicht abgeschlossen wird, und dem Ausgang des Spiegelsgrundes zieht der Lehrpfad über einen sanften Geländerücken, wendet sich um 90° nach Norden und mündet auf den breiten, in Ost-West-Richtung verlaufenden Fahrweg. Linkerhand befindet sich der Suchpunkt

AUF DEN KERNBERGEN 11

B/N: Hecken, Gebüsche (Schautafel)
Z: Tiere der Hecken und Hochfläche
G: Kalksteinbrüche

Die großflächigen Wiesen- und Hutungsflächen sind immer wieder von **Gebüschen**, **B**
Hecken und lockeren Baumgruppen durchsetzt. An Rainen und Wegrändern ziehen sich z.T. dichte Gestrüppe aus Schlehdorn (*Prunus spinosa*), Weißdorn (*Crataegus spec.*), Rotem Hartriegel (*Cornus sanguinea*), Gemeinem Liguster (*Ligustrum vulgare*), Schwarzem Holunder (*Sambucus nigra*), Feld-Ahorn (*Acer campestre*) und Rosen (*Rosa canina* u.a.)

entlang. Vereinzelt erheben sich ältere Exemplare der Echten Walnuß (*Juglans regia*) und der Gemeinen Esche (*Fraxinus exselsior*). Die **Kornelkirsche** (*Cornus mas*) ist hier relativ selten zu finden. Aus ihrem zähen Holz wurde der **„Ziegenhainer"**, ein Knotenstock, hergestellt, der das im Tal liegende Dorf weithin bekannt machte. Noch Mitte des 20. Jhs. erhielten die Absolventen verschiedener Fakultäten der Friedrich-Schiller-Universität nach bestandener Diplomprüfung ihren Spazierstock zur Wanderung durch das Leben – eine gute Tradition, die nach der Wiedervereinigung zu neuem Leben erweckt wurde aber wieder einschlief.

Hecken besitzen eine wesentliche **landeskulturelle Bedeutung**. Als Verbundsysteme zwischen den unterschiedlichen Landschaftsteilen stellen sie ökologische Nischen, „Trittsteine" und Korridore mit wichtigen Funktionen für den Artenschutz und die Landschaftsgestaltung dar. Sie mildern die Windwirkung, schützen die Kulturen, halten die Feuchtigkeit am Ort und schränken die Abtragung feinster Bodenpartikel durch Wind und Wasser ein, wirken also als Windschutz und im Winter als Schneefang (lebendiger Schneezaun). Sie erzeugen somit ein günstiges Lokalklima und bieten einer ganzen Anzahl von Pflanzen und Tieren Daseinsbedingungen, vor allem der heimischen Vogelwelt zahlreiche Nistmöglichkeiten. Die tierischen Heckenbewohner wirken weit über die eigentliche Hecke hinaus, da sie einen großen Teil der benachbarten Wiesen und Felder als Lebensraum einbeziehen. Nicht zuletzt wird auch der Erholungswert der Landschaft erheblich gesteigert, vermittelt doch, wie hier auf den Kernbergen, die von Gebüsch- und Baumgruppen durchsetzte Hochfläche das Bild einer harmonischen Landschaft, und immer wieder gewinnt man neue Ausblicke und Eindrücke.

Von Zeit zu Zeit kann ein Heckenabschnitt abgeschlagen, „auf Stock gesetzt" werden, doch leider gibt es noch immer die Unsitte, ganze Hecken abzubrennen. Dadurch wird aber der Landschaft beträchtlicher Schaden zugefügt. Dort, wo es an Hecken fehlt, versucht man mit viel Mühe durch Anhäufung von Astwerk (sog. **Benjes-Hecken**) die Ent-

Abb. 65: Heckenstrukturen gliedern die Hochfläche - BENJES-Hecken sollen den Aufwuchs fördern (Foto: K. KRAHN)

wicklung natürlicher Hecken zu fördern (Abb. 65). Mit der Besiedlung dieser Biotope vor allem durch Vögel hofft man auf den Eintrag von Samen heckenbildender Gehölze. Die Aufgabenstellung des „Naturschutzgroßprojektes" sieht die Pflege bestehender und Anlage neuer Hecken im Umfang von 5.000 lfd. Metern vor.

Im Schlehdorn- oder in Wildrosenhecken brütet der Neuntöter* (*Lanius collurio*), und weithin hörbar ertönt das tiefe „grog grog" vorbeifliegender Kolkraben* (*Corvus corax*). Über den aufgelassenen, heute als Schafweide genutzten Flächen ertönt der jubilierende Gesang der Feldlerche* (*Alauda arvensis*) und rüttelt der Turmfalke* (*Falco tinnunculus*) auf der Suche nach einer Feldmaus (*Microtus arvalis*) für seine Brut, die er alljährlich im Kirchturm von Ziegenhain großzieht.

Außerhalb der Brutzeit treffen wir in den Heckenstreifen auf kleine Flüge von Grünfinken* (*Carduelis chloris*), Stieglitzen* (*Carduelis carduelis*), Goldammern* (*Emberiza citrinella*) und gelegentlich auch Wacholderdrosseln* (*Turdus pilaris*).

Wenden wir am ehemaligen Feldrain wieder einige Steine um, so finden wir gelegentlich einst sehr häufige Laufkäferarten, die sich darunter verborgen halten. Neben dem etwa 6-7,5 mm großen Grünen Putzläufer (*Idiochroma dorsalis*), der leicht an dem metallischgrünen Kopf- und Halsschild sowie den bräunlichroten Flügeldecken mit einem grünblauen Fleck im Flügelbug vor der Spitze zu erkennen ist. Nur noch selten sind auch zwei Vertreter der Bombardierkäfer (*Brachinus explodens* und *B.crepitans*) mit rotbraunem Kopf und Halsschild sowie metallischblauen oder -grünen Flügeldecken zu entdeecken. Bei Gefahr sind sie in der Lage, einen Sekrettropfen scharf nach hinten bis zu 50 cm weit auszustoßen. Wird dabei das Auge des Betrachters getroffen, ruft das Sekret eine unangenehme Reizung hervor. Außer den genannten Arten werden wir noch regelmäßig am Waldrand den Hainlaufkäfer* (*Carabus nemoralis*), der Breitkäfer (*Abax parallelopipedus*) und die Striemenkäfer (*Molops elatus* und *M. piceus*) antreffen.

Abb. 66: Gemeiner Grashüpfer (*Chorthippus parallelus*; Foto: F. JULICH)

Rosenblüten und blühende Doldengewächse werden vom metallischgrün schillernden Rosenkäfer (*Cetonia aurata*) wie auch von Vertretern der Schmal- (*Strangalia* spec.) und Halsböcke (*Leptura* spec.) besucht.
Die bei flüchtiger Betrachtung vielfach für Wespen gehaltenen Schwebfliegen (*Syrphidae*) stehen schwirrend in der Luft über den blühenden Pflanzen. Groß ist auch die Zahl der Perlmutter*- und Scheckenfalter* (Gattungen *Argynnis* und *Melitea*), der Blutströpfchen* (*Zygaenidae*), der Bläulinge* (*Lycaenidae*) und - je nach der Jahreszeit - der Weißlinge (*Pieridae*). Durch einen braunroten Fleck auf den Vorderflügeln ist das Männchen des Aurorafalters* (*Anthocharis cardamines*) ausgezeichnet.
Im Gegensatz zu anderen Heuschreckenarten treten die Dornschrecken (*Tetrix* spec.) bereits im späten Frühjahr auf. Es sind kleine, 7-13 mm lange, graubraune Tiere mit reduzierten Flügeln. Die im Hochsommer erscheinenden Laubheuschrecken (*Tettigoniidae*) besitzen Fühler von über Körperlänge, die der Feldheuschrecken (*Acrididae*) sind dagegen nur kurz (Abb. 66).
Auffallend und sehr markant im hohen, krautreichen Pflanzenwuchs sind die Netze mit einem weißen Band im unteren Teil der erst in den vergangenen Jahren eingewanderten Zebraspinne (*Argiope bruennichi*). Selbst noch im Winter findet man ihre großen Kokons, in denen sich dann zahlreiche Jungspinnen befinden.

G Auf dem Plateau der Kernberge finden sich zahlreiche ehemalige **Steinbrüche** im **Schaumkalk**. Wer einen dieser Brüche besuchen möchte, gehe den markierten Weg nach Westen zur Haeckel-Bank und zweige nach etwa 400 m rechts ab bis zum Beginn des Kiefernwaldes. Neben dem Mühltal waren die Kernberge das Hauptabbaugebiet des Schaumkalks um Jena. Erwähnt sei der Versuch, aus der Ableitung des Namens Kernberge vom mittelhochdeutschen kürn = Mühle auf eine Gewinnung von Mühlsteinen aus dem Schaumkalk der Kernberge zu schließen.
Die Kernberge mit ihrer östlichen Fortsetzung, der Wöllmisse, erlangten als Kalksteinlieferant für das östlich anschließende Buntsandsteingebiet besondere Bedeutung. Der Kalkstein diente sowohl als Werkstein als auch zur Herstellung von Brannt- und Düngekalk. Rohstoffe für Branntkalk erfordern einen CaO-Gehalt über 50 % und einen MgO-Gehalt unter 1,5 %. Diese Voraussetzungen erfüllen die festen Bänke des Wellenkalks sowie der Travertin. Als Ausgangsmaterial des im 19. und zu Beginn des 20. Jhs. sehr bekannten Jenaer Weißkalkes (aus sehr reinem Kalkstein gebrannt) diente besonders die untere Schaumkalkbank.
Die Ziegelei von WÖLFEL in Wogau brannte bis zum Zweiten Weltkrieg nebenbei Kalksteine, die von den Kernbergen geholt wurden. Andererseits belegt eine Flurbezeichnung auf den Kernbergen auch die Existenz eines älteren Kalkofens am Gewinnungsort der Kalksteine.

Auf dem breiten Fahrweg gehen wir vom Suchpunkt 11 ein Stück ostwärts bis zu dem Pfahl mit dem Markierungszeichen kurz vor Unterquerung der Überlandleitung. Links hinter dem bewachsenen Wall steht eine Bank im Schatten eines prächtigen Weißdornes. Unweit führt ein Weg abwärts nach Ziegenhain. Durch diesen Grund wurden früher sicher die Schafherden auf die Hochflächen getrieben. Der Flurname Hohe Trebe deutet darauf hin.

HOHE TREBE 12

H: Hausbergburgen / Ziegenhain / Botanikerfamilie DIETRICH
B: Ackerwildkräuter

Von hier haben wir einen überraschenden Ausblick über das Saaletal hinweg bis zum neuen Wohnpark von Cospeda, links vom Windknollen. Über das Ziegenhainer Tal schauen wir auf den Südhang des Hausberges, auf dem sich heute neben einer traditionsreichen Gastwirtschaft der **Fuchsturm** als bedeutendster Rest einer **mittelalterlichen Burgengruppe** erhebt (Abb. 67).
Im 10. Jh. entstand auf den Höhenrücken zunächst ein ottonischer Königshof. Er lag auf der Erhebung westlich des Fuchsturmes und tritt im Jahre 937 erstmals in das Licht der Geschichte. Für das ausgehende 10. und beginnende 11. Jh. lassen sich im Königshof **Kirchberg** mehrere Aufenthalte deutscher Könige nachweisen (974 und 976: OTTO II., 989 und 1000: OTTO III., 1002 und 1009: HEINRICH II.). Die Burg war Mittelpunkt eines Burgbezirkes und vermutlich auch Ausgangspunkt für die Christianisierung der damals noch größtenteils slawischen Bevölkerung der Umgebung.
Wahrscheinlich als Folge politischer Unruhen im deutschen Reich entstand um 1100 zum Schutz des Königshofes eine Reichsburg gleichen Namens. Sie tritt uns heute in vollständig modern überbauter Form in dem Areal der Gaststätte entgegen und riegelte den Bergrücken vor dem Königshof ab. Neben den Halsgräben und einigen archäologischen Funden weist heute insbesondere der erhalten gebliebene Bergfried, der Fuchsturm, auf ihre Lage hin. Die Burg ist ab 1123 nachweislich im Besitz der Markgrafen von Meißen. Um deren Expansionsdrang zu begegnen, setzte die Reichsgewalt im Königshof Kirchberg einen Beamten ein, der mit Burggraf DIETRICH von KIRCHBERG erstmals 1149 urkundlich erwähnt wird. Die Kirchberger gründeten 1235 in Capellendorf ein Kloster. Auch unterstützten sie die Klöster von Bürgel und Roda (Stadtroda).
Etwa in die gleiche Zeit fällt die Errichtung der Burg **Greifenberg**. Wahrscheinlich im zweiten Viertel des 12. Jh. entstand auf der Westspitze des Hausberges eine kleine zweiteilige Höhenburg. Aus der Besitzüberlieferung des 14./15. Jh. kann auf eine Verbindung der Wehranlage mit dem ursprünglich edelfreien Geschlecht der Herren von GREIFENBERG geschlossen werden, die 1156 erstmals urkundlich faßbar werden.
Spätestens seit Beginn des 13. Jhs. werden territorialherrschaftliche Bestrebungen der Burggrafen von Kirchberg auf dem Hausberg spürbar. Die Errichtung der Burg **Wintberg** auf der Erhebung östlich des Fuchsturmes um 1200 als zu Eigen gehender, rechtlich unabhängiger Herrschaftssitz in unmittelbarer Nähe ihrer alten Amtsburg unterstreicht diese Bemühungen nachdrücklich. Grabungen 1923/26 und eine archäologische Nachuntersuchung 1995 erbrachten zudem Anhaltspunkte für einen architektonischen Ausbau dieser Burg um 1250/60. Mehrere Fragmente mittelalterlicher Bauplastik, die in den Verfüllungsschichten eines zerstörten Gebäudes in der Nordost-Ecke der Burg gefunden wurden, gehören zusammen mit einem bereits früher geborgenen Säulenpaar zu einem außergewöhnlich repräsentativ gestalteten abgetreppten Portalgewände mit schräg gestellten Säulen und einer Diamantstabschnittrahmung zumindest in der Archivolte. Qualität und Ornamentformen dieser Architekturteile weisen dieses Portal in den Kreis der sogenannten Maulbronner Schule, einer Bautradition des Zisterzienserordens.

Wahrscheinlich bereits seit der zweiten Hälfte des 13. Jhs. hatten die Burggrafen von Kirchberg drei von vier Wehranlagen auf dem Hausberg in ihrer Gewalt. Zu Beginn des 14. Jhs. unterliegen sie jedoch den machtpolitischen Auseinandersetzungen mit den Markgrafen von Meißen, die 1304 diese Burgen mit einem Bürgeraufgebot mehrerer thüringischer Städte erobern (ein Teil der Steine von den zerstörten Anlagen diente zum Bau der Camsdorfer Brücke). Die nicht zerstörten bzw. wieder instandgesetzten Burgen Greifenberg und Wintberg werden nach mehrmaligem Besitzerwechsel und erneuten kriegerischen Unternehmungen 1345 durch die Markgrafen von Meißen aufgekauft, die auf Wintberg einen wettinischen Verwaltungsbezirk einrichten. Dieser bestand bis 1470 und wurde dann in das Amt Jena integriert.

Der erhalten gebliebene Bergfried der Reichs-Burg Kirchberg – der wohl im 18. Jh. seinen Namen Fuchsturm erhielt und zu den sog. „7 Wundern" des mittelalterlichen Jenas gehört (Abb. 32, S. 50) – wurde 1784 zugänglich gemacht. 1861 gründeten Bergfreunde die Fuchsturmgesellschaft und errichteten 1886 die erste Gastwirtschaft. Mitglieder dieser Berggemeinschaft machen sich bis heute um die Pflege, Gestaltung und kulturelle Betreuung der auf dem Hausberg befindlichen Anlagen und eines der beliebtesten Wandergebiete um Jena verdient.

Im Tal liegt das Dorf **Ziegenhain** mit einer alten **Ablaß-Wallfahrtskirche**. Die Grundsteinlegung erfolgte 1424. Der überwiegend zum Bau verwendete Schaumkalk wurde auf dem Plateau der Kernberge gebrochen. Ablässe in den Jahren 1425, 1453 und 1466 förderten den planmäßigen Bauablauf, bis ihn die Einführung der Reformation zum Erliegen brachte. Obwohl das dreischiffige Langhaus nur als Ruine erhalten ist, zählt der Bau infolge seiner landschaftlichen Lage und der einheitlichen gotischen Gesamterscheinung zu den malerischsten Anlagen der weiteren Umgebung Jenas. An der Nordseite des Chores ist ein großformatiges Fresko aus der 1. Hälfte des 15. Jhs. erhalten geblieben mit der Darstellung des Zuges der Könige und die Verkündigung an die Hirten vor einem landschaftlichen Hintergrund mit der Abbildung von drei Hausbergburgen.

Abb.67: Blick über das Ziegenhainer Tal auf den Fuchsturm (Foto: W. HEINRICH)

Aus Ziegenhain ging mit der Familie DIETRICH eine ganze **Botaniker-"Dynastie"** hervor. Der Bauer Johann Adam DIETRICH wurde der „Ziegenhainer Botanikus" genannt. Er war durch seine ausgezeichneten Pflanzenkenntnisse so berühmt, daß der schwedische Botaniker Carl von LINNÉ mit ihm in Briefwechsel trat (s. hierzu Suchp. 15). Sein Enkel Friedrich Gottlieb DIETRICH, für den sich GOETHE lebhaft interessierte, schien besonders begabt gewesen zu sein. Er studierte zunächst in Heidelberg, dann in Jena, wo er auch promovierte. In Weimar legte er einen botanischen Garten an und erhielt danach die Stellung eines Hofgärtners und Garteninspektors des Karthausgartens in Eisenach. Aus seiner Feder stammt ein 30 Bände umfassendes „Lexikon der Gärtnerei und Botanik". Dessen Neffe Friedrich David DIETRICH war akademischer botanischer Gärtner und Kustos des Universitätsherbariums. Auch er erwarb die Doktorwürde und wurde sogar vom preußischen König mit der großen Medaille für Kunst und Wissenschaft ausgezeichnet. Als Privatlehrer gab er 1826, aufbauend auf den Kenntnissen seiner Vorfahren, eine zweibändige „Flora Jenensis", später eine mit 4800 kolorierten Tafeln ausgestattete „Flora universalis" sowie eine Flora Deutschlands heraus. Am bekanntesten wurde merkwürdigerweise Wilhelm DIETRICH, der Mann der Forschungsreisenden Amalie DIETRICH, durch die gleichnamige Biographie von ihrer Tochter Charitas BISCHOF.

Die Böden hier oben sind flachgründig und steinig. Ihre ackerbauliche Nutzung wurde deshalb auch aufgegeben. Aber noch bis in die achtziger Jahre wurden Kartoffeln und Getreide angebaut. Als Zeichen der noch in jüngster Vergangenheit betriebenen Feldwirtschaft können wir noch einige **Ackerwildkräuter** finden (Abb. 68). Doch sind sie hier im Rückgang; und sie werden ganz verschwinden, wenn nicht besondere Maßnahmen ergriffen werden (z.B.: extensive Bewirtschaftung kleiner Flächen). Wer sich einen Eindruck von der Artenvielfalt und Farbigkeit der Wildkräuter verschaffen will, braucht jedoch nur auf die gegenüberliegende Seite zu wandern, die über das Steinkreuz in kurzer Zeit zu erreichen ist. Dort sind noch Feldfluren vorhanden. Da leuchten die roten Blüten des Klatsch-Mohns (*Papaver rhoeas*), der Erdnuß-Platterbse (*Lathyrus tuberosus*) und des Sommer-Adonisröschens (*Adonis aestivalis*) und auch die blauen Blüten des Feld-Rittersporns

Abb. 68: Der Acker-Gauchheil (*Anagallis arvensis*) und der Blaue Gauchheil (*A. foemina*) - Vertreter der Primelgewächse - sind typische Ackerwildkräuter (Foto: W. HEINRICH).

(*Consolida regalis*) mit den langen Spornen. Am Boden entdecken wir eine Pflanze mit zerteilten Blättern und doldigen Blütenständen, die Gemeine Hundspetersilie (*Aethusa cynapium*). Das Acker-Hellerkraut (*Thlaspi arvense*) mit den pfenniggroßen Früchten (der Botaniker nennt sie Schötchen) ist vielen bekannt. Der Acker-Kohl (*Conringia orientalis*), der stengelumfassende, bläulich bereifte Blätter, weiße bis gelblichweiße Blüten und abstehende, mit einer Reihe Samen besetzte Früchte besitzt (der Botaniker nennt sie Schoten, weil sie , im Gegensatz zu den Schötchen, mehr als 3mal so lang wie breit sind), gehört zu den Besonderheiten, ebenso das Rundblättrige Hasenohr (*Bupleurum rotundifolium*). Eigenartige stachelige Früchte weist die Möhren-Haftdolde (*Caucalis platycarpos*) auf.

Ackerwildkräuter – der nutzungsorientierte Landwirt nennt sie Unkräuter – besitzen eine Reihe typischer Eigenschaften, durch die sie an die wechselnden Lebensbedingungen, wie sie der Acker- und Pflanzenbau schafft, angepaßt sind:
- Sie müssen ihre Entwicklung von der Keimung bis zur Samenreife in kurzer Zeit abschließen.
- Sie müssen sich nach mechanischer Beschädigung leicht regenerieren können.
- Sie müssen sich dem Bearbeitungsrhythmus oder Klimarhythmus der Anbaugebiete anpassen.
- Sie müssen Beschattung ertragen oder ihr durch rechtzeitiges Emporklettern entgehen können.

Die Arten der Unkrautfluren müssen also der Bodenbearbeitung, der Nutzpflanzenkonkurrenz und besonders den Maßnahmen der Ernte und Saatgutreinigung gewachsen sein. Sie sind daher entweder kurzlebig (ein- bis zweijährig) oder ausdauernd mit meist großer vegetativer Vermehrungskraft. Einjährige „Unkräuter", wie Korn-Rade (*Agrostemma githago*), Klatsch-Mohn (*Papaver rhoeas*) und Kornblume (*Centaurea cyanus*) entwickeln sich mit der aufwachsenden Saat, streuen ihre Samen nur teilweise auf dem Feld aus und werden mitgeerntet. Ausdauernde Arten, wie Acker-Winde (*Convolvulus arvensis*) und Quecke (*Agropyron repens*) werden mit ihren sehr regenerationsfähigen unterirdischen Organen durch Hacke und Pflug nur noch weiter verbreitet. Die meisten der einjährigen Ackerwildkräuter wurden erst mit dem Getreidebau aus dem Nahen Osten bzw. den Mittelmeerländern eingebracht.

Wir folgen dem Hauptweg, der von der »Spitze« des Hummelsberges kommt, bis zu dem Waldrand. Nach einer Linkskurve zeigt wiederum ein markierter Pfahl den Eintritt in den Wald an. Von hier aus im Schatten eines unterwuchsreichen Laubmischwaldes oder am Waldrand entlang erreicht man die von Jena heraufführende Fahrstraße. An der Abzweigung der Straße, die zum Fuchsturm und der vielbesuchten Gaststätte führt, steht vor dem Walde ein Steinkreuz. Von hier aus führen Wanderwege bis nach Jenaprießnitz und Großlöbichau sowie über Burgrabis zu dem Flugplatz bei Schöngleina. Wir aber wollen uns mit den Themen des Suchpunktes 13 beschäftigen.

Gaststätten:
Berggaststätte Fuchsturm   (Tel. 03641-36 06 06)
Ziegenhainer Kaminstüb'l   (Tel. 03641-36 05 16)
Zum Ziegenhainer   (Tel. 03641-36 04 73)

AM STEINKREUZ   13

H: Steinkreuze
F: Waldwirtschaft, Niederwald, Mittelwald;
B: Pflanzengesellschaften / Eichen-Hainbuchen-Wald;

Am Waldrand steht ein altes **Steinkreuz** (128×55×20 cm) aus Terebratelkalk in der Form **H**
eines lateinischen Kreuzes. Nach einer alten Flurkarte von Ziegenhain hat es bereits
1770 hier gestanden. Die im Stein zu erkennende Jahreszahl 1842 oder 1849 verweist
auf die Verwendung als Wegweiser seit jener Zeit. Damals wird das Kreuz wohl auch
seine heutige Gestalt, ebenso die sonst nicht übliche Zuspitzung des oberen Armes erhalten haben.
Steinkreuze sind unter Schutz gestellte **Bodendenkmale**. Am Ende des Mittelalters entstanden, gehören diese steinernen Dokumente vergangener Zeiten zu den ehrwürdigen
Zeugnissen einer alten Rechtsprechung. Sie treten „in unterschiedlichen Formen auf, die
sich auf zwei Grundtypen zurückführen lassen, und zwar das *lateinische Kreuz* mit rechtwinkligen Armen und verlängertem Stamm und das *Malteserkreuz* mit spitzwinkligen,
sich nach außen verbreiternden Armen. Dazu gibt es die verschiedensten stilistischen
Spielarten und Mischformen, wie z.B. das *Kleeblattkreuz* mit kurzen, kleeblattartig gerundeten Armen, das *gotische Kreuz* mit sogenannten gotischen Nasen und spitzauslaufenden
Armenden, das *Antoniuskreuz* ohne Kopfteil, das gleichschenklige *griechische Kreuz*,
meist als *Stab*- oder *Vortragekreuz*, das *Krucken*- oder *Krückenkreuz* mit überstehenden
Armbegrenzungen sowie weitere seltener vorkommende Varianten, wie das *Scheibenkreuz* und das durchbrochene *Radkreuz*", (DEUBLER et al. 1976).

*Auf der Hochfläche der Wöllmisse erstreckt sich ein großes, zusammenhängendes Waldgebiet. Vom Steinkreuz zu den nächsten Punkten bieten sich ausreichende Gelegenheiten
zur näheren Betrachtung von verschiedenen Wald- und Bodentypen. Wie gehen vom Steinkreuz zunächst wieder zurück (25 m) bis zu der ersten Wegkreuzung, folgen aber nicht
dem Weg weiter in das Tal, sondern machen einen Bogen, um erst weiter unten wieder auf
den Abgang zum Fürstenbrunnen zu stoßen. Wir nehmen den Weg nach links Richtung
Großlöbichau (Wegweiser) und an der nächsten Kreuzung nach rechts in Richtung Pennickental.*

Hier stocken unterwuchsreiche **Eichen-Hainbuchen-Wälder**. Der Vegetationskundler be- **F**
zeichnet sie nach dem Vorkommen von Wald-Labkraut (*Galium sylvaticum*) und Hainbuche (*Carpinus betulus*) als Galio-Carpinetum. Der Wuchs der Bäume und die Verteilung
der Altersklassen deuten an, daß ehemals Niederwaldwirtschaft betrieben wurde.

Niederwald setzt sich aus Laubbäumen zusammen, die die Fähigkeit besitzen, nach einer Beschädigung (Hieb) erneut austreiben zu können. Das sind vor allem Eiche, Linde und Hainbuche, auch Hasel. Dieser Gehölzbestand wird alle 15 bis 30 Jahre abgeschlagen. Aus den verbleibenden Stöcken und Wurzeln regenerieren die Bäume rasch (Stockausschlag). Das so erzeugte Holz ist nur brennholztauglich. Früher wurde auch Eichenlohe, die man zum Gerben von Leder benötigte, so gewonnen. Die Niederwaldwirtschaft wurde vor allem im bäuerlichen Privatwald betrieben. Zu dieser regellosen Nutzung kam oft eine uneingeschränkte Waldweide. So nimmt es nicht wunder, daß Forstakten des 15.-18. Jhs. häufig von verhauenen und verwüsteten Wäldern berichten. Insgesamt wurden durch diese Wirtschaftsform die ausschlagkräftigen Holzarten (s.o.) gefördert, andere, wie die Buche, gingen in ihrem Anteil stark zurück. Im Laufe des Mittelalters wurden viele Bauern- und Gemeindewälder dann in Mittelwälder überführt. Der **Mittelwald** stellt sich ähnlich dar wie der Niederwald, doch bleiben hier nach den wiederkehrenden Holzeinschlägen einzelne gute Baumexemplare, vor allem Eichen, zur Erzielung von Bau- und Wertholz stehen (Überhälter). Sind nicht genügend gute Exemplare vorhanden, werden diese gezielt nachgepflanzt. Durch die vorhandenen Starkeichen war in der Regel eine herbstliche Schweinemast im Wald möglich (Verbindung von Forst- und Landwirtschaft). In steigendem Maße setzte sich schließlich der **Hochwaldbetrieb** durch. Einzelne Stämme (Plenterwald) oder kleinere Baumgruppen (Femelschlag) wurden erst nach 80-120 Jahren herausgeschlagen, was den Verhältnissen im Naturwald durchaus entsprach.

B Wer die **Zusammensetzung** und den Aufbau **einer solchen Waldgemeinschaft** kennenlernen möchte, wird hier ein reiches Betätigungsfeld finden. Der hiesige Bestand ist äußerst artenreich. Schauen wir nur auf eine Bestandsaufnahme. Mehr als 40 Arten zu notieren, fällt nicht schwer:

Baumschicht:
Trauben-Eiche (*Quercus petraea*)
Stiel-Eiche (*Quercus robur*)
Gemeine Hainbuche (*Carpinus betulus*)
Feld-Ahorn (*Acer campestre*)
Winter-Linde (*Tilia cordata*)
Sommer-Linde (*Tilia platyphyllos*)
Elsbeere (*Sorbus torminalis*)
Rot-Buche (*Fagus sylvatica*)

Strauchschicht:
Zweigriffliger Weißdorn (*Crataegus oxyacantha*)
Gemeine Haselnuß (*Corylus avellana*)
Gemeiner Seidelbast* (*Daphne mezereum*)
Rote Heckenkirsche (*Lonicera xylosteum*)
Roter Hartriegel (*Cornus sanguinea*)
Wolliger Schneeball (*Viburnum lantana*)

Krautschicht:
Wunder-Veilchen (*Viola mirabilis*)
Braune Haselwurz (*Asarum europaeum*)
Maiglöckchen (*Convallaria majalis*)
Purpurblauer Steinsame (*Buglossoides purpureocaerulea*)
Verschiedenblättriger Schwingel (*Festuca heterophylla*)
Langblättriges Hasenohr (*Bupleurum longifolium*)
Strauß-Wucherblume (*Tanacetum corymbosum*)
Frühlings-Platterbse (*Lathyrus vernus*)
Schwarze Platterbse (*Lathyrus niger*)
Färber-Scharte (*Serratula tinctoria*)
Hain-Wachtelweizen (*Melampyrum nemorosum*)
Dreilappiges Leberblümchen* (*Hepatica nobilis*)
Breitblättriges Laserkraut (*Laserpitium latifolium*)
Wiesen-Schlüsselblume (*Primula veris*)
Wald-Sanikel (*Sanicula europaea*)
Nesselblättrige Glockenblume (*Campanula trachelium*)
Echte Sternmiere (*Stellaria holostea*)
Goldschopf-Hahnenfuß (*Ranunculus auricomus*)
Wald-Zwenke (*Brachypodium sylvaticum*)
Wald-Labkraut (*Galium sylvaticum*)
Gemeines Knaulgras (*Dactylis glomerata*)
Berg-Segge (*Carex montana*)
Pfirsichblättrige Glockenblume (*Campanula persicifolia*)
Weiße Schwalbenwurz (*Vincetoxicum hirundinaria*)
Nickendes Perlgras (*Melica nutans*)
Zypressen-Wolfsmilch (*Euphorbia cyparissias*)
Wenigblütige Gänsekresse (*Arabis brassica*)
Busch-Windröschen (*Anemone nemorosa*)
Wald-Bingelkraut (*Mercurialis perennis*)
Rotbrauner Frauenschuh* (*Cypripedium calceolus*)
Ährige Teufelskralle (*Phyteuma spicatum*)
Heil-Betonie (*Betonica officinalis*)
Wald-Veilchen (*Viola reichenbachiana*)

Berücksichtigen wir außerdem die Arten der Moosschicht und die auf Baumstümpfen und an den Stämmen lebenden Laub- und Lebermoose, Flechten, Grün- und Blaualgen sowie die Pilze, so würde sich unsere Artenliste noch beträchtlich erweitern. Freilich, diese ist ungenau und unvollständig. Zu einer vollständigen Bestandesaufnahme gehört, daß man eine repräsentative Probefläche (in Wäldern etwa 200-500 m^2) eindeutig abgrenzt und den Mengenanteil und Deckungswert in einer kombinierten Schätzung (5teilige Skala) angibt. Bei entsprechenden Vergleichswerten und bei genügender Erfahrung ist aus einer solchen pflanzensoziologischen **Vegetationsaufnahme** die Zugehörigkeit des aufgenommenen Bestandes zu einer bestimmten **Pflanzengesellschaft** (Assoziation) ablesbar, und auch Aussagen über den Standort sind allein nach der Artengarnitur möglich. Zweckmäßigerweise werden in den Aufnahmen und Tabellen die Arten nach soziologischen und ökologischen Gesichtspunkten gruppiert.

 An diesem Weg, etwa 100 m nach dem Abgang von dem Wanderweg nach Großlöbichau, sind auf der linken Seite in geringen Abständen voneinander 3 verschiedene Bodenprofile erschlossen.

14 WÖLLMISSE

G: Boden und Bodenprofile

G Mit Hilfe drei eng benachbarter Bodengruben wollen wir für einen kleinen Geländeausschnitt im Bereich des Plateaus der Wöllmisse einen Blick unter die Bodenoberfläche werfen und für die dort vorkommenden Böden anhand einer Schauwand der Bodengrube verschiedene **Bodenprofile** vorstellen. Im bisherigen Wegeverlauf des Lehrpfades wird dem aufmerksamen Wanderer die unterschiedliche Beschaffenheit des Wanderweges in den Hangbereichen, in den Sohlen der Tälchen und auch im Bereich der reliefmäßig recht einheitlich verebneten Hochfläche der Wöllmisse aufgefallen sein. Gründe dafür sind, wie bereits im Kapitel I/5 erläutert, die unterschiedlichen **Böden**, die aufgrund ihrer geologischen Herkunft und stofflichen Zusammensetzung (Bodenart) eine unterschiedliche Struktur und Dichte aufweisen. Sie können vor allem nach Niederschlägen sowohl glitschig, schmierig weich oder relativ fest und gut begehbar sein.
Auf dem Weg vom Steinkreuz bis zum Suchpunkt 14 sind trotz der allgemeinen Verebnung im Plateaubereich flache, z.T. rückenartige Erhebungen und flache Hohlformen mit sehr geringen Höhenunterschieden neben schwach geneigten und ebenen Geländeteilen festzustellen. Sie sind Ausdruck unterschiedlicher **Verwitterung**. Die Rücken werden in der Regel von den schwerer verwitterbaren, härteren Gesteinsbänken und die Hohlformen meist aus etwas weicheren Gesteinsschichten gebildet. In den Hohlformen haben sich die ehemals vom Wind transportierten staubförmigen Bodenteilchen, die als Löß bezeichnet werden, abgelagert. Da dieser Löß kein Bodenskelett, wie Steine und Grus besitzt, ist er bei Nässe weich und ein Grund für den von tiefen Fahrspuren gezeichneten Wanderweg unmittelbar vor Profil I.
In einem schematischen Geländeschnitt (Abb. 69) wird die geländebezogene Verteilung der unterschiedlichen Bodenschichten und die Lage der drei Bodenprofile aufgezeigt. Die vorkommenden Böden sollen anhand der nachfolgend in Abb. 69/70, S. 128 aufgeführten schematischen Darstellungen vorgestellt und erläutert werden. Die entsprechenden Bezeichnungen (Bodentyp und Horizonte) sind im Kapitel Boden näher erläutert.
Im **Bodenprofil I** (Abb. 70, 71) ist eine farblich und nach ihrer Bodenart deutlich differenzierte Deckschicht mit gelblichbraunen bis ockerbraunen Farbtönen und einer Mächtigkeit

von ca. 50 cm über dem hellgrauen Untergrund aus Kalkgesteinsmaterial zu sehen. Diese Schicht ist eine ehemals durch Windtransport feinster Bodenteilchen aufgewehte sogenannte Lößdecke, die über lange Zeiträume durch Auswaschung feinster Bodenteilchen (Ton) aus dem Oberboden und deren Anreicherung im unteren Teil der Decke stärker differenziert wurde. Diese Lößdecke ist entkalkt und bereits oberflächlich leicht versauert. Darauf weist auch das örtliche Vorkommen von Heidelbeere (Vaccinium myrtillus) hin, die in der Regel nur auf bodensauren Standorten wächst und auf den anderen Standorten der Umgebung völlig fehlt. Weiterhin finden wir in dieser Deckschicht aufgrund ihres Windtransportes keinerlei Bodenskelett, wie z.B. Steine oder Grus. Böden mit diesen Eigenschaften entsprechen dem Bodentyp **Fahlerde**.

Betrachten wir die Humusauflage und das Bodenprofil genauer, so finden wir an der Oberfläche unzersetzte oder gering zersetzte Laubblätter, Pflanzenreste u.a., die den L-Horizont bilden. Darunter folgen teils zerkleinerte und skelettierte, deutlich im Abbau befindliche Laubblätter u.a., die den Vermoderungshorizont (Of) bilden. An dessen Untergrenze zum Mineralboden ist stellenweise saumartig strukturloses schwarzes Material (Feinhumus) zu finden, das zum Humusstoffhorizont (Oh) gehört aber noch nicht flächendeckend ausgebildet ist. Die Humusform Mull (F-Mull) tendiert hier bereits zur Humusform mullartigem Moder. Der Mineralboden beginnt mit einem schwärzlich gefärbten, nur wenige cm mächtigen, durch Humusgehalt bedingten Horizont (Ah), dem – deutlich von diesem abgesetzt – ein hellerer Horizont (Ael) folgt. Dieser kann im Sommer in erdtrockenem Zustand sehr helle Farbtöne annehmen. In diesem Horizont ist der Tongehalt infolge Auswaschung gering. Zwischen diesem und dem ca. 10 cm mächtigen, deutlich dunkel- bis ocker-braun gefärbten Horizont am unteren Ende der Lößdecke (Bt- Horizont), der überwiegend durch Tonanreicherung entstanden ist, befindet sich ein Übergangshorizont (Ael + Bt). In diesem können beide Vorgänge lokal getrennt ablaufen. Die Grenze dieses Horizontes zum darüberliegenden ist sehr undeutlich mit einem breiten Übergangsbereich. Die Bodenart in der Lößdecke ist recht unterschiedlich und reicht vom lehmigen Schluff im Oberboden über Schlufflehm und tonigem Schlufflehm im Mittelbereich bis zu lehmigem Ton an deren Untergrenze. Den Untergrund bildet ein bereits aufgelockerter schluffhaltiger Skelettboden aus Kalkgestein (cC-Horizont).

Da Lößböden ein hohes Speichervermögen für Niederschlagswasser aufweisen, wirken sie auf den wasserdurchlässigen Kalkgesteinsböden wie ein Schwamm und ermöglichen den Bäumen, Trockenperioden besser zu überbrücken. Dadurch sind bestimmte Baumarten, wie z.B. die Buche, die zu gutem Gedeihen eigentlich noch höhere Niederschläge benötigt als im Jenaer Raum fallen, auf Lößböden besonders begünstigt und wüchsig. Standortskundliche Unterlagen, wie z.B. Karten mit Darstellung solcher Lößdecken-Standorte schaffen also die Voraussetzungen, die natürlichen Wuchsbedingungen mit dem gezielten Anbau von entsprechend geeigneten Baumarten besser zu nutzen.

Im weiteren Verlauf gabelt sich der Weg. Wir folgen dem linken Ast und treffen nach etwa 50 m auf die beiden nahe beieinander liegenden Profile: eines am Weg, das andere auf der Geländekuppe.

Im **Bodenprofil II** (Abb. 70) ist ähnlich wie im Profil I eine braun bis ockerbraun gefärbte Deckschicht mit einer Mächtigkeit von ca. 45 cm über dem hellgrauen Untergrund aus Kalkgesteinsmaterial zu sehen. Auch diese Deckschicht ist eine durch Wind aufgewehte, inzwischen entkalkte Lößdecke ohne jegliches Bodenskelett. Obwohl auch hier feinste Bodenteilchen (Ton) verlagert wurden, ist im Oberboden der Unterschied farblich nicht deutlich und auch in ihrer Bodenart nicht so stark differenziert wie im Profil I. Säureliebende Arten der Bodenvegetation, wie Heidelbeere, kommen hier nicht vor.

Lößböden mit den Eigenschaften einer nur mäßigen Tonverlagerung entsprechen dem Bodentyp **Parabraunerde**.

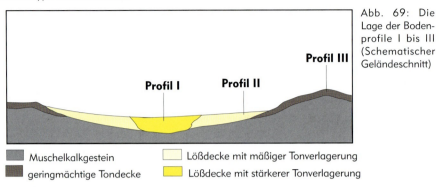

Abb. 69: Die Lage der Bodenprofile I bis III (Schematischer Geländeschnitt)

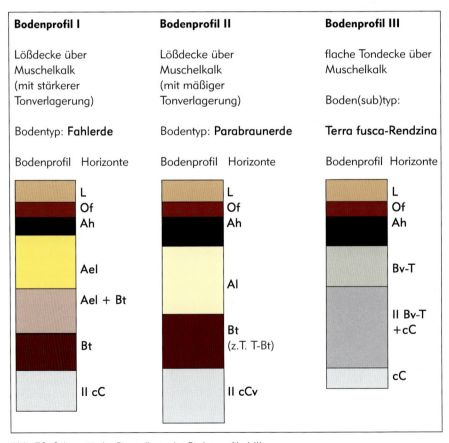

Abb. 70: Schematische Darstellung der Bodenprofile I-III

Bodenprofil I, Lößlehmdecke über Muschelkalk

Bodenprofil III, geringmächtige Tondecke über Muschelkalk

Bodenprofil IV, Kalkgesteinsrohboden auf baumfreier Hangrippe

Bodenprofil V, Bodenbildung mit humusreichem Oberboden auf Muschelkalk unter Laubholz

Abb. 71: Bodenprofile (Fotos: S. GEILING)

Bei näherer Betrachtung der Humusdecke und des Bodenprofiles ist auch hier eine dünne Schicht unzersetzter Laubstreu (L-Horizont) und als Vermoderungshorizont (Of) nur noch eine sehr dünne Decke aus zerkleinerten, skelettierten und verbackenen Laubblättern zu finden. Reste eines Humusstoffhorizontes sind nicht vorhanden, da eine rasche Einarbeitung des Humus in die oberen Schichten des Mineralbodens, z.T. auch durch bodenwühlende Tiere, stattfindet. Die Humusform ist daher ein Mull (F-Mull). Der durch Humuseintrag schwärzlich gefärbte, deutlich erkennbar obere Teil des Mineralbodens (Ah-Horizont) ist unterschiedlich stark und mit ca. 5-12 cm gegenüber Profil I auch deutlich mächtiger. Nach dem mittleren, einheitlich braun gefärbten Teil der Lößdecke (Al-Horizont) folgt mit deutlichem Übergang eine ca. 12 cm mächtige, dunkel- bis ockerbraun, z.T. auch rötlichbraun gefärbte tonreiche Bodenschicht (Bt-Horizont). Im Übergangsbereich zum Kalkgestein können darin auch besonders tonreiche Reste ehemaliger Kalkgesteinsverwitterung beteiligt sein. Die Bodenart in der Lößdecke reicht vom Schlufflehm im oberen Teil bis zu lehmigem Ton bzw. Ton an ihrem unteren Rand. Den Untergrund (II cCv-Horizont) bildet locker gelagertes Kalkgesteinsmaterial mit einem hohen Schluffanteil und fein verteilten braunen Bodenteilchen, die aber in diesem carbonatreichen Horizont nicht entstanden sind, sondern aus den oberen Horizonten eingewaschen wurden.

In seiner ökologischen Wertigkeit für das Waldwachstum ähnelt dieser Standort dem vom Profil I, er ist aber aufgrund seines etwas höheren Nährstoffangebotes noch etwas günstiger zu beurteilen.

Im **Bodenprofil III** sehen wir einen aus Kalkgesteinsverwitterung entstandenen Boden ohne Lößüberdeckung. Da dieses Bodenprofil auf einer flachen Bodenerhebung liegt, wird sein Untergrund erwartungsgemäß von harten, schwerer verwitterbaren Gesteinsschichten des Muschelkalkes gebildet. Über diesem, durch viele Klüfte und Gesteinsspalten aufgelockerten Gesteinsverband liegt eine ca 15 cm mächtige, skelettfreie, tonige Deckschicht, die – obwohl über Muschelkalk gelegen – carbonatfrei ist. Sie ist über lange Zeiträume überwiegend als Verwitterungsprodukt der Kalkgesteine entstanden. Entsprechend ihren Eigenschaften kann sie einer Untereinheit des Bodentyps **Rendzina** (Terra fusca-Rendzina mit Tendenz zur Terra fusca) zugeordnet werden.

Beim näheren Betrachten von Humusdecke und Bodenprofil ist zunächst wieder eine dünne, bereits lückige Schicht noch unzersetzter Laubstreu (L-Horizont) zu finden. Die Vermoderungsschicht (Of) aus teils zerkleinerten, skelettierten und verbackenen Laubblättern ist aber infolge des raschen Abbaus der Laubblätter schon recht lückig und fehlt stellenweise. Daher tendiert die Humusdecke innerhalb der Humusform Mull zur Untereinheit L-Mull, wo infolge raschen Abbaues eine Vermoderungsschicht fehlt.

Im Oberboden folgt aufgrund des intensiven Humusabbaues ein schwärzlicher, in seiner Tiefe schwankender, ca. 10 cm mächtiger, humusreicher Horizont (Ah), der etwa die Hälfte der tonreichen Deckschicht einnimmt. Der untere Teil dieser Schicht (Bv-T-Horizont) ist ein ocker- bzw. rötlichbrauner lehmiger Ton bis Ton. In dem darunter folgenden zerklüfteten Skelettboden (II Bv-T + cC-Horizont) sind Steinspalten und Klüfte mit dem darüberliegenden Bodenmaterial gefüllt. Den Untergrund bilden feste Gesteinsbänke (cC-Horizont).

Aufgrund der wasserdurchlässigen Gesteine und seiner rückigen Lage ist dieser Standort nur unzureichend mit Wasser versorgt, was auch am geringeren Wuchs der Bäume erkennbar ist. Auf dieser naturnah bestockten Fläche kommen mit Eiche, Linde, Hainbuche, Elsbeere, Feldahorn u.a. bereits Baumarten vor, die eine gewisse Trockenheit vertragen.

In nicht großer Entfernung von dem 3. Profil zweigt der Lehrpfad im spitzen Winkel nach rechts ab und mündet beim Suchpunkt 15 wieder auf den vom Steinkreuz kommenden Weg in Richtung Fürstenbrunnen.

WÖLLMISSE ÜBER DEM FÜRSTENBRUNNEN 15

B: Buchenwald / Pilze
Z: Fährten und Spuren

Rot-Buchen (*Fagus sylvatica*) bestimmen jetzt das Bild. Hoch hinauf erheben sich die schlanken, grauen, glatten Stämme, die sich in ein breites dichtes Kronendach verzweigen. Nur an aufgelichteten Stellen dringt etwas mehr Licht bis zum Boden.
Oberhalb des Weges fällt zunächst wegen seiner geringen Bodenbedeckung und eigenartigen Zusammensetzung ein Waldtyp auf, der die Trauben-Eiche als Mischholzart enthält. Dieser **Hainsimsen-Buchen-Wald** (Luzulo-Fagetum) stockt auf Muschelkalk, der aber von einer Lößdecke überzogen ist. Das ursprünglich staubfeine gelbliche, kalkreiche, während der Eiszeiten abgelagerte Material ist bereits verlehmt und weitgehend entkalkt, weswegen sich hier auch säureliebende Arten, wie Wiesen-Wachtelweizen (*Melampyrum pratense*), ein Halbschmarotzer, und vor allem die Blaubeere (*Vaccinium myrtillus*) ansiedeln konnten. Kennzeichnend für diese Waldgesellschaft auf der Wöllmisse ist auch die Stein-Beere (*Rubus saxatilis*), weiterhin wären Wald-Reitgras (*Calamagrostis arundinacea*), die Hainsimsen (*Luzula pilosa, L. luzuloides*), die Berg-Platterbse (*Lathyrus linifolius*) und Wald-Frauenfarn (*Athyrium filix-femina*) zu nennen. Direkt an der Kreuzung zeigen Wald-Ziest (*Stachys sylvatica*), Kriechender Günsel (*Ajuga reptans*), Wald-Segge (*Carex sylvatica*) und Knotige Braunwurz (*Scrophularia nodosa*) frischen bis feuchten Boden an. Wiederum andersartige Verhältnisse herrschen an dem sanft geneigten Oberhang. Die Bodenflora dieser **Waldgersten-Buchenwälder** (Hordelymo-Fagetum) ist wieder reicher und ähnelt der der Eichen-Wälder. Nur der Gemeine Efeu (*Hedera helix*), der meist dem Boden aufliegt und nur selten einmal an Baumstämmen emporklettert, und die Wald-Haargerste (*Hordelymus europaeus*) sollen noch erwähnt werden.
Unweit von hier, am Hang über dem Fürstenbrunnen, wächst in einem wärmeliebenden Eichen-Mischwald die **Berg-Distel**. Von hier schickte der Bauernbotaniker DIETRICH aus Ziegenhain die seiner Meinung nach unbekannte Pflanze an den schon zu Lebzeiten weltbekannten Botaniker und Systematiker Carl von LINNÉ (1707-1778) nach Schweden, der sie nach diesen Belegexemplaren als *Carduus defloratus* beschrieb. Demzufolge ist dieser Fundort auch als „locus classicus" zu bezeichnen.

In günstigen Jahren locken die Wälder der Wöllmisse auch Pilzsammler an, wobei die Laubwälder über Muschelkalk allerdings nicht unbedingt zu den beliebtesten Pilzrevieren der Jenaer gehören.
Pilze werden traditionell als "chlorophyllfreie Pflanzen" bezeichnet, obwohl das nicht korrekt ist. In der Tat fehlt ihnen der Farbstoff der grünen Pflanzen, weshalb sie nicht in der Lage sind, wie diese organische Verbindungen aus dem anorganischen Kohlendioxid herzustellen (autotrophe Ernährung). Sie sind auf organische Substanz angewiesen, von der sie sich im wesentlichen ernähren (**heterotrophe Ernährung**). Pilze spielen deshalb zusammen mit Bakterien eine wichtige Rolle im Kreislauf der Natur, indem sie ihre Nährsubstrate, zumeist tote pflanzliche und tierische Rückstände, zersetzen und organische Materie wieder in anorganische zurückverwandeln.

Im Stammbaum der Organismen besteht **keine nähere Verwandtschaft zu den Pflanzen**, von denen sie sich außerdem durch das Fehlen von Zellulose in den Zellwänden unterscheiden. Die Zellwand der Pilze enthält u.a. Chitin, was sie den Tieren vergleichbar macht. Mangelnde Bewegungsfähigkeit ist aber nur eines von mehreren Merkmalen, das Pilze von den Tieren trennt. Pilze werden deshalb heute in der Biologie als **eigenes Reich** neben denen der Pflanzen und Tiere geführt.

Man darf bei Pilzen nicht nur die großen und auffälligen Fruchtkörper des Waldbodens im Auge haben. Der eigentliche pilzliche Organismus besteht aus mikroskopisch dünnen Fäden, die das Substrat durchziehen, den sog. **Hyphen**. Schier unüberschaubar ist auch die Zahl mikroskopischer Klein- und Schimmelpilze sowie Hefen, die im Boden, in der Streu, im Holz und auf allen nur denkbaren Nährsubstraten gedeihen, diese zersetzen und so gelegentlich als Schädlinge in Erscheinung treten. Andererseits bringen die vielfältigen biochemischen Eigenschaften der Pilze dem Menschen seit Urzeiten auch großen Nutzen, wenn man an die Herstellung von Nahrungs- und Genußmitteln (Käse, Wein ...) oder Medikamenten (Penicillin) denkt.

In guten Pilzjahren sind die Buchen- und Eichen-Hainbuchen-Wälder der Wöllmisse während der Saison voll mit Pilzen. Neben saprophytischen Bodenbewohnern sowie Streu- und Holzzersetzern ist besonders eine Gruppe zu erwähnen, deren Hyphen die Wurzeln der Waldbäume eng umspinnen. Diese Lebensgemeinschaft aus Pilz und Baum heißt **Mykorrhiza** und bringt beiden Partnern Vorteile. Ja, ein Wachstum unserer Waldbäume ohne pilzliche Partner wäre gar nicht möglich. Ab einem bestimmten Lebensalter brauchen die Bäume die Pilze, um weiterwachsen zu können.

Die bekanntesten **Speise- und Giftpilze** gehören zu den Mykorrhizapilzen, wobei von diesen nur ein Bruchteil auf der Wöllmisse regelmäßig anzutreffen ist. Steinpilze, Pfifferlinge oder Maronen sind hier sehr selten. Stattdessen kommen zahlreiche andere, wenig bekannte Arten häufig vor, darunter auch eine Reihe von Giftpilzen. Auch den Grünen Knollenblätterpilz, die giftigste einheimische Art, kann man hier finden. Wer also auf der Wöllmisse und überhaupt im Muschelkalkgebiet Pilze sammelt, sollte entweder selbst ein guter Pilzkenner sein oder sich der Hilfe eines Spezialisten versichern.

Z Bevor wir in das Tal hinabgehen, wollen wir auch noch die Tierwelt der behandelten Wälder betrachten. Ein leises Zirpen verrät uns die Anwesenheit der Schwanzmeise* (*Aegithalos caudatus*), deren kugeliges Nest aus Moos, Rinde und Flechten mit seinem seitlichen Einflugloch wir in der Astgabel eines Laubbaumes finden können. Von den charakteristischen Brutvögeln des Laubwaldes seien noch der Trauerschnäpper* (*Muscicapa hypoleuca*), der Waldlaubsänger (*Phylloscopus sibilatrix*), der Kleiber* (*Sitta europaea*), die Kohlmeise* (*Parus major*) sowie die Blaumeise* (*Parus caeruleus*) erwähnt.

Sollten wir unter einem Baum viele Kiefernzapfen mit Bearbeitungsspuren finden, so haben wir eine **Spechtschmiede** vor uns. Der Buntspecht* (*Dendrocopos major*) klemmt sich an dafür geeigneten Spalten in Bäumen die Kiefernzapfen ein, um anschließend die Samen herauszuhacken. Da derartige Stellen über einen längeren Zeitraum regelmäßig aufgesucht werden, kommt es zu dieser Anhäufung von Zapfen. Meist befindet sich noch einer in der Spalte, da der Buntspecht* den alten Zapfen erst herauswirft, wenn er mit einem neuen angeflogen kommt.

Nur wer sich in den frühen Morgen- oder späten Abendstunden still am Waldrand aufhält, wird Rehe (*Capreolus capreolus*) beobachten können. Ihre Anwesenheit verraten sie durch die Plätzstellen. Besonders stark plätzt der Bock vor und während der Blattzeit (Paarungszeit). Er schlägt dabei mit dem Vorderlauf einen 30x50 cm großen Fleck am Boden frei. Häufig kann man in der weichen Erde dann auch das Trittsiegel des Rehbockes erkennen oder an einem benachbarten Busch eine Fegestelle.

Vielfach werden sich die größeren Bewohner des Waldes durch ihre scheue Lebensweise vor uns verbergen. Ein leichter Neuschnee hilft uns jedoch weiter, wenn wir es verstehen, die **Fährten** und **Spuren** richtig zu deuten. Unter Fährten versteht der Jäger die Folge von Tritten des Schalenwildes und unter Spuren die des schalenlosen Wildes, des sog. Niederwildes (Abb. 72). Die sichelförmig gebogenen Afterklauen, durch die selbst die Fährte noch schwacher Wildschweine (*Sus scrofa*) sicher von Rehfährten zu trennen ist, verrät uns die Anwesenheit dieses Wildes. Größere, wie aufgegraben wirkende Bereiche zeigen uns ferner an, daß sie hier nach Eicheln oder Engerlingen gesucht haben. Auch der Dachs (*Meles meles*) sticht mit großen scharfbekrallten Pranken kleine Gruben aus, um an den Honig von in der Erde lebenden Wespen zu gelangen, oder er wühlt gelegentlich bei der Verfolgung einer Maus die lockere Spreu mit der Nase auf, doch wird dabei niemals der Boden so umgebrochen wie vom Wildschwein.

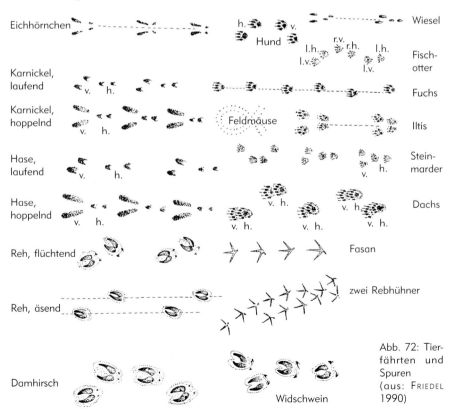

Abb. 72: Tierfährten und Spuren (aus: FRIEDEL 1990)

*In einem Tal bergab führt jetzt unser Lehrpfad. An den Hängen stockt ein stark durchforsteter **Seggen-Buchenwald** (Carici-Fagetum), die Oberhänge tragen Kiefernwald. Eine Reihe Eschen säumt rechts den Weg, dann mündet die Kernberghorizontale von der Diebeskrippe her kommend von rechts ein, und nicht viel weiter sind wir im Pennickental an einem alten Wegestein (mit Hinweisen nach Jenaprießnitz, Großlöbichau und Wöllnitz) in unmittelbarer Nachbarschaft des Fürstenbrunnens.*

16 FÜRSTENBRUNNEN

H: Denkmal Fürstenbrunnen / JOHANN FRIEDRICH I., der Großmütige
W: Quellfassung, Bachlauf
Z: Quelle, Tiere
B: Traubenkirschen-Erlen-Eschen-Wald / Wasser- und Sumpfpflanzen / Bestäubung – Befruchtung / Gleitfallenblume des Aronstabes;

H Im Fürstenbrunnen tritt das an der Hangendgrenze des Röts gestaute Muschelkalkwasser als periodisch schüttende, gefaßte Quelle des Pennickenbaches aus (die Eigenart des früher weit verbreiteten Wöllnitzer Weißbieres wird auf das Quellwasser von der Röt/Muschelkalkgrenze zurückgeführt). Der vormalige „Bonikborn" erhielt den Namen **Fürstenbrunnen**, nachdem hier Kurfürst JOHANN FRIEDRICH I., der Gründer der Jenaer Universität, am **24. September 1552** nach der Entlassung aus kaiserlicher Gefangenschaft von Bürgern und Studenten der Stadt **empfangen** worden war.

JOHANN FRIEDRICH I., der Großmütige, (*1503 Torgau, † 1554 Weimar; 1532-1547 Kurfürst, 1547-1554 Herzog von Sachsen), war gemeinsam mit PHILIPP von Hessen Anführer des 1530 gegründeten Schmalkaldischen Bundes, dem sich die Mehrheit der protestantischen Fürsten anschloß. Als 1546 der katholische Kaiser KARL V. . kriegerisch gegen die Protestanten vorging, führte JOHANN FRIEDRICH das Bundesheer, das 1547 in der Schlacht bei Mühlberg an der Elbe eine vernichtende Niederlage erlitt. JOHANN FRIEDRICH wurde kaiserlicher Gefangener und verlor mit der Kurwürde auch große Landesteile. 1552 wurde der Gründer der Jenaer Universität aus der Gefangenschaft entlassen und hier empfangen.

W Inschriften von Johann STIGEL (von 1554), Professor der Beredsamkeit, sowie von Freiherrn von ZIEGESAR auf Drackendorf künden von dem Ereignis (die erste, nicht mehr erhaltene Schrifttafel fertigte 1554 der Jenaer Steinmetz Merten HEYNISCH an). ZIEGESAR erwarb das Grundstück von einem Wöllnitzer Bauern. Als Kurator der Universität und Freund GOETHES, der oft in Drackendorf zu Besuch war, ließ er 1832 die Einfassung von 1554 erneuern und die Höhle ausbessern. Im Jahre 1973 wurden, nachdem Teile der Mauer und des Gewölbes inzwischen eingefallen und die Schrifttafeln verwittert waren, unter Leitung von L. LEPPER die gesamte Brunnenstube von einer Studentengruppe neu aufgebaut und die von dem Jenaer Steinmetz Otto KRAMER gefertigten Platten mit den Inschriften angebracht. 1998 legten die Mitarbeiter des Internationalen Bundes für Sozialarbeit e. V. das Sitz- und Aussichtsplateau auf dem Dach der Brunnenstube an.

Die Inschriften lauten (Übersetzung von Dr. M. Simon):

Fontis ad huius aquam frigus captabat in aestu
Saxoniae Elector, Mystaque, Christe, tuus.
Tu fons justitiae verae fons vive salutis,
Saxoniae salvos, Christe tuere Duces!
M D L I V

Hier an dem Wasser des Quells fand an heißem Tage Erquickung
Sachsens Kurfürst, der Dir Christus in Frömmigkeit dient,
Du, der Gerechtigkeit Quell, wahren Heiles lebendiger Brunnen,
Christus, beschirme den Stamm sächsischer Fürsten hinfort.
> *Johann Stigel 1515-1562*
> *1. Rektor der Jenaer Hochschule*
> *gedichtet anläßlich des Todes des*
> *Gründers der Universität 1554*

Principis his fons est, fidei tutoris et artis,
Caesaris e vinclis quum rediisset, amor.
Auspicem enim reducem celebrans academia votis
Laeta salutaret fontis ad huius aquas.
Antiquum vallis nunc instauravit honorem,
Muneris et fundi quem meminisse decet.
M D C C C X X X I I

Dies ist der Fürstenbrunnen, dem Schirmherren des Glaubens
und Wissens teuer, als heimwärts er zog frei aus des Kaisers Gewalt.
Ihrem Gründer entbot bei der Rückkehr feiernden Willkomm
hier an dem Wasser des Quells freudig die Akademie.
Jetzt hat den früheren Ruhm des Tales einer erneuert,
dem nach Amt und Besitz solche Erinnerung ziemt.
> *Anton Freiherr von Ziegesar 1783-1843*
> *Freund Goethes in Drackendorf und*
> *Kurator der Universität Jena.*
> *Erneuerer des Fürstenbrunnens 1832*

Bei besonders starker **Quellschüttung**, z.B. im Frühjahr nach der Schneeschmelze lohnt Z
es sich, am Fürstenbrunnen gleich unterhalb des Rohres im Bach nach dem Höhlenkrebs
(*Niphargus*) zu suchen. Er gehört wie der Bachflohkrebs zu den Flohkrebsen (Amphipoda).
Von ähnlicher Gestalt, ist er jedoch völlig farblos und blind (Abb. 73).
Der Höhlenkrebs bewohnt die unterirdischen Spalten- und Lückensysteme, aus denen er
gelegentlich herausgespült wird. Gleich unterhalb der Quelle, im wasserdurchtränkten
Laub, lebt der Schnellschwimmer (*Agabus bipustulatus*), ein 10 mm großer Schwimm-
käfer.

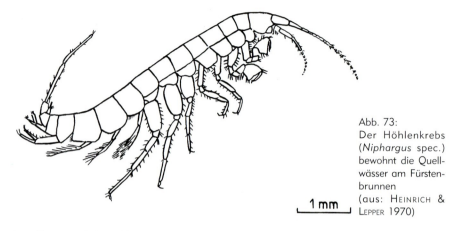

Abb. 73:
Der Höhlenkrebs (*Niphargus* spec.) bewohnt die Quellwässer am Fürstenbrunnen
(aus: HEINRICH & LEPPER 1970)

Im stillen winterlichen Wald, in dem wir nur gelegentlich das Zirpen eines Meisenschwarmes oder das Rätschen eines erschreckten Eichelhähers* (*Garrulus glandarius*) vernehmen, werden wir auf der Schneedecke einige Insekten beobachten können. Kleinen dunklen Punkten gleichen die hüpfenden Vertreter der Springschwänze (Collembola). Als typische **Schnee-Insekten** erscheinen der Winterhaft (*Boreus hyemalis*) und die Schneefliege (*Chionea araneoides*). Beide Arten sind hier selten, kommen aber schon im Thüringer Wald häufiger vor.

B Die günstigen Feuchte- und Nährstoffverhältnisse im Grund bedingen die Ausbildung einer besonderen Waldgesellschaft. Solche **Traubenkirschen-Erlen-Eschen-Wälder** (Pruno padi-Fraxinetum) bedeckten früher die Bachauen, heute sind sie nur noch in Resten vorhanden. Die Esche (*Fraxinus excelsior*) bildet zusammen mit der Sommer-Linde (*Tilia platyphyllos*) und dem Berg-Ahorn (*Acer pseudoplatanus*) die Baumschicht. Die kräftigen Roßkastanien (*Aesculus hippocastanum*), die am Wegrand stehen, sind Fremdlinge in unserer Flora und wie alle diese bei uns vorkommenden Bäume angepflanzt oder von solchen verwildert.

Abb. 74: Bachbegleitende Gehölzbestände am Pennickenbach bei reicher Quellschüttung unterhalb des Fürstenbrunnens (Foto: R. BEYER 1980)

In der Strauchschicht stehen Schwarzer Holunder (*Sambucus nigra*), Wilde Stachelbeeren (*Ribes uva-crispa*), beides stickstoffliebende Arten, und Jungwuchs der Bäume. Die über einen Meter hoch werdende **Tollkirsche** (*Atropa bella-donna*), die hin und wieder im Bestand wächst, ist ein **giftiges Kraut**, dessen Alkaloide pharmazeutische Bedeutung haben. Von der pupillenerweiternden Wirkung des Atropins hat die Pflanze den Namen bella donna (italienisch: schöne Frau). Den Boden bedeckt ein dichter Teppich von Zaun-Giersch (*Aegopodium podagraria*) und Wald-Bingelkraut (*Mercurialis perennis*), einem Wolfsmilchgewächs ohne Milchsaft. Die Haselwurz (*Asarum europaeum*), dieses Osterluzeigewächs kennen wir schon aus den Eichen- und Buchenwäldern, besitzt zentimetergroße braune Blüten, die dem Erdboden aufliegen und meistens vom Laub verdeckt sind. Sie werden von Käfern und Ameisen bestäubt.

Die skizzierten Verhältnisse gelten vornehmlich für den oberen Teil des Bestandes, im unteren Abschnitt ist der Boden durch das abfließende Quellwasser wesentlich feuchter. Zu mancher Zeit steht das Wasser über 5 cm hoch. Da lohnt es sich auch, zu dem kleinen **Weiher** vor dem Wald zu gehen. Von Mai bis September ist die Wasseroberfläche von den 3-5spaltigen Schwimmblättern und zahlreichen weißen Blüten des Gemeinen Wasserhahnenfußes (*Ranunculus aquatilis*) bedeckt, dessen Unterwasserblätter in haarfeine Zipfel zerteilt sind. Doch auch in trockenen Jahren ermessen wir am Vorkommen der Roß-Minze (*Mentha longifolia*), von Kohl-Kratzdistel (*Cirsium oleraceum*), der Bachbunge (*Veronica beccabunga*) und der Sumpf-Segge (*Carex acutiformis*) den Feuchtegang im Boden. Im Sommer leuchten am Waldsaum die gelben Blütenstände des aus südlichen Gefilden eingeschleppten Kleb-Salbeis (*Salvia glutinosa*), der über und über mit klebrigen Drüsenhaaren bedeckt ist.

In den frisch-feuchten Wäldern um den Fürstenbrunnen treffen wir auch auf den Gefleckten **Aronstab** (*Arum maculatum*). Seine im Herbst weithin leuchtenden, roten Fruchtstände zeugen von der im Frühjahr erfolgreich stattgefundenen **Bestäubung** und **Befruchtung** der Blüten, die auf ganz besondere Weise erfolgen. Der Blütenstand des Aronstabes bildet eine regelrechte Gleitfalle für die Bestäuber aus. Die zentrale, von einem grünen Hochblatt (Spatha) umgebene Blütenstandsachse (Spadix) trägt an ihrer Basis die eingeschlechtlichen, nackten Blüten, und zwar zuunterst die weiblichen und darüber die männlichen. Zwischen den weiblichen und den männlichen und über den männlichen Blüten steht jeweils ein Kranz von kräftigen borstenförmigen „Haaren", die durch Umwandlung männlicher Blüten entstanden sind. Nach oben setzt sich die Blütenstandsachse in eine purpurviolette Keule fort. Sie ragt aus dem an der Basis kesselartigen, geschlossenen, grünen Hochblatt heraus. Der obere Teil des Hochblattes ist zur Blütezeit der Länge nach weit geöffnet und verengt sich nach unten genau über der Stelle, wo sich der obere Kranz der sterilen Blüten befindet, zu einem kurzen Halsabschnitt. Die leicht abwärts gerichteten Borsten schließen somit als Sperrkranz den bauchig erweiterten un-

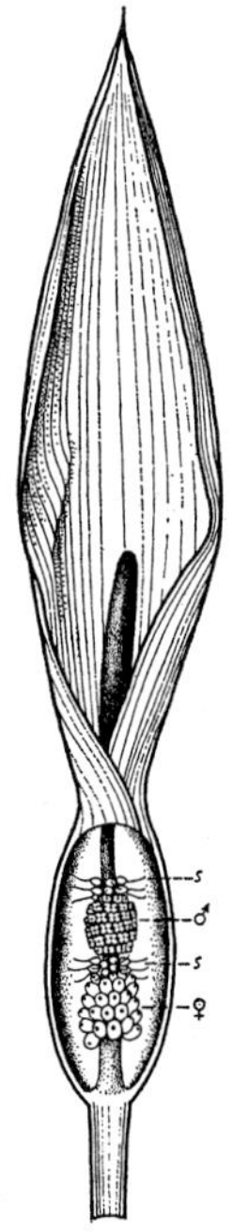

Abb.75: Gleitfallenblume des Aronstabes (*Arum maculatum*; Entwurf: L. LEPPER)
♂ - männliche Blüten; ♀ - weibliche Blüten; s - borstenförmige sterile Blüten

teren Teil des Hochblattes nach oben ab. Die ganze Innenseite des Hochblattes, die Keule und auch die Reusenhaare sind mit abwärts gerichteten Papillen versehen, die mit feinen Öltröpfchen überzogen sind. Auf diese einfache, doch wirksame Weise wird der ganze Blütenstand für die angelockten Insekten zu einer tückischen Falle: Am ersten Tage, nach dem Öffnen des grünen Hochblattes, entströmt der Keule ein intensiver, harnähnlicher Geruch. Die dadurch angelockten Fliegen und Käfer, die sich auf der Innenwand des Hüllblattes oder auf der Keule niederlassen wollen, finden auf dem ölig-glatten Grund keinen Halt und stürzen, wenn sie nicht zu groß sind, durch den Sperring in den Kessel. Zu dieser Zeit sind die Narben bereits empfängnisbereit und können mit dem mitgebrachten Pollen aus einem vorangegangenen Besuch bestäubt werden. Die glatte und ölige Oberflächenbeschaffenheit des Kessels und der Sperrhaare lassen die Insekten nicht entkommen. Sie werden bis zum nächsten Tag in ihrer unfreiwilligen Gefangenschaft gehalten und lediglich mit etwas Nektar dafür entschädigt. In der Nacht platzen die Staubbeutel und stäuben ihren Pollen auf die umherkriechenden Kesselinsassen. Gleichzeitig welken die Narben, so daß es nicht zur Selbstbestäubung kommen kann. Am zweiten Tag sendet die Keule keinen Geruch mehr aus, wodurch die Anlockung weiterer Insekten aufhört. Die glatte Wandung schrumpft, und die Reusenhaare welken, so daß nun endlich die mit Pollen beladenen Insekten an der Keule emporklettern und ins Freie gelangen können – um bald Opfer der nächsten Falle zu werden. Nach erfolgter Bestäubung wachsen die Pollenschläuche von der Narbe durch den Griffel in den Fruchtknoten, und dort kommt es in den Samenanlagen zur Befruchtung der Eizelle. Aus jeder befruchteten Blüte des Blütenstandes entsteht eine zur Reife rote Beere.

Nachdem wir den Geheimnissen der Fortpflanzung auf der Spur waren, setzen wir unsere Wanderung fort. Vom Fürstenbrunnen gelangen wir über eine Holzbrücke und weiter durch das Eschenwäldchen auf den breiten Fahrweg, dem wir abwärts in das Pennickental folgen. Rechts des Weges, etwa 80 bis 100 m nach dem Waldrand, sind nacheinander zwei Aussichtspunkte, von denen man einen instruktiven Einblick in die bereits erwähnten Ablagerungen der Travertine hat.

17 TRAVERTIN (KALKTUFFE)

G: Travertinbildung, Fossilien
H: Siedlungsgeschichte;
N: Arten-und Biotopschutz, Biotop-Pflege, Sukzession

G In den Kalkgebieten Thüringens sind **Travertinablagerungen** nicht außergewöhnlich, doch selten so instruktiv wie im Pennickental: Das kalkreiche Wasser des Fürstenbrunnens hat im Pennickental auf etwa 3 km Länge stellenweise 50 bis 70 m breite und bis über 12 m mächtige Travertine abgesetzt. Durch zufällige Hindernisse im Bachbett, wie Baumstämme, Äste, Gesteinsblöcke oder Schutt aus den Seitentälern bildeten sich etwa 6 Kalkbarrieren, über die das Wasser kaskadenartig abfloß. In Staubereichen oberhalb der Barrieren entstand lockerer Travertin (vgl. Kap. I/4, S. 17). All das, was vom Wasser überflossen wurde – dichte Pflanzenrasen, Astwerk, umgestürzte Baumstämme, Moospolster und Laub – wurde dabei mit dicken Kalkkrusten überzogen und in seiner Struktur konserviert (Abb. 76, S. 140 u. 82, S. 145).

Während in den festen Travertinen zahlreiche Pflanzenabdrücke zutage treten, sind die lockeren Bildungen durch die zuweilen massenhaft vorkommenden Reste der häufigsten Talbewohner, der Schnecken, gekennzeichnet. Ihre Schalen wurden an Ort und Stelle im Sediment eingebettet oder vom Wasser zusammengetragen. Sie stammen von den Talhängen, dem Talboden oder aus den Wasseransammlungen selbst. Der Paläontologe benutzt sie gemeinsam mit den Pflanzenresten, um die Klima- und Vegetationsentwicklung im Holozän zu rekonstruieren. Der älteste Travertin enthält Reste von kleinblättrigen Weiden und Kiefern, nach oben folgen Pappel und vereinzelt Ulme. In 10 m Tiefe überwiegen Linde und Hasel, zwischen 8 und 4 m bestand ein Eichenmischwald, der nach oben von Buchen abgelöst wurde. An Tieren sind u.a. Bär, Biber, Rothirsch und Wildrind nachgewiesen.

Der unterste Travertin bildete sich in einer auf die späteiszeitlichen Tundren folgenden relativ kühlen Phase vor etwa 10.000 Jahren. Mit der allmählichen Erwärmung wanderten Pappel und Ulme ein. Die Hauptmasse der Travertine entstand vor etwa 6.000 Jahren, als die Jahresmitteltemperatur etwa 3 bis 4 °C über der heutigen lag. Zu dieser Zeit lebten im Pennickental einige wärmebedürftige Tier- und Pflanzenarten, die heute nicht mehr vorkommen. Ihre Reste sind im Travertin eingeschlossen, z.B. vom Hirschzungen-Farn (*Phyllitis scolopendrium*) und von einer kleinen Schnecke (*Truncatellina strobeli*), die sonnige, warme Hänge liebt und gegenwärtig in Europa nur südlich der Alpen vorkommt. Der Rückgang der Eichen- bei einer gleichzeitigen Zunahme der Buchenblätter belegt im obersten Travertin eine Klimaänderung hin zu einem feuchteren, kühleren Klima.

An frischen, hellgelben Wänden der Aufschlüsse fallen schmale, graue Humusbänder auf, die mehr oder weniger weit durchlaufen. Es handelt sich mindestens z.T. um begrabene Böden, d.h. alte Oberflächen, die in besonders trockenen Abschnitten der Vergangenheit entstehen konnten, als die Travertinbildung nachließ oder ganz aufhörte. Die beiden obersten dunklen Bänder sind mächtiger und stellen die Decke der massiven Kalkausfällungen dar. Sie waren vor 3.300-2.800 Jahren von Mitgliedern der **thüringischen Unstrutgruppe** der **Bronzezeit** dicht besiedelt. So konnten 1953 aus einer urgeschichtlichen Abfallgrube der östlichsten Brüche eine große Terrine, ein eiförmiger Topf, ein Henkelkumpf, eine Henkeltasse, die Reste eines Schulterbechers, das Randstück eines Schmelztiegels und ein Webstuhlgewicht, sämtlich aus Ton, geborgen werden (Abb. 77). Alte, unsystematisch erhobene Funde aus verschiedenen Brüchen umfassen Scherben von Terrinen mit Trichter- oder Zylinderhals, Warzenbuckeln oder Kanneluren, von einer Schulterwulstamphora, von Schulterbechern mit senkrechten Kanneluren oder Rillen, schrägen Rillen und Warzen, Schüsseln mit unterschiedlicher Randbildung, die außen mit Schlick gerauht sind, Schalengefäßen, die gelegentlich innen verziert sind, Schalen mit schmaler Schulter, S-förmig geschweiften Schalen, z.T. mit facettiertem Rande, gewölbten Näpfen mit und ohne Henkel, Henkeltassen mit Dellboden, eiförmigen Rauhtöpfen, Vorratsgefäßen mit Tupfenleiste oder -reihe, trichterförmigen Siebgefäßen, dazu einen zweiten Tiegelrand und weitere Webstuhlgewichte.

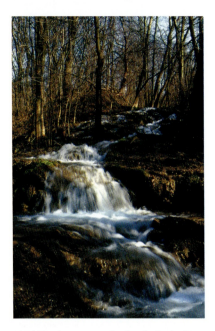

Abb. 76: An wenigen Stellen fließt der Pennickenbach kaskadenartig talwärts (Foto: F. JULICH 1997)

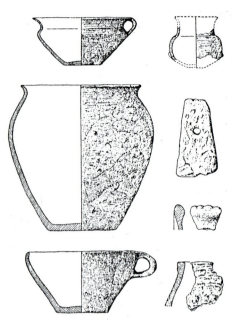

Abb. 77: Bronzezeitliche Funde aus einer Abfallgrube im Pennickental (aus: HEINRICH & LEPPER 1970)

An Felsgeräten liegen vor: Bruchstücke von drei fünfkantigen Axthämmern, zwei Keulenköpfe und der Unterstein einer Schiebemühle; an Feuersteingeräten: zwei Pfeilspitzen; an Geweihsachen: das Schädeldach eines Rothirsches, dessen Stangen über den Rosenstöcken abgeschnitten sind, ein oben und unten abgesägter Rosenstock, ein abgeschnittenes Geweihende, ein vielkantig zugeschnitztes Stangenstück und ein Axthammer mit rundem Schaftloch; an bearbeiteten Knochen: eine Nähnadel und zwei Pfeile.

Besondere Beachtung verdient der linke aufsteigende Ast eines menschlichen Unterkiefers, der an der Bruchkante abgerundet worden ist und auf der Außenseite zwei konzentrisch eingeritzte Punktkreise unter einem stehenden Winkel trägt; denn es handelt sich um ein einzigartiges Amulett (Abb. 78).

Die Ausbeute an Bronze ist gering: Sie besteht in einem Drahtring von 5,4 cm Ø, einem Besatzbuckelchen, des-

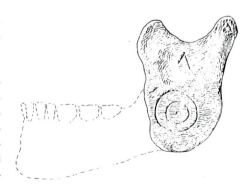

Abb. 78: Verzierter Unterkieferknochen vom Menschen als bronzezeitliches Amulett aus dem Pennickental (aus: HEINRICH & LEPPER 1970)

sen Haftzungen abgebrochen sind, und einem Klümpchen Bronze von 20 g Gewicht. Doch beweist das Bruchstück einer Gießform aus rötlichem Buntsandstein, das auf den Breitseiten je eine Vertiefung für einen breitflachen Ring zeigt, daß es mehr und bessere Bronze gegeben hat, vor allem aber, daß solche in der Siedlung hergestellt wurde. Erheblich tiefer als alle diese Funde kam im östlichen Bruche erst jüngst ein schwerer Axthammer aus Felsgestein zutage. Leider ist er zu uncharakteristisch, um sicher eingeordnet werden zu können. Wird dieses Stück älter sein als die Masse der Funde, so gibt es andererseits auch einige jüngere aus der **Ältesten Eisenzeit**, z.B. eine Scherbe mit Reliefverzierung. In einem Garten am Südostende des Pennickentales wurde eine Bronzemünze des römischen Kaisers ALEXANDER SEVERUS (222 - 235) und in einem Schurf unterhalb der Diebeskrippe Keramik des 14. Jhs. gefunden.

Jahrhundertelang wurde der **Travertin** des Pennickentals als sog. **Kalktuff genutzt** (s. Suchp. 19). Dadurch ist eine Reihe hintereinander liegender Brüche entstanden. Dieser Abbau wurde zuletzt bis 1960 durch die Jenaer Glaswerke SCHOTT & Gen. zur Gewinnung von eisenfreiem Kalk für die Herstellung von Spezialgläsern betrieben. Nach der Einstellung des Abbaues wurden die Abbauflächen teils mit Resten der Glasschmelze, mit Schlacke, Erde und Müll verfüllt, teilweise auch offengelassen, und die Natur holte sich die vegetationslosen Flächen zurück. Die Quelle am Fürstenbrunnen versorgt das Tal mit dem notwendigen Wasser, so daß sich eine Vielzahl kleiner Wasserläufe und periodisch mit Wasser gefüllter Kleingewässer entwickelte. In und an ihnen siedelte sich rasch eine bemerkenswerte Tier- und Pflanzengemeinschaft an, die anderenorts keine entsprechenden Lebensbedingungen fand. Dazu zählen die Wasserinsekten, wie Steinfliegen, Köcherfliegen und Libellen, die Froschlurche, wie Grasfrosch* und Erdkröte*, sowie die Schwanzlurche Bergmolch* und Teichmolch*.

Abb. 79: Die ehemaligen Travertinbrüche sind wertvolle Lebensräume - sie stehen als Flächennaturdenkmale unter Schutz (Foto: F. JULICH 1997)

Auch die Ringelnatter*, die Glattnatter* sowie die Zauneidechse* wurden im Gebiet häufig beobachtet, wie eine nicht geringe Zahl von Brutvögeln.
Zum Schutz dieser wertvollen Biotope wurde das Gebiet zwischen dem Fürstenbrunnen und der Ortschaft Wöllnitz 1990 noch nach dem DDR-Gesetz **unter Naturschutz** gestellt. Drei Schwerpunktbereiche wurden als drei zusammenhängende Flächennatur-

denkmale mit einer Gesamtgröße von 15 ha ausgewiesen. Damit wurden die schutzwürdigen Areale für den **Arten- und Biotopschutz** gesichert und weitere Beeinträchtigungen durch Vermüllung oder Nutzung als Gartenland unterbunden. Eingeschlossen ist aber auch ein Betretungsverbot. Wege führen nicht in die Brüche, und von Klettereien oder gar Grabungen sollte man aus Sicherheitsgründen absehen!

Biotopschutz ist aber ohne **Biotoppflege** nicht möglich, denn die Konservierung eines gewünschten Zustandes kann nur durch Verhinderung der fortschreitenden **Sukzession** mittels ständiger Pflegemaßnahmen erreicht werden. Diese Arbeiten, die bisher ehrenamtlich von engagierten jungen Naturschützern der ehemaligen Station Junge Techniker und Naturforscher, nach 1990 durch die Jenaer WWF-Jugendgruppe Panda-Ranger, durchgeführt wurden, konnten nunmehr von der Naturschutzbehörde unterstützt werden. Nach der endgültigen Beräumung von Müll und Resten der Abbaugerätschaften wurde mit einer systematischen und fachlich richtigen Pflege der unterschiedlichen Biotope begonnen. Im Mittelpunkt standen und stehen die Unterhaltung der stehenden Gewässer und Fließgewässer sowie die Freihaltung der Wiesenflächen von Gehölzen. Immer wieder eindringende und rasch wachsende Laubholzarten, wie Weide, Ahorn und Esche würden in wenigen Jahren durch die sich verändernden Licht- und Wärmeverhältnisse den Artenreichtum dieser Standorte zunehmend dezimieren und schließlich völlig verdrängen.

Auf dem Wiesenstreifen links des Weges blüht im Sommer der Klappertopf (Rhinanthus), ein Halbschmarotzer mit gelben Rachenblüten. Man muß allerdings genau hinschauen, um die Art sicher ansprechen zu können. Im Herbst erscheinen dann die violetten bzw. blauen Trichterblüten des Deutschen*- und Fransen-Enzians*. Das Tal abwärts kommen wir an eine Feuchtwiese. Nachdem der Fahrweg den verrohrten Pennickenbach quert, führt links ein Weg in das Wassertal hinauf, der weiter oben wieder auf den von der Horizontale kommenden zweiten Abschnitt des Lehrpfades stößt. Wir bleiben aber noch im Tal, denn unterhalb der freien Fläche am Waldrand befindet sich der nächste Suchpunkt

18 PENNICKENBACH AM WASSERTAL

B/Z: Feuchtwiesen / Bachsaumgesellschaften

B Die **Feuchtwiese** am Eingang zum Wassertal wird vor allem vom Kunigundenkraut (*Eupatorium cannabinum*), auch Wasserdost genannt, der Kohl-Kratzdistel (*Cirsium oleraceum*) und Wasser-Minze (*Mentha aquatica*) beherrscht. Stellenweise ist es dort ausgesprochen naß. Feuchtezeiger – die genannten Arten zählen dazu – herrschen vor. Man wird auch Großes Mädesüß (*Filipendula ulmaria*), Wald-Brustwurz (*Angelica sylvestris*) und größere Seggen (*Carex*) als Vertreter der Riedgrasgewächse (Cyperaceae) entdecken. Kohl-Kratzdistel und Brustwurz sind dabei die namengebenden Arten für solche Feuchtwiesen, die im vegetationskundlichen Schrifttum als Angelico-Cirsietum bezeichnet werden. Deratige Wiesen sind in den Bach- und Flußauen der Jenaer Umgebung nur noch in Resten vorhanden, weil entsprechende Standorte meist trockengelegt oder überschüttet worden sind. Auch insofern ist der oft kleinflächige Wechsel von naß-feucht zu trocken-warm im Pennickental von hoher ökologischer Bedeutung.

Unterhalb der freien Fläche bietet sich noch einmal Gelegenheit, die Zusammensetzung eines Waldes im Bachtal zu betrachten. Von solchen Beständen sind in der Jenaer Umgebung nur wenige erhalten. Wie am Fürstenbrunnen bilden alte Eschen und Ahorne die Baumschicht, Holunder, Hartriegel und das mit den auffällig zinnoberroten Früchten behangene Europäische Pfaffenhütchen (*Euonymus europaea*) die Strauchschicht. Unter den Bodenpflanzen fällt im Frühsommer der Gras-Lauch (*Allium scorodoprasum*) auf, an lichten Stellen wächst vereinzelt die Herbst-Zeitlose (*Colchicum autumnale*).

Z

Mit einer Vielfalt an Arten und Individuen kann uns das Restwäldchen auch ein Bild vom faunistischen Reichtum des Pennickentales vor seiner starken Veränderung durch den Menschen vermitteln. Nur der aufmerksame Beobachter wird die winzigen grünen **Zikaden** (Cicadina) und **Springschwänze** (Collembola), die durch einen raschen Sprung zu entgehen versuchen, entdecken. An **Asseln** leben hier die sehr kleinen Arten der Trichonisciden und größere, wie *Ligidium hypnorum*, *Protracheoniscus politus*, *Porcellium conspersum*, *Trachelipus ratzeburgi* und die Rollassel (*Armadillidium opacum*). Die beiden häufigen Unterklassen der **Tausendfüßer** (Myriopoda) sind durch die zu den Steinläufern (*Lithobius*) und Erdläufern (*Geophilidae*) gehörenden Hundertfüßer (Chilopoda) und die Doppelfüßer (Diplopoda) vertreten. Während die Hundertfüßer jeweils nur ein Beinpaar je Körpersegment besitzen, tragen die Doppelfüßer, wie es schon ihr Name verrät, zwei Beinpaare je Segment. Zu ihnen gehören die glänzenden Kugeln gleichenden Saftkugler (Glomeridae), die durch einen langen zylindrischen Körper ausgezeichneten Schnurfüßer (Julidae) sowie die Bandfüßer (Polydesmidae).

Aus der großen Zahl der **Spinnentiere** (Arachnidae) wären zuerst die eigentlichen Webe-Spinnen (*Aranea*) mit ihren 6 oder 8 Augen zu erwähnen. Zwei große scheinwerferartig nach vorn gerichtete Augen besitzen die Springspinnen (Salticidae). Acht Augen in drei Querreihen zeichnen die Wolfs-Spinnen (Lycosidae) aus, deren Weibchen häufig noch einen Kokon mit Eiern oder auch Jungspinnen mit sich herumtragen. Nur 1-3 mm lang sind die harmlosen Moos-Skorpione (*Neobisium*) mit zwei großen, krebsartig nach vorn getragenen Scheren, die ebenso wie die Weberknechte oder Kanker (Opiliones) an ihren vier Beinpaaren als Spinnentiere zu erkennen sind. Flach, mit kurzen Beinen erinnert der Brettkanker (*Trogulus*) eher an ein Stück Rinde als an einen Weberknecht.

Unter den zahlreichen **Schnecken** werden uns bis zu 15 mm lange, dunkle Tiere auffallen, die wir zuerst für Nacktschnecken halten. Bei näherer Betrachtung kann man jedoch noch ein kleines gelbbraunes Schildchen auf dem Rücken wahrnehmen. Es handelt sich um die Glas-Schnecke (*Semilimax semilimax*), deren Gehäuse nur noch als kleines Rudiment auf dem Rücken getragen wird, in das sich die Schnecke nicht mehr zurückziehen kann. Mitunter kann man neben einem Stein zahlreiche zerbrochene Gehäuse von Schnirkel-Schnecken (*Cepaea hortensis*) finden. Hier haben wir eine **Drosselschmiede** vor uns. Die Schalen sind von Singdrosseln* aufgehackt und die Schnecken aufgefressen worden. Sollte doch noch ein Rest nachgeblieben sein, so sorgt der häufige Aaskäfer

(*Phosphuga atrata*) für die Beseitigung. Hier im feuchten Wäldchen leben noch andere **Käfer**, wie der Lederlaufkäfer (*Carabus coriaceus*) und Gartenlaufkäfer* (*Carabus hortensis*), der goldkupfrige Grübchen auf den Flügeldecken besitzt sowie der uns schon bekannte Hainlaufkäfer (*Carabus nemoralis*). Eigenartige tischtennisballgroße, knaulartige Wucherungen, sog. „Schlafäpfel", verursacht die Rosengall-Wespe (*Rhodites rosea*) durch ihren Stich in die Rinde wilder Rosensträucher.

Aus dem dichten Wäldchen ertönt im Frühjahr das Lied der Nachtigall* (*Luscinia megarhynchos*), des Rotkehlchens* (*Erithacus rubecula*) und des Zaunkönigs* (*Troglodytes troglodytes*).

In kleinen Wasseransammlungen finden sich **Molche*** zum Ablaichen ein. Der Teichmolch* (*Triturus vulgaris*) mit großen dunklen Flecken auf der Bauchseite und einem schwachen Rückenkamm ist leicht vom Bergmolch* (*Triturus alpestris*) zu unterscheiden, dessen orange-gelblich gefärbter Bauch keine Fleckenzeichnung aufweist. Der Feuersalamander* (*Salamandra salamandra*) fehlt hier im Pennickental wie überall im Muschelkalkgebiet. Ihm kann man erst im Buntsandstein um Stadtroda/Hermsdorf begegnen. Die **Kriechtiere** sind durch die Zauneidechse* (*Lacerta agilis*) und die Ringelnatter* (*Natrix natrix*) vertreten.

Hinter diesem Wäldchen liegt gleich der nächste Travertinbruch. Vom Weg, an dessen Böschungen Gebüsche aus Feld-Ahorn, Hasel und anderen Gehölzen stehen, blickt man talabwärts in das Saaletal. In der Bachaue und auf Terrassenstufen sind Fettwiesen entwickelt, in denen wegen seiner großen blauen Blüten vor allem der Wiesen-Storchschnabel (*Geranium pratense*) auffällt. Der Bach selbst benutzt das durch die alten, aufgelassenen Brüche geschaffene künstliche Bett. Die verfallenen Wände und der überrieselte Grund sind von den verschiedenen Weiden bewachsen. Im Frühjahr bietet die Kätzchenblüte den Bienen erste Nahrung, und sie lockt, wie etwas später auch die Obstbaumblüte, die Wanderer in das Tal. Wiederum quert die Straße den Pennickenbach, der nun auf der rechten Seite tief unter uns durch einen alten Travertinabbau fließt.

19 PENNICKENBACH AM SCHAFSTALL

G: Travertin, Abbaugeschichte
L: Wiesenwirtschaft, Weide

G Jahrhundertelang wurde der **Travertin** des Pennickentals **genutzt** (Abb. 80, 81).

Urkundlich sind 1501 Fuhren von Travertin aus dem Pennickental nach Jena nachgewiesen. 1506 führten Geschirre 14 Tage lang Travertinsteine für Gewölbe zur Jenaer Stadtkirche. Die Steinbrecher Hans HUTER (1503/44 belegt) und Hans SCHWABE (1549/95 belegt) brachen Steine im Pennickental. In der ersten Hälfte des 16. Jhs. erwähnen die Weimarer Schloßbaurechnungen einen Transport von Travertin aus dem Pennickental für leichte Zwischenwände des Weimarer Schlosses. Nach der wichtigsten Verwendung des Materials trug der zweite Bruch unterhalb des Fürstenbrunnens den Namen Hartplattenbruch.

Abb. 80: Travertinwand im unteren Pennickental (Foto: G. WEISE)

Abb. 81: Ehemals wurde der gebrochene Travertin auf Loren aus den Brüchen transportiert (Foto: W. HEINRICH 1960)

Abb. 82: Blattabdrücke von Linde und Eiche im Travertin des Pennickentales (Foto: L. LEPPER)

Die in der Literatur mehrfach wiederholte Behauptung, die Jenaer Stadtmauer sei aus Travertin des Pennickentales errichtet, beruht wohl auf einem Irrtum. Die gegenwärtig zugänglichen Reste der Stadtmauer enthalten praktisch keinen Travertin.

Ab dem Ende des 19. Jhs. wird in Jena zunehmend älterer Travertin-Werkstein aus Weimar-Ehringsdorf eingesetzt, die abbauwürdigen Vorkommen im Pennickental waren erschöpft.

Die 1912 als Tuffkalkwerk gegründeten Göschwitzer Kalk- und Ziegelwerke GmbH (nicht zu verwechseln mit der 1886 gegründeten Sächsisch-Thüringischen Portland-Cement-Fabrik PRÜSSING & Co. KG in Göschwitz) brannten in Burgau östlich des Bahnhofs Göschwitz (heute Stadtwerke Jena) Travertin. Die Errichtung eines im Pennickental geplanten Travertinkalkwerkes konnte der „Heimatschutz" um 1922 verhindern. Statt dessen wurde zum Abtransport des Travertins und des ebenfalls verwendeten Unteren Muschelkalkes vom Hang des Fränkelsgrundes nach Burgau eine Seilbahn gebaut. Die hochgesteckten wirtschaftlichen Erwartungen konnte das Werk nicht erfüllen. Zwar erwarb 1926 bei einer Zwangsversteigerung der Kaufmann Max LISDORF, Geschäftsführer einer Baustoffgesellschaft in Jena, das Werk für 100.000 RM, doch bereits 1928 mußte der Betrieb infolge Konkurses eingestellt werden. 1930 kaufte Karl KAEMPFE, Besitzer des Kalkwerkes in Weimar-Ehringsdorf, das Göschwitzer Unternehmen. Das 1937 stillgelegte Werk nahm im Mai 1947 vorübergehend wieder die Kalkherstellung auf. Seit 1922 wurden Travertin und Kalkstein in einem Ringofen gebrannt, 1925 kam zur Verwertung des kleinstückigen Kalksteins ein Doppelschachtofen dazu, der im ehemaligen Werksgelände in Burgau noch erhalten und als **Technisches Denkmal** eingestuft ist. Um 1925 war ein aus Travertin des Pennickentals hergestellter weißer Fugenmörtel in Thüringen sehr beliebt. Außerdem erzeugte der Göschwitzer Betrieb Graustückkalk zum Bauen und Düngen, Kalksteinschotter der Körnung 50-80 mm und Kalktuffsteine (Luftbacksteine).

Zur **Produktion von Kalktuffsteinen** wurde lockerer, leicht zerfallender oder zerstampfter Travertin zum Entfernen grober Beimengungen geschlämmt, gleichmäßig geknetet, 24 Stunden gelagert und anschließend mit Handpresse oder Formkasten zu Steinen im Ziegelformat geformt. Für ca. 1.000 Steine waren 2,5 m³ Kalktuff erforderlich. Die oberflächlich abgetrockneten Steine setzte man in Haufen oder brachte sie in Trockenschuppen. Die Verwendung erfolgte zumeist erst im Frühherbst, wenn die Steine ausreichend getrocknet waren. Herstellung der Masse und Formen der Steine geschahen um 1890 im Akkord, die durchschnittliche Tagesproduktion eines Arbeiters betrug ca. 800 Stück. Besonders geschickte Arbeiter erreichten bei einer Übernahme der Nebenarbeiten durch Frauen und Kinder bis 1.200 Stück täglich. Um 1880 zahlte man für die Herstellung von 1.000 Steinen einschließlich des Verladens 5 Mark. Träger des Abbaues waren im 19. Jh. wesentlich die bäuerlichen Grundeigentümer. Die Herstellung begann im allgemeinen nach der Frühjahrsbestellung und bildete eine wichtige Nebeneinnahme der ländlichen Bevölkerung.
Die Kalktuffsteine fanden als ein preiswertes und leichtes, feuerbeständiges und nur schwach wärmeleitendes Baumaterial für nichttragende Bauteile, vor allem Innenwände, breite Verwendung. Im Fachwerkbau stand mit ihnen ein billiges und leichtes Material zum Ausbau der Gefache zur Verfügung. Ländliche Gebäude waren oft vollständig aus Kalktuffsteinen erbaut und nur die Hausecken sowie die Fenster- und Türöffnungen mit gebrannten Mauerziegeln gemauert. In Jena wurden jedoch auch mehrgeschossige Häuser aus Kalktuffsteinen gebaut, am Anfang der Kahlaischen Straße stehen verputzte massive dreigeschossige Kalktuffbauten bereits über 100 Jahre. Während 1895 in Jena 1.000 gebrannte Mauerziegel ohne Frachtkosten 27 bis 29 M kosteten, betrug der Preis für 1.000 Kalktuffsteine nur 10 bis 11 Mark. Gegenüber diesen Vorzügen wogen die Nachteile wie geringe Dauerbeständigkeit und leichtes Abbröckeln der Kanten nur gering. Jedoch war die

unzureichende Wasserbeständigkeit dieser Steine eine wesentliche Ursache für die verheerenden Folgen der häufigen Saaleüberschwemmungen.

Im Pennickental bestanden um 1900 insgesamt 10 Brüche, die überwiegend der **Tuffsteinfertigung** dienten. Bis etwa 1930 stellten die Göschwitzer Kalk- und Ziegelwerke Luftbacksteine her. 1949 kam es im Pennickental nochmals zur Produktion. Allein im Jahre 1950 wurden etwa 1 Million Stück zu einem Gesamtpreis von ca. 40.000 DM gefertigt, doch um 1960 endete die Produktion endgültig.
Die Spritzzone der Kaskaden lieferte die im 19. Jh. in Gärten sehr beliebten **Grottensteine**. Untergeordnet wurde lockerer Travertin auch als Scheuersand verwendet.
Lockertravertin des Pennickentales diente seit etwa 1895 als Grundstoff für die **Zahnpastafabrikation**. Er wurde mit Säuren gelöst und chemisch als feinstes Pulver wieder ausgefällt. Nach den bekannten Zahnpasta-Marken trugen die Brüche zeitweilig die Namen Blendax-, Chlorodont-, Alter und Neuer Leobruch. Noch in den sechziger Jahren des 20. Jhs. baute der VEB Elbe-Chemie im Blendax- und Neuen Leobruch ab. Nach dem Zweiten Weltkrieg kam für einige Jahre Travertin aus dem Pennickental im Jenaer Glaswerk Schott zum Einsatz. Infolge der hohen Qualitätsforderungen bei **optischen Gläsern** mußte der Kalk handverlesen werden, um Eisengehalte unter 0,005 % zu gewährleisten. Für optisches Glas waren nur ca. 2 bis 5 % des Travertins geeignet. Die Aufbereitung erfolgte in einem Steinkollergang mit Siebzylinder, die gebrochenen kopfgroßen Stücke trockneten in offenen luftigen Schuppen.

Auf dem Weg vom Fürstenbrunnen talabwärts war zu sehen, daß die breiten und schmalen Terrassen an den Hängen nicht mehr ackerbaulich zum Getreide-, Kartoffel- oder Gemüseanbau genutzt werden. Auch die landwirtschaftliche Tierhaltung ist bis auf Enten, Gänse, Hühner und Bienen verschwunden. Die Rinderhaltung, deren Kuh- und Jungrindweiden bzw. Heuwiesen heute zunehmend von Ameisenhaufen, Heckenrosen und Schlehdornbüschen besiedelt werden, ist vollständig verschwunden. Zwei Herden von Schafen beweiden das komplett in Dauergrünland umgewandelte Areal von Zeit zu Zeit, aber wesentlich weniger intensiv als die Kernberghochfläche. Die kräuter- und vor allem leguminosenreichen Wiesen sind sehr ertragreich und werden, wie auch zahlreiche Jagdstände der Wiesen-Waldkanten belegen, vom Rehwild beäst. Das gewonnene Heu dient zum Teil als Winteräsung dem Reh, wird aber auch zum Mulchen der alten Obstbäume auf den **Streuobstwiesen** genutzt. Sie sind ein Paradies nicht nur für den Kenner alter Sorten von Apfel, Birne und Kirsche. Ihre abgeschnittenen Äste türmen sich verschiedentlich an den Grenzen der Grundstücke auf und bilden neue Hecken und Lebensraum für viele Vogel-, Säuger- und Insektenarten.
Die ertragreichen **Wiesen** und **Weiden** dehnen sich auf dem sanfter geneigten Rötsockel der Hänge aus. Er wird zum Teil von abgerutschten Muschelkalkauflagen überdeckt und geht auf beiden Seiten des Tales in den Wellenkalk des Unteren Muschelkalkes über. Diese Regionen sind wesentlich trockener und gleichen heute Hutungen, die zunehmend Lebensraum für Ameisen, Schlehen, Heckenrosen und Weißdorn bilden. In diesem Tal kann der Wechsel der Flora des wasser- und nährstoffreichen Grünlandes mit Wiesen-Storchschnabel (*Geranium pratense*), Pastinak (*Patinaca sativa*), Wiesen-Glockenblume (*Campanula patula*), Wiesen-Bocksbart (*Tragopogon pratensis*), Wiesen-Kerbel (*Anthriscus*

sylvestris), Wiesen-Labkraut (*Galium mollugo*), Wiesen-Margerite (*Leucanthemum vulgare*), Goldhafer (*Trisetum flavescens*) und Wiesen-Lieschgras (*Phleum pratense*) zum Halbtrocken- und Trockenrasen – wie auf den Kernbergen beschrieben – beobachtet werden. Die klassische Landwirtschaft ist bis auf gelegentlich weidende Schafe, Bienenhaltung und gehälterte Regenbogen-Forellen, die das kalkreiche Wasser schätzen, verschwunden.

Abb.83: Bergrutsch der Diebeskrippe am Südhang der Kernberge - aus dem Pennickental kaum erkennbar (Foto: K. KRAHN 1995)

Vom Tal bei dem alten Schafstall hat man einen freien Blick: nach rechts auf den Südhang der Kernberge, wo wir auch das Bergrutschgebiet der Diebeskrippe erkennen können (Abb. 83), und nach links auf den bewaldeten Nordabhang des Johannisberges, über den der zweite Teil des Lehrpfades bis nach Lobeda bzw. Drackendorf verläuft.
In der nächsten Rechtsbiegung der nach Wöllnitz führenden Straße zweigt links der Lehrpfad ab und steigt durch den Burkholzgrund hinauf zur Johannisberghorizontale.
Wir aber beenden unsere erste Lehrpfad-Wanderung in Wöllnitz. In der Talschänke oder Schönen Aussicht können wir Thüringer Gastlichkeit genießen.

Gaststätten:
Talschänke (Tel. 03641-33 43 21)
Schöne Aussicht (Tel. 03641-33 12 76)

Lehrpfad Teil 2: Suchpunkte 20 - 34

WÖLLNITZ 20

H: Wöllnitz / Grenzfluß Saale
W: Saale-Aue, Hochwasser
G: Goldwäscherei / Fasergipse
B: Färber-Waid

In Wöllnitz endet die Wanderung über den „Kernberg-Lehrpfad", die wir an den Teufelslöchern begonnen haben und beginnt der zweite Abschnitt, der über den Johannisberg und Spitzberg bis nach Lobeda bzw. Drackendorf führt.

Die **Saale** mit ihren zahlreichen Burgen war seit der zweiten Hälfte des 6. Jhs. **Grenzfluß** **H** des Frankenreiches. Germanische Stämme hatten nach dem Untergang des Thüringer Königreiches (531) und den Awarenstürmen das Gebiet östlich von Saale und Elbe verlassen, in das die seit der Völkerwanderung westwärts ziehenden Slawen einwanderten. Slawische Ortsnamen und solche von Mischformen und Nebensiedlungen (Windischen-, Wenigen-, Klein-) finden sich rechts und links des zunächst wenig gesicherten Grenzstromes. Gleiche Lebensform, Christianisierung und das 1327 von Landgraf FRIEDRICH III. erlassene Verbot der slawischen Sprache führten zur ethnischen Verschmelzung.
Wöllnitz, 1216 zuerst erwähnt, slawischen Ursprungs wie Jena und Lobeda, besteht aus dem Kirchdorf Unterwöllnitz und dem durch seine Weißbierbrauerei einst berühmten Oberwöllnitz. 1922/24 und 1946 wurde Wöllnitz zu Jena eingemeindet. Das beliebte Ausflugsziel war im 19. Jh. studentischer Bierstaat und Austragungsort von Duellen. Zum

Abb. 84: Frühjahrshochwasser 1994 an der Saale bei Wöllnitz (Foto: W. HEINRICH 1994)

Gottesdienst läutet die Glocke hoch über dem Doppelort. Die kleine Kirche wurde als barocker Zentralbau über achteckigem Grundriß 1740/43 errichtet. Turm mit Schweifkuppel und Laterne sowie ein geschwungener Südgiebel bilden den sparsamen Schmuck des protestantischen Gotteshauses unterhalb der alten **Geleitsstraße** von Jena über Camsdorf nach Burgau und Lobeda. Heute rollt der Verkehr auf der Schnellstraße westlich des Ortes vorüber. 1993 wurde die elegante Fußgängerbrücke zur Bushaltestelle erbaut, im Bereich der alten Mühle werden heute Autos verkauft.

Die Enge des Pennickentales hat auch im Bereich der Einmündung in das Saaletal keine größere Siedlung entstehen lassen. Das alte Dorf Wöllnitz hatte bei seiner endgültigen Eingemeindung im Jahre 1946 nur 262 Einwohner. Inzwischen sind neue Einfamilienhäuser am Rande der Ortslage gebaut worden. Dadurch stieg die Einwohnerzahl auf mehr als 500 (31.12.1997: 511).

W Bis zum Bau der innerstädtischen Schnellverbindung zwischen dem Stadtzentrum und Lobeda in den 60er Jahren floß die Saale in Wöllnitz unmittelbar am Fuße der Gipsstufe entlang. Infolge der Einengung der Saaleaue unterhalb dieser Stelle, war die **Hochwassergefahr** in der Vergangenheit hier besonders groß. Vor der Inbetriebnahme der beiden großen Talsperren am Oberlauf der Saale (1932 und 1941) konnten Extremhochwässer auch bis auf die unterste Saaleterrasse hinaufreichen. Bei dem letzten großen Hochwasser der Saale im April 1994 wurde bei Wöllnitz auch die Schnellstraße überflutet. Langanhaltende Niederschläge und nicht mehr aufnahmefähige Böden im Einzugsgebiet unterhalb der Talsperren trafen in diesem Falle zusammen (Abb. 84, S.149).

G Die Sedimente der Saale enthalten teilweise geringe Mengen an Goldkörnern sowie Blättchen und Flitterchen aus glattgeriebenem Gold, welches primär vorwiegend an Quarzgänge bei Reichmannsdorf und Goldisthal gebunden ist. Dem Gold galten wiederholte Gewinnungsversuche, da es sich bei nachlassender Transportkraft des Wassers lokal anreichert. Besonders an Wehren, um Brückenpfeiler herum oder nach Hochwässern konnte das Gold aus den Saaleablagerungen ausgewaschen („geseift") werden. Dieses Wasch- oder Seifengold enthält ca. 85 % Gold und ca. 10 % Silber. Der älteste urkundliche Nachweis besteht in einer Jenaer Amtsrechnung für den **Goldwäscher** Ambrosius KOCH alias SELDENREICH aus dem Jahre 1522. Von Maua an saaleabwärts, auch in Wöllnitz, wurde noch im 18. Jh. Gold geseift. Systematische Goldwäschereien wie etwa im Schwarzatal bestanden an der Saale aber nicht. Vielmehr handelte es sich nur um gelegentliche Waschversuche.

An der Stadtrodaer Straße nahe der Bushaltestelle sind die uns von den Teufelslöchern her bekannten **Rötbasisgipse** aufgeschlossen (vgl. Suchpunkt 1, S. 82). Erwähnenswert ist das Vorkommen von Erdpech (Asphalt) in dem Gips, das bereits J. W. von GOETHE beschäftigte.

B Auch an dieser Gipssteilstufe blüht im Sommer der **Färber-Waid** *(Isatis tinctoria)*, eine alte Kulturpflanze, die an trockenen Ruderalstellen und ruderal beeinflußten Kalkfelsfluren hin und wieder zu finden ist. Es ist ein bis 1 m hohes Kreuzblütengewächs mit gelben Blüten und bläulichgrünen, bereiften Blättern, die mit pfeilförmigem Grund am Stengel sitzen. Im Mittelalter wurde der Waid besonders in Thüringen angebaut. Erfurt,

Gotha, Langensalza, Tennstedt und Arnstadt waren die wegen ihres Waidbaues und Waidhandels bekannten fünf Waidstädte. Die Blätter geben auf Grund des Gehaltes an Indikan, nachdem sie getrocknet, gemahlen und mit Wasser zu einem Brei angesetzt worden sind, nach Gärung und Oxydation mit Luftsauerstoff den schon im Altertum bekannten **blauen Farbstoff**. Auch in Jena schlugen einzelne Vertreter der reichen Oberschicht aus dem Handel mit Waid in überregionaler merkantiler Kommunikation mit Hansestädten beträchtliche Gewinne, bis die Einfuhr des billigeren tropischen Indigo-Farbstoffes den Anbau des Färber-Waid in Mitteleuropa im 17. Jh., spätestens aber im 19. Jh. zum Erliegen brachte.

Wir gehen etwa 1 km im Pennickental aufwärts und erreichen dann, nachdem wir die Talschänke und auch die neuen Wohnhäuser hinter uns gelassen haben, den Burkholzgrund, der in einer Linksbiegung rechts der Fahrstraße einmündet und durch einen tief eingeschnittenen Hohlweg zum nächsten Suchpunkt ansteigt. Eschen, Ahorne und Roßkastanien säumen den Weg durch den Röt-Sockel. Die Böschungen sind vom Gras-Lauch (Allium scorodoprasum) überzogen. Kurz unterhalb des Hangknickes, der uns wieder den Beginn des härteren Muschelkalkes anzeigt, haben wir einen freien Blick auf die ehemals landwirtschaftlich und obstbaulich genutzten Hangterrassen.

UNTERER BURKHOLZGRUND 21

L/N: Streuobstwiesen

Streuobstwiesen stellen eine alte, traditionelle Nutzung der Wiesenflächen dar. Mit dem Wein- und Obstanbau unterhielten im Mittelalter und auch danach noch viele Wöllnitzer ihren Lebensunterhalt. Der Weinbau ist aus dem Tal völlig verschwunden, doch die Obstanlagen sind bis heute erhalten geblieben – auch wenn sie kaum noch genutzt werden (Abb. 85).

L/N

Die Streuobstwiesen **stehen** nach dem § 18 ThürNatG als besonders geschützte Biotope **unter Naturschutz** und dürfen nicht beseitigt werden. Ihre Erhaltung und Pflege wird durch den Freistaat Thüringen sogar finanziell gefördert. Über den sogenannten Vertragsnaturschutz können Eigentümer oder Pächter von Streuobstwiesen den Pflegeaufwand unter der Voraussetzung ersetzt bekommen, daß die hochstämmigen Obstbäume und der Unterwuchs, der in der Regel Grünland ist, gepflegt werden und dauerhaft erhalten bleiben.

Viele Tiere finden hier ihren Lebensraum. Dazu zählen die Insektenarten, die sich von den Blättern, Blüten oder Früchten ernähren, wie Bienen, Käfer oder die Schmetterlingsraupen vieler Tag- und Nachtfalter. Genannt seien hier besonders auch die Arten, die unter der Rinde der Bäume oder im ausgefaulten Holz leben. Dazu zählen die Pracht-* und die Bockkäfer*, von denen bereits sehr viele zu den vom Aussterben bedrohten Arten gehören. Hinzu kommt noch die Bedeutung der alten Bäume mit ihren im Laufe der Zeit entstandenen Kleinstlebensräumen. Neben den Spechten* nisten hier auch andere Höh-

Abb. 85: Streuobstwiesen im Pennickental (Foto: F. JULICH 1996)

lenbrüter, wie der Wendehals*, die Blau*- und die Kohlmeise*, der Gartenrotschwanz* und Gartenbaumläufer*. Auch wenn der Steinkauz* im Jenaer Raum derzeit nicht mehr nachgewiesen wurde, ist eine natürliche Wiedereinbürgerung nicht ausgeschlossen, wenn die zusagenden Lebensbedingungen erhalten werden können.
Mit der Erhaltung alter Wirtschaftsformen, verbunden mit der Eigenvermarktung der Obsterzeugnisse zur gesunden Ernährung und wirtschaftlichen Stärkung der Region, wird in Zukunft ein praktischer Naturschutz angestrebt. In Jena besteht ein Förderverein, der sich u.a. der Wiederaufnahme traditioneller Landnutzungen gewidmet hat. Dazu zählt im Pennickental die gewinnbringende Nutzung der wertvollen Streuobstwiesen. 1997 wurde im Gleistal damit begonnen, die in den Gemeinden Jenalöbnitz, Graitschen, Löberschütz und Golmsdorf/ Beutnitz vorhandenen Streuobstwiesen zu ernten und den aus den Äpfeln gewonnenen Apfelsaft zu vermarkten. Seit 1998 ist auch Apfelsaft aus Streuobstwiesen-Anbau des Pennickentales im Handel.

Der Weg wird noch etwas steiler, bis er die Johannisberg-Horizontale erreicht. Dabei wird die Oolithzone gequert, die sich bis zur Horizontale verfolgen läßt, wo sie felsartig unterhalb des Suchpunktes 23 aufgeschlossen ist. Rechts stockt ein orchideenreicher Laubmischwald, links ein lichter und ebenfalls orchideenreicher Kiefernwald - ein guter Platz, sich einmal näher mit der Familie der Orchideen zu beschäftigen.

Abb. 86a: Orchideen in der Orchideenregion:
o. l. - Bienen-Ragwurz (*Ophrys apifera*; Foto: F. JULICH);
o.m. - Spinnen-Ragwurz (*Ophrys sphegodes*; Foto: G. KÜHNL);
o.r. - Fliegen-Ragwurz (*Ophrys insectifera*; Foto: G. KÜHNL);
u.l. - Rotes Waldvögelein (*Cephalanthera rubra*; Foto: W. HEINRICH);
u.m. - Dreizähniges Knabenkraut (*Orchis tridentata*; Foto: W. HEINRICH);
u.r. - Helm-Knabenkraut (*Orchis militaris*; Foto: W. HEINRICH)

22 OBERER BURKHOLZGRUND

B: Orchideen

B Da an dieser Stelle sowohl typische Laubwald-Orchideen, wie das Weiße Waldvögelein* (*Cephalanthera damasonium*) und die Vogel-Nestwurz* (*Neottia nidus-avis*), als auch die licht- und wärmeliebenden Arten, wie die Große Händelwurz* (*Gymnadenia conopsea*) und der Braunrote Sitter* (*Epipactis atrorubens*) zu finden sind, wollen wir uns einmal mit der Familie der **Orchideen** beschäftigen. Mit mehr als 25.000 Arten ist sie die artenreichste aller Pflanzenfamilien. Die meisten sind tropisch oder subtropisch verbreitet. Nur ca. 50 Arten kommen in Deutschland vor, 31 Arten davon um Jena.

Wie fast alle einkeimblättrigen Pflanzen sind auch die Orchideen an den parallelnervigen Blättern zu erkennen, die stets ganzrandig, schmal lanzettlich bis breit eiförmig sind und häufig am Grunde des unverzweigten Stengels eine Rosette ausbilden. Weitere wichtige, die Familie charakterisierende Merkmale sind:

- ❋ Blüte aus 6 Blütenblättern gebildet, zweiseitig symmetrisch (dorsiventral), meist mit einer größeren Lippe (Labellum).
- ❋ Staubblätter auf zwei (Frauenschuh*) oder eins (alle übrigen einheimischen Orchideen) reduziert und mit dem Griffel und der Narbe verwachsen.
- ❋ Fruchtknoten unterständig und gedreht (Resupination).
- ❋ Pollenkörner zu Tetraden oder ganzen Pollenpaketen mit Übertragungseinrichtungen (Pollinarien) vereinigt.
- ❋ Mannigfaltige Bestäuber und Bestäubungseinrichtungen.
- ❋ Zahlreiche, staubfeine Samen ohne Nährgewebe. Keimung nur bei Anwesenheit bestimmter Pilze (Mykorrhiza).
- ❋ Erdbewohner mit autotropher (selbsternährender) und saprophytischer (fremdernährender) Lebensweise (einheimische Arten) – die meisten tropischsubtropischen Arten leben als Aufsitzerpflanzen (Epiphyten).

Besonders häufig sahen wir auf unserer bisherigen Wanderung das Helm-Knabenkraut* (*Orchis militaris*), die Große Händelwurz* (*Gymnadenia conopsea*), den Braunroten Sitter* (*Epipactis atrorubens*) und das Große Zweiblatt* (*Listera ovata*). Dem aufmerksamen Beobachter sind – vorausgesetzt, daß er zur richtigen Jahreszeit kam – sicher nicht die blühenden Pflanzen des Purpur-Knabenkrautes* (*Orchis purpurea*), des Rotbraunen Frauenschuhs* (*Cypripedium calceolus*), der Mooswurz* (*Goodyera repens*), der Korallenwurz* (*Corallhiza trifida*), des Breitblättrigen Sitters* (*Epipactis helleborine*) oder des Roten Wald-Vögeleins* (*Cephalanthera rubra*) entgangen. In den Wäldern der Wöllmisse sind auch die beiden Waldhyazinthen-Arten* (*Plathanthera bifolia*, *P. chlorantha*), der Kleinblättrige Sitter* (*Epipactis microphylla*) und das Manns-Knabenkraut* (*Orchis mascula*) zu finden. An den Hängen der Kernberge und des Johannisberges ist die Fliegen-Ragwurz* (*Ophrys insectifera*) gar nicht selten, die „Biene"* (*Ophrys apifera*) zu entdecken, gelingt freilich nicht immer (einige Orchideen in Abb. 86a/b, S. 153/156).

Je nach Zeit und Interesse kann man entweder im Burkholzgrund weiter aufsteigen zum
Suchpunkt 25 auf dem Läuseberg oder aber der Horizontale nach links folgen. Diese
Route verspricht vor allem an warmen Sommertagen im Schatten des Johannisberges
eine erlebnisreiche, mit ständig neuen Ausblicken überraschende Wanderung.

JOHANNISBERG-HORIZONTALE 23

N: Naturschutzgroßprojekt, Biotop-Pflege
G: Boden, Bodenprofile

Mit dem Ziel, „verödete" Muschelkalkhänge wieder zu begrünen und sie einer Nutzung **N**
zuzuführen, wurden seit der Mitte des vorigen Jahrhunderts Aufforstungen mit Wald- und
Schwarz-Kiefer (*Pinus sylvestris*, *P. nigra*) vorgenommen. Entlang der Wanderwege sollte
die Landschaft auch verschönert werden. Wir erkennen jetzt, daß diese damals positiv
bewerteten Eingriffe heute aus ökologischer, naturschutzfachlicher und landschafts-
ästhetischer Sicht zu großen Problemen führen. Da die Schwarz-Kiefer mit den gegebenen Bedingungen der Kalkhänge besser auskommt als viele andere heimische Holzarten,
breitete und breitet sie sich vor allem in den letzten 20 Jahren mit zunehmender Ge-
schwindigkeit aus (vgl. Abb. 54, S. 100). Sie überdeckt bereits viele wertvolle Biotope und
bedeutet eine große Gefährdung für die standortgemäße Vegetation. Ein Vergleich der
Situation unterhalb und oberhalb des Horizontalweges vor der Einbiegung in das Pennickental offenbart das in bester Weise. Während der Unterhang unter den locker stehenden, lichtdurchlässigen einheimischen Wald-Kiefern (*Pinus sylvestris*) von einer arten- und
orchideenreichen Grasflur eingenommen wird, ist in dem Schwarzkiefer-Bestand oberhalb des Weges die Krautschicht völlig verschwunden und damit auch ein einstmals prächtiges Vorkommen vom Helm*- und Purpur-Knabenkraut* (*Orchis militaris, O. purpurea*)
sowie ihren Bastarden. Eine Veränderung kann wiederum nur durch menschlichen Ein-
griff erreicht werden – wie es im Naturschutzgroßprojekt vorgesehen ist – indem durch
Gehölzentnahme den ursprünglichen Pflanzengesellschaften des Offenlandes wieder
Entwicklungsmöglichkeiten eröffnet werden (vgl. hierzu auch Suchpunkt 29). Das mit
Bundesmitteln geförderte **Naturschutzgroßprojekt „Orchideenregion Jena – Muschelkalkhänge im Mittleren Saaletal"** hat das Ziel, das Typische der jenaischen Landschaft,
das charakteristische Mosaik von Kalkmagerrasen, Xerothermgebüschen und Trocken-
wäldern zu erhalten und damit auch den entsprechenden Pflanzen- und Tierarten dauerhaft Lebensraum zu gewähren (Orchideen in Abb. 86a/b, S. 153/156).

Von diesem Standpunkt auf der bewaldeten Nordseite des Johannisberges fällt der Blick **G**
auf das untere Pennickental mit seinem muldenförmigen Querprofil (Abb. 87). Der Talboden und die nur mäßig geneigten unteren Hangpartien sind im Oberen Buntsandstein
ausgebildet, der nach oben folgende Steilhang im Unteren Muschelkalk. Deutlich lassen
sich sich die festen Bänke innerhalb des Wellenkalkes am Hang verfolgen. Im mittleren
Abschnitt des gegenüberliegenden Talhanges sind die Bergrutschmasse an der Diebes-

Abb. 86b: Orchideen in der Orchideenregion:
o.l. - Purpurrote Stendelwurz (*Epipactis purpurata*; Foto: P. WEISSERT);
o.m. - Grünliche Waldhyazinthe (*Platanthera chlorantha*; Foto: W. HEINRICH);
o.r. - Purpur-Knabenkraut (*Orchis purpurea*; Foto: F. JULICH);
u.l. - Bocks-Riemenzunge (*Himantoglossum hircinum*; Foto: G. KÜHNL);
u.m. - Korallenwurz (*Corallorrhiza trifida*; Foto: G. KÜHNL);
u.r. - Vogel-Nestwurz (*Neottia nidus-avis*; Foto: W. HEINRICH)

krippe und rechts davon die helle Abbauwand eines ehemaligen Steinbruchs zu erkennen. Vorsprünge und kurze, steile Einschnitte (Gründe) gestalten die Front des Kernbergkomplexes sehr abwechslungsreich. Nach links zum Talausgang hin werden die jüngsten Erweiterungen von Wöllnitz sichtbar.

Abb. 87: Blick auf die südexponierten Hänge des Pennickentales (Foto: K. KRAHN 1992)

unten: Schematische Darstellung der Bodenprofile zu Text S. 158

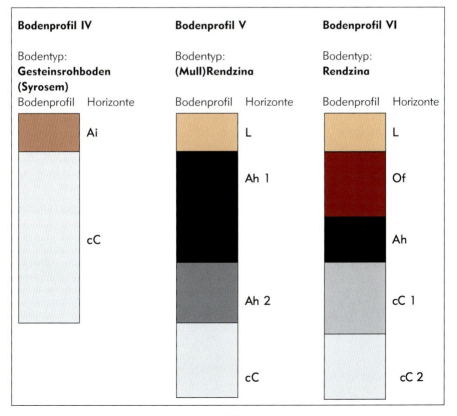

Bodenprofil IV

Bodentyp:
Gesteinsrohboden (Syrosem)

Bodenprofil   Horizonte

Ai

cC

Bodenprofil V

Bodentyp:
(Mull)Rendzina

Bodenprofil   Horizonte

L

Ah 1

Ah 2

cC

Bodenprofil VI

Bodentyp:
Rendzina

Bodenprofil   Horizonte

L

Of

Ah

cC 1

cC 2

Auf dem schmalen aber aussichtsreichen Weg zum nächsten Suchpunkt ist der uns bereits von der Kernberghorizontale bekannte konglomeratisch ausgebildete Wellenkalk oberhalb der Oolithzone aufgeschlossen. Entlang des Wanderweges werden im Hangbereich drei, bevorzugt auf Kalkgestein vorkommende Böden vorgestellt.

Bei den ausgewählten **Bodenprofilen** handelt es sich, wie auch bereits im Teil Waldgeschichte (Kapitel I/5) erläutert, um Böden in Gebietsteilen, die vermutlich lange Zeit entwaldet waren und ihre ursprüngliche Bodendecke durch Erosion verloren haben. So ist auch der für steilere Hänge auf Kalkgesteinen unter naturnaher Bestockung charakteristische Bodentyp einer typischen **(Mull)Rendzina** entlang des Wanderweges nur an sehr wenigen Stellen unter Laubbaumbestockung ausgebildet. Der überwiegende Teil des Hangbereiches, der von Nadelbäumen bestockt oder kahl ist, wird z.T. von Rohböden, von Böden mit beginnender Bodenbildung oder Rendzinen mit sehr geringmächtigen, humusreichen Horizonten gebildet. Im Gegensatz zu den meisten Böden im Plateaubereich kommen hier keine entkalkten Ton- oder Lößdecken vor.

Schematische Darstellung der Bodenprofile siehe Seite 157 und Abb. 71, S. 129.

Das **Bodenprofil IV** auf einer felsigen Hangrippe ist ein von einigen Gräsern bewachsener Kalkgesteinsrohboden ohne Humusauflage und ausgeprägter Bodenbildung **(Syrosem)**. In der obersten, etwas lockereren Schicht (Ai-Horizont) kann über längere Zeiträume mit dem Abbau organischer Substanz von möglicher Bodenvegetation – wie z.B. durch Blaugras – eine Bodenbildung beginnen. Den Untergrund (cC-Horizont) bildet das feste anstehende Kalkgestein.
Dieser extrem trockene, exponierte felsige Standort dürfte von Natur aus waldfrei sein, ähnlich wie die Felskanzeln an den Hohen Lehden im Saaletal bei Dornburg. Er besitzt **Schutzwaldcharakter**.

Im **Bodenprofil V**, einer typischen **(Mull)Rendzina**, sehen wir unter Eschenbestockung in Steilhanglage einen sehr lockeren Kalkgesteinsboden mit einem dunkleren humushaltigen Oberboden und einer besonders skelettreichen, deckenartigen Schicht an der Bodenoberfläche. Diese skelettreiche Schicht wird von abgelöstem Gestein und Grus der darüberliegenden Felsen gebildet und laufend ergänzt.

Bei näherer Betrachtung des Bodenprofiles sind als organisches Material nur vereinzelte Laubblätter und Pflanzenreste erkennbar, die zum L-Horizont gehören aber im Frühjahr keine geschlossene Decke mehr bilden. Eine Vermoderungsschicht fehlt vollständig, so daß wir hier die Humusform Mull mit der Unterform Kalkmull vorfinden. Dieser rasch abgebaute schwarze Humus ist u.a. in der ca. 15 cm mächtigen Schicht (Ah 1-Horizont), die ein humushaltiger reiner Skelettboden ist, enthalten. Auch die darunterliegende, ca. 10 cm mächtige Schicht aus schluffreichem Muschelkalkmaterial ist noch dunkel gefärbt und humushaltig (Ah 2-Horizont). Die folgende, ebenfalls noch locker gelagerte, graue Bodenschicht (cC-Horizont) wird überwiegend von steinhaltigem, grusreichem Schluff gebildet.
Die Böden dieses Standortes sind aufgrund ihrer lockeren Bodenstruktur und exponierten Steilhanglage sehr erosionsgefährdet, wasserdurchlässig und trotz Schatthanglage recht trocken, so daß die Baumarten nur sehr geringe Wuchsleistungen aufweisen. Aufgrund der Steilhanglage und Erosionsgefahr besitzt dieser Bestand Schutzwaldcharakter.

Das **Bodenprofil VI** einer **Rendzina** zeigt unter Schwarzkiefernbestockung einen grauen, sehr skelettreichen Kalkgesteinsboden mit einem sehr geringmächtigen, humosen Oberboden. Diese Bodenbildung nimmt unter Nadelbaumbestockung sehr große Flächen ein und ist in der Regel das Ergebnis von Ödlandaufforstungen zur Jahrhundertwende. Bei späteren Bestockungen mit Laubbäumen wird längerfristig der Humusanteil im Oberboden – ähnlich wie im Pofil V – ansteigen.

Bei näherer Betrachtung des Bodenprofiles bilden noch unzersetzte Pflanzenreste und Nadeln den L-Horizont. Es folgt ein ausgeprägter Vermoderungshorizont (Of) aus in Abbau befindlichen Blattresten und Nadeln. Stellenweise kann saumartig schwarzbrauner Feinhumus, der zum Humusstoffhorizont (Oh) gehört, vorkommen (Tendenz zum sogenannten Kalkmoder). Da aber dieser Humusstoffhorizont nicht duchgängig vorhanden ist, sprechen wir noch von F-Mull.
Im Bodenprofil sind die oberen cm des Mineralbodens (Ah-Horizont) durch Humuseintrag schwärzlich gefärbt und gehen in einen locker gelagerten, grauen Kalkgesteinsboden (cC 1-Horizont) über. Dem folgt mit allmählichem Übergang ein etwas dichter gelagerter und etwas heller gefärbter Horizont (cC 2-Horizont). Die Bodenart ist ein schluffhaltiger Skelettboden. Die festen anstehenden Gesteinsschichten des Muschelkalkes, wie sie im Profil IV angeschnitten sind, liegen hier noch tiefer und wurden vom Profil nicht erfaßt.
Aufgrund seiner Steilhanglage und Erosionsgefahr gehört auch dieser Standort zu den schutzwaldartigen Standorten. Die Bestockung mit Schwarz-Kiefer ermöglicht – natürlich besser als eine Kahlfläche – neben dem Erosionsschutz auch eine gewisse Humusbildung und Humusanreicherung im Oberboden, langfristig ist jedoch eine Dauerbestockung mit naturnahen Laubbäumen anzustreben.

AM WASSERTAL 24

B: Sporenpflanzen / Moose, Farne

Die meisten Pflanzen, die wir auf unseren Wanderungen sehen, sind Samenpflanzen. Mit ca. **800 Arten Nacktsamer** und ca. **240.000 Arten Bedecktsamer** sind sie zur beherrschenden Pflanzengruppe der Vegetation der Erde geworden. Demgegenüber ist die Zahl der alten Landpflanzen, die sich durch Sporen vermehren, gering. Die **Moose** umfassen ca. **24.000** und die **Farnpflanzen** nur **10.000 Arten**. Der Anteil dieser **Sporenpflanzen** an der heimischen Flora beträgt – dank der Moose – etwas mehr als ein Viertel, der der Farnpflanzen alleine nicht einmal 3%.

B

Bei den **Moosen** bildet die aus einer Spore hervorgehende Geschlechtsgeneration (der Gametophyt) thallöse (wie bei dem Brunnen-Lebermoos) oder in Achse und einfach gebaute Blättchen gegliederte Pflänzchen (wie bei den meisten Leber- und Laubmoosen) ohne echte Wurzeln und Gefäße. Auf diesen Moospflanzen, die mehr oder weniger große Polster bilden können, wächst nach der Befruchtung die sporenbildende Generation (Sporophyt), die nur aus einer gestielten Sporenkapsel besteht. Aus dieser werden die einzelligen Sporen entlassen.
Die **Farnpflanzen**, zu denen die Bärlappe, Schachtelhalme und Farne gehören, sind dagegen Gefäß-Sporenpflanzen. Auch sie bilden zwar zunächst aus einer Spore eine Geschlechtsgeneration (das Prothallium) aus. Diese ist thallös und bleibt unscheinbar,

lebt auf oder unter der Erde. Nach erfolgter Befruchtung entwickelt sich eine selbständig werdende sporenbildende Generation (der Sporophyt), die mehr oder weniger große, in Sproßachse, Blätter und echte Wurzeln gegliederte Gefäßpflanzen darstellen. Moose, die nur unvollkommen an das Landleben angepaßt sind, wie auch Farnpflanzen, deren Befruchtungsvorgang ebenfalls noch vom Wasser abhängig ist, sind vorwiegend an feuchte Standorte gebunden. Sie sind daher im Gebiet des Lehrpfades nicht so reichlich vertreten wie etwa in den feuchten Bachgründen des Holzlandes. **Bärlappe*** fehlen hier ganz und gar, von den **Schachtelhalmen** können wir an frisch-feuchten Wiesen-, Acker- und Wegrändern dem Acker-Schachtelhalm (*Equisetum arvense*) begegnen, der im Frühjahr zunächst seine braunen fruchtbaren Sprosse mit endständiger Sporangienähre und erst später die sterilen grünen, quirl-ästigen Triebe hervorbringt. Diese wurden wegen ihres hohen Kieselsäuregehaltes früher zum Putzen von Zinngeschirr verwendet, woher auch der Name Zinnkraut rührt. Im Gebiet die häufigsten **Farne** sind der Gemeine Wurmfarn (*Dryopteris filix-mas*) und der Gemeine Frauenfarn (*Athyrium filix-femina*). Die meisten Farne tragen die zu Gruppen (Sori) vereinigten Sporenbehälter, die von einem schützenden Schleier (Indusium) überdeckt sein können, auf der Blattunterseite. An der Form der Sporangienhäufchen, die beim Wurmfarn nierenförmig und beim Frauenfarn strich- bzw. kommaförmig sind, können wir die beiden Farne leicht unterscheiden.

Wir erreichen – vorbei an einer Pappelanpflanzung – das Plateau. Abseits vom Wege steht eine Arbeitsschutzhütte der Forstwirtschaft. Wir benutzen von der Wegegabelung aus den rechten Weg und gelangen schließlich aus dem Kiefernwald heraus, der auffällig viel Laubholzunterwuchs aufweist. Am Waldrand stand noch in der ersten Hälfte dieses Jahrhunderts neben der großen Linde ein einsames Gehöft, das sogenannte Drackendorfer Vorwerk.

25 SOMMERLINDE (DRACKENDORFER VORWERK)

H: Drackendorfer Vorwerk / Bei der alten Handelsstraße / Grenzsteine;
L: Ackerbau, Weidewirtschaft
G: Tertiär

H   Hier stand bis zur Mitte dieses Jahrhunderts das **Drackendorfer Vorwerk**. Im Mittelalter versorgte dieses Wirtschaftsgut die Lobdeburg. Im 15. Jh. gehörten der Hof wie auch die verfallene Burg den Pusters, die sich zeitweise durch Raub erhielten. In der Folge zählte das Vorwerk zum Besitz des Rittergutes Drackendorf. Nach dem 2. Weltkrieg wurde das Vorwerk wegen mangelnder Rentabilität aufgegeben, und es diente den Segelfliegern als Heimstatt. Als der Flugplatz zum „Luftschiff" nahe Schöngleina verlegt wurde, blieben die Gebäude ungenutzt und verfielen im Laufe der Jahre – bis 1959 der Abriß erfolgte. Von Eschen und Pflaumen bewachsene Hügel, einige Pyramiden-Pappeln und eine einzelne große Sommer-Linde (*Tilia platyphyllos*) künden noch von der Vergangenheit. Brennesseln und andere stickstoffbedürftige Pflanzenarten zeigen die vorangegangene menschliche Besiedlung an.

So wie der Handel des aufblühenden Marktes in Jena durch die Kirchberger gesichert wurde, schützten und beherrschten die Lobdeburger das Rodatal und dessen Umgebung. Eine uralte **Handelsstraße** von **Leipzig** nach **Nürnberg** verlief über Bürgel und die Wöllmisse – später auch im Tal über Trockenhausen. Von Burgrabis kommend bog die alte Verkehrsverbindung vor dem Drackendorfer Vorwerk nach Süden durch den Langen Grund steil abwärts nach Drackendorf (slaw. draga = Straße), Maua und Kahla. Waffen, Honig, Salz und Pelze sowie Silber in Klumpen transportierten die Sorben über diese Straße, und die christlichen Franken lieferten außer Waren und Vieh auch Sklaven - gefangene Slawen, damals noch Heiden - für die arabischen Sultane bis nach Spanien. Der lukrative Sklavenhandel wurde von der Kirche gefördert und seit dem 9. Jh. innerhalb der Pufferzone des Limes Sorabicus von Erfurt kontrolliert.

Grenzsteine auf der Wöllmisse (Abb. 88), früher auch ein Schlagbaum bei der Neuen Schenke, trennten seit der Teilung von 1603 die Herzogtümer Sachsen-Weimar und Sachsen-Altenburg bis 1918 (die Grenzsteine tragen die Initialen HW und HA). Die Lobdeburg war 1603 an Weimar gefallen, was den Kanzler GERSTENBERGK auf Drackendorf ärgerte, da er in Altenburger Dienste gewechselt war. Diese Grenzstreitigkeiten um die lobdeburgischen Güter wurden erst 1833 vertraglich geregelt. Die Lobdeburg und Drackendorf wurden fortan vom Amt Roda (Stadtroda) verwaltet, das zu Altenburg gehörte. Die danach neu gesetzten Grenzsteine tragen folglich die Initialen GW oder GHW (Abb. 88) statt HW und dazu HA, da Weimar 1815 zum Großherzogtum erhoben worden war. Ein Austausch aller alten Steine mit neuem Rang wäre jedoch viel zu kostenaufwendig gewesen. (Rechts des Weges zum nächsten Suchpunkt steht ein Stein mit HW und HA; neue Grenzsteine mit GW und HA findet man leicht am Weg vom Vorwerk nach Drackendorf am Rande der Hochfläche (Nr. 254) und drei an der ausgebauten Forststraße von Drackendorf zur Lobdeburg).

Die **Hochfläche** – wie das gegenüber liegende Kernbergplateau 372 bis 390 m über Meereshöhe gelegen – wurde über Jahrhunderte **landwirtschaftlich genutzt**; und es wurden Kühe gehalten, die mit Sicherheit im Winter bei Ackerfuttereinsatz, wie für Muschelkalk typisch, an Manganmangel litten. Später diente die Fläche als Exerzierfeld und Segelflugplatz, um schließlich wieder als Hutung genutzt zu werden. Heute befindet sie sich mit landwirtschaftlichen und biologischen Augen gesehen in einem beklagenswerten Zustand. Fast die gesamte Hochebene repräsentiert eine angesäte Graskultur. Nur eine kleine Fläche ist mit Luzerne und Rot-Klee bestellt und soll wahrscheinlich als Wildacker dienen, wie es die gehäufte Ansammlung von Jagdkanzeln belegt. Die einst weit verbreiteten Ackerwildkräuter sind selten geworden. Ameisenhaufen fehlen. Die Wildschweine graben, wie die Aufbrüche über die große Fläche zeigen, eifrig nach Äsung. Selbst Mäuseansiedlungen sind gegenwärtig noch selten. Es wird noch Jahre dauern, bis sich auf diesem Muschelkalkplateau wieder eine trockenholde Pflanzengesellschaft bildet. Eine intensive Beweidung durch Schafe dürfte diesen Prozess beschleunigen. Die Hochfläche ist aufgrund des ständigen Windes und der fehlenden Verdrahtung zum Drachensteigen besonders geeignet.

Abb. 88: Grenzstein am Rande der Hochfläche südlich des ehemaligen Drackendorfer Vorwerkes (Foto: W. HEINRICH 1999)

G Östlich vom Drackendorfer Vorwerk befand sich ein Vorkommen von **Tertiär-Ton**, das von den Lobedaer Töpfern genutzt wurde. Urkundlich läßt sich 1573 der Töpfer Hans RITTER in Lobeda nachweisen. Bereits 1424 erhielt Cunradt ROSENHAIN, Pfarrherr zu Bodnitz, durch Hans von LOBDEBURG-BURGAU einen Weingarten, genannt die Lehmgrube, auf dem Plateau oberhalb von Drackendorf geschenkt.

Von der Sitzgruppe gehen wir nach rechts um das ehemalige Vorwerk herum auf begrastem Wege zwischen der durch Schafhutung genutzten Hochfläche und Kiefernforsten an der Hangkante entlang. Ein großer Teil der ehemals die ganze Hochfläche einnehmenden Felder ist inzwischen wieder in forstliche Nutzung genommen worden. Aufforstungen der Schwarz-Kiefer begleiten uns links des Weges. Alte Flursteine kennzeichnen ehemalige Gemarkungen, und Grenzsteine aus Terebratelkalkstein verweisen auf die ehemals hier verlaufende Landesgrenze zwischen dem Herzogtum Altenburg (HA) und dem Herzogtum Weimar (HW). Am Suchpunkt zwischen dem Hochsitz und einer Wildfütterung und der sich links des Weges erstreckenden Waldlichtung wollen wir uns mit dem Thema Wild, Hege und Jagd beschäftigen.

26 ÜBER DEM WASSERTAL

F: Wild, Hege, Jagd

F Grundanliegen der **Jagd** in Thüringen ist die Erhaltung eines artenreichen und gesunden Wildbestandes in einem ausgewogenen Verhältnis zu seinen natürlichen Lebensgrundlagen. Die Wälder der Wöllmisse bieten gute Möglichkeiten zur Bewahrung der hier heimischen Wildarten Reh, Wildschwein, Fuchs, Marder, Dachs und hin und wieder auch Hase. Förster und Jäger jagen mit tierschutzgerechten Jagdmethoden, beachten die Belange von Naturschutz und Landespflege und helfen mit, die natürlichen Lebensgrundlagen des Wildes zu sichern und zu vermehren. **Hege** und **Bejagung** der jagdbaren Wildtiere tragen dazu bei, daß Schäden am Wald möglichst vermieden werden und der Waldumbau in naturnahe Mischwälder nicht negativ beeinträchtigt wird. Die vorhandenen Wildbestände werden nachhaltig genutzt, d.h. nur der jährliche Zuwachs wird erlegt. Deshalb ist die Beobachtung und Zählung des Wildes für den Jäger so wichtig. Art und Ausmaß der jagdlichen Eingriffe – des Abschusses von Wild – entscheidet der verantwortungsbewußte Jäger. Wildfütterung ist unter den hier gegebenen Bedingungen die Ausnahme. Bedeutsam sind aber ruhige Wildeinstände, die nicht von Waldbesuchern gestört werden. Deshalb ist das ausreichend vorhandene Wegenetz zu benutzen, mitgeführte Hunde sind im Wald grundsätzlich anzuleinen. Förster und Jäger appellieren an die Bevölkerung, den noch vorhandenen Waldtieren ein Mindestmaß an Ruhe und Sicherheit zu gönnen. Insbesondere in der Stunde vor Sonnenaufgang und die frühen Morgenstunden sind für Rehe die Zeiten intensiver Futtersuche und Äsung.

Jagd ist für die Jäger nicht nur Entspannung und Freude. Hegemaßnahmen erfordern einen hohen Zeit- und Kraftaufwand. Das sollte von dem erholungssuchenden Waldbesucher geachtet und anerkannt werden. Letztendlich bereichert ein gut zubereitetes Stück Wildbret so manche festliche Tafelrunde.

Die Jägerschaft ist Teil der Bevölkerung, sie ist nicht mit Privilegien ausgestattet, sondern hat in einem besonderen Maße die Mitverantwortung für die Natur übernommen (Abb. 89).

Abb. 89:
Jagdkanzel auf der Wöllmisse (Foto: F. JULICH)
Vorsicht! - ein Rehkitz (Capreolus capreolus; Foto: F. JULICH)

27 AUF DEM LÄUSEBERG

B: Biologisches Gleichgewicht
F: Nadelholzkultur, Wald – Forst

B Auf der Kernberghochfläche haben wir weitgehend naturnahe Waldbilder betrachtet. Die einzelnen lebenden Komponenten der Biozönose oder im umfassenderen Sinne der Biogeozönose stehen mit den unbelebten Umweltfaktoren in Wechselbeziehung, in einem dialektischen, dynamischen bzw. **ökologischen Gleichgewicht**. Die Ökologie spricht von **Ökosystemen** als Einheit von Biozönose und Biotop. Wird die Lebensgemeinschaft einseitig gestört, existiert kein Gleichgewicht mehr. Durch Selbstregulierung und eventuell durch gesteuerte menschliche Eingriffe muß erst wieder ein Gleichgewichtszustand herbeigeführt und in einem bestimmten Schwankungsbereich aufrechterhalten werden. In einem „Urwald" verjüngt sich der Bestand auf natürliche Weise. Einzelne Bäume oder Baumgruppen stürzen um, aus herabfallenden Samen läuft der Jungwuchs auf. Solche Wälder gibt es freilich in Europa nur noch in Hochgebirgen und bevorzugten kleinen Gebieten, doch auch in unseren heutigen naturnahen Gesellschaften ist gute Naturverjüngung durch Samenabfall oder -anflug nicht selten. Bis in das 18. Jh. hinein war man meistenteils auf die natürliche Bestandesbegründung angewiesen. Durch fortschreitende Waldverwüstung einerseits und steigenden Holzbedarf andererseits wurden die Forstleute jedoch zur künstlichen Bestandesbegründung gezwungen, und nach und nach setzte sich die Aufforstung mittels Saaten oder Pflanzungen durch. Das führte zur einer Gesundung der Forste, brachte aber doch den Rückgang des Laubholzanteiles und die Überhandnahme von Fichte und Kiefer mit sich (Abb. 90).

F Heute steht die moderne **Forstwirtschaft** vor der Aufgabe, den Holzvorrat zu pflegen und zu mehren, die standortsfremden Forste in standortsgerechte Gemeinschaften (die durchaus auch nichteinheimische Holzarten enthalten können) zu überführen und naturnahe Bestände zu begründen. Bedeutsam ist dabei auch, daß der Wald nicht nur eine Produktionsfunktion besitzt. Andere, im weitesten Sinne landeskulturelle Funktionen (Schutzfunktion, ästhetische Funktion u.a.) sind ebenso wichtig. Doch in dem Bemühen um den ökologischen Umbau unserer Wälder ist es nicht immer leicht, Samenmaterial zu bekommen. Bedenken wir, daß ein Baum erst einmal ein gewisses Alter (Mannbarkeitsalter, 40-60 Jahre) erreichen muß, um Samen zu erzeugen und daß er nicht in jedem Jahr ausreichend Samen trägt. Das heranwachsende Laubgehölz muß in Pflanzgärten und Schonungen durch Eingatterung der Flächen gegen Wildverbiß geschützt werden. Eine weitere Gefahr ist das übermäßige Wachstum mancher Kahlschlagpflanzen, die eine umweltfreundliche „Bekämpfung" erforderlich macht. Zu solchen „Forstunkräutern" zählen beispielsweise die im Bereich des Holzlandes häufige Drahtschmiele (*Deschampsia flexuosa*), das Schmalblättrige Weidenröschen (*Epilobium angustifolium*) oder der Rote Fingerhut (*Digitalis purpurea*) und bei uns vor allem das Land-Reitgras (*Calamagrostis epigejos*).

An all diese Probleme, Beziehungen und Zusammenhänge wird man erinnert, wenn man über das Plateau mit den **Nadelholzforsten** und Schonungen blickt. Seitwärts und im

Hintergrund stehen ältere Bestände mit z.T. reichlicherem Unterwuchs. Vor uns erkennen wir relativ junge Anpflanzungen, vor allem von Kiefer, doch sind hier auch verschiedene Laubhölzer eingebracht worden.

Von der Wegekreuzung auf dem Läuseberg führt der rechte Weg vor zum Plateau des Johannisberges. Wer an einem ruhigen Frühlingsabend schon bei hereinbrechender Dämmerung durch die Kiefernbestände wandert, wird den schnarrenden Balzgesang des Ziegenmelkers* (Caprimulgus europaeus) vernehmen können. Diese Vogelstimme erinnert an das ferne gleichmäßige Surren eines Motorrades.
Auch hier erfreut uns in den lichten Kiefernforsten fast zu jeder Jahreszeit der Reichtum der Pflanzenwelt. Hunderte Wald-Windröschen* (Anemone sylvestris) erblühen im Mai, zahlreich sind die verschieden gestalteten Wacholderbüsche, und im Herbst fallen besonders die großen Sterne der Silberdistel* (Carlina acaulis) auf. Schließlich lichtet sich der Wald, wir passieren einen Erdwall und stehen auf dem schmalen, waldfreien Plateau unmittelbar über dem Steilabsturz des Johannisberges (siehe auch Abb. 91).

JOHANNISBERG 28

G: Geologie
H: Vorgeschichtliche Burganlagen / Stadtentwicklung

Das Plateau wird von **Schaumkalk** eingenommen (Abb. 92). Nach Norden erfolgt die **G** Begrenzung durch eine kleine Verwerfung (Geländeknick). Im Südwesten fällt der Berg steil ab. Von oben blicken wir auf die Sturzhalden eines ausgedehnten **Bergsturzgebietes**.

Nicht leicht läßt sich ein Berg denken, der für die Anlage einer **vorgeschichtlichen Burg** **H** geeigneter gewesen wäre als dieser Johannisberg, da das im Grundriß stiefelförmige Plateau auf fast allen Seiten durch Steilabfälle geschützt ist. Lediglich die Ostseite bedurfte einer künstlichen Sicherung, da man hier ebenen Fußes zur Wöllmisse gelangt. Schon dem Vater der thüringischen Ur- und Frühgeschichtsforschung, Friedrich KLOPFLEISCH in Jena (gest. 1896), war bekannt, daß die Spitze des Johannisberges in alten Zeiten besiedelt und befestigt gewesen ist. Aber erst die Ausgrabungen von Gotthard NEUMANN in den Jahren 1957 und 1959 haben die nötige Klarheit über den Charakter der Befestigungen erbracht. Zwei hintereinander liegende Wälle, die vom nördlichen zum südlichen Rand laufen, sind zu erkennen. Der innere ist nach Westen gekrümmt und breit gewölbt, der äußere schmal und gestreckt, d.h. schon ihr Äußeres macht wahrscheinlich, daß sie nicht gleichzeitig erbaut wurden. Und in der Tat haben die Ausgrabungen gelehrt, daß der **innere Wall in die jüngste Bronzezeit,** der **äußere in die Sorbenzeit** gehört. Der innere ist also 2.900 bis 2.800, der äußere nur 1.200 bis 1.100 Jahre alt. Beide stellen Einsturzruinen von Mauern dar, freilich nicht von solchen, die aus behauenen Steinen mit Mörtel erbaut sind. Vielmehr bestand die bronzezeitliche aus einer Erdschüttung mit Blockfassade nach außen, die durch eine Holzkonstruktion gehalten und von hinten über eine schräge Rampe zugänglich war, die sorbische aus einer 4 m starken Geröllschüttung, die außen und innen mit je einer dünnen Trockenmauer verblendet war, welche durch hölzerne Zuganker an der Schüttung festgehalten wurde. Für die bronzezeitliche Erdschüttung hatte man aus dem 160 m tiefer liegenden und ca. 1,5 km entfernten Pennickental etwa 150 m^3 Travertin auf den Berg geschleppt, da es dort an Feinerde fehlte. Die ältere Burg wurde umkämpft und niedergebrannt, die jüngere offenbar offengelassen. Sie hatte auch leichte Randbefestigungen und ein Tunneltor. Es lag nicht auf der Angriffsseite, sondern im Norden. Die Randbefestigungen hatten wohl mehr dafür zu sorgen, daß niemand abstürzte, als dafür, daß der Feind nicht in die Burg eindrang; denn in Notzeiten barg die Burg auch Frauen, Kinder und Vieh. Sie dürfte den Vorort des **sorbischen Gaues Strupanice** gebildet haben und hat wahrscheinlich auch ein heidnisches Heiligtum in sich geschlossen. Dafür spricht, daß der Berg noch im vorigen Jahrhundert den

Abb. 90: Bestände mit Schwarz-Kiefer (*Pinus nigra*) sind oft recht einförmig und artenarm (Foto: K. KRAHN 1994)

Abb. 91: In den lichten Kiefernforsten wird man dem Fransen-Enzian (*Gentianella ciliata*; links) und dem Deutschen Enzian (*G. germanica*; mitte) häufiger begegnen. Der Kreuz-Enzian (*Gentiana cruciata*; rechts) ist im Pennickental selten (Fotos: W. HEINRICH)

Namen Teufelskoppe trug und die Peterskirche in Lobeda nachweislich älter als 1.000 Jahre ist. Als die Deutschen am Anfang des 10. Jhs. die Saale überschritten und auf dem Hausberg die Burg Kirchberg errichteten, werden die Sorben ihre Burg haben aufgeben müssen. Kirchberg aber ist urkundlich zuerst im Jahre 937 bezeugt (Abb. 93).

Abb. 92: Die Schaumkalkbank des Johannisberges - eine imposante Kulisse im Saaletal (Foto: K. KRAHN 1994)

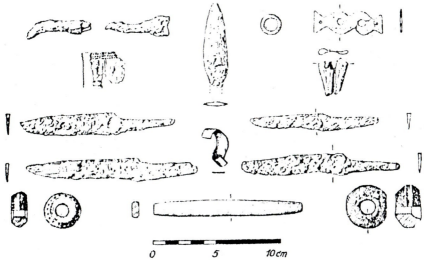

Abb. 93: Slawische Funde des 9. - 10. Jhs. vom Johannisberg bei Lobeda (nach: G. NEUMANN 1959, 1960)

Man kann den Berg nicht verlassen, ohne den einzigartigen **Blick** von hier oben auf die unter uns **pulsierende Stadt** und nach Süden bis zu der Silhouette des Thüringer Schiefergebirges zu genießen. Von der Kante des Johannisberges bietet sich ein umfassendes Bild des Saaletales im Bereich des südlichen Teils der Stadt und darüber hinaus der bewaldeten Höhen des **Ostthüringer Buntsandsteinlandes** mit der überragenden **Leuchtenburg-Scholle** im Süden und der Kulisse der Muschelkalkplatten bei Kahla und Orlamünde im Südwesten. Durch die Einmündung von Roda- und Leutratal im Mittelgrund erweitert sich das Saaletal beträchtlich. Auf der gegenüberliegenden Seite des Tales wird die Hochfläche vom Cospoth (mit der Telekom-Anlage) und von der Coppanzer Höhe, der Steilstufe des Oberen Muschelkalks, überragt. Oberhalb von Göschwitz fällt die helle Abbauwand des Unteren Muschelkalks am Mönchsberg auf, von 1886 bis 1968 Rohstofflieferant für das große Zementwerk in diesem Ortsteil. Von der Stadt Jena breitet sich vor dem Betrachter vor allem der südliche Teil aus. Von rechts nach links reicht der Blick von den Siedlungen und Industrieanlagen aus den 20er und 30er Jahren unterhalb von Lichtenhain über die Ernst-Abbe-Siedlung am Ausgang des Ammerbacher Tales, die Neubaugebiete der 80er und 90er Jahre von Winzerla, die Gewerbegebiete, Verkehrshöfe und Einkaufszentren von Burgau und und Göschwitz bis zu den Hochhauskomplexen von Neulobeda. Nicht nur die immer noch markanten Kirchtürme, sondern auch Baustil und Wohndichte, weisen die teilweise schon vor Jahrzehnten eingegliederten Dörfer und Kleinstädte aus, die sich mosaikartig über die heutige Stadtlandschaft verteilen, wie Lichtenhain, Ammerbach, Burgau, Winzerla, Göschwitz und Maua westlich der Saale und Lobeda und Wöllnitz, unmittelbar am Fuße des Johannisberges, östlich davon. Auf den Verkehrswegen, die gerade in diesem Bereich das Stadtgebiet in Nord-Süd- und Ost-West-Richtung durchschneiden, den Straßen des innerstädtischen Nahverkehrs, den Trassen der Straßen- und Bundesbahn sowie der Autobahn, kann zu jeder Tageszeit ein hohes Verkehrsaufkommen beobachtet werden.

B *An der NW-Spitze des Berges kann man auf einem steilen und schmalen Zick-Zack-Pfad nach Wöllnitz absteigen. Wir verlassen den geschichtlich bedeutsamen Ort in südöstlicher Richtung, nicht ohne noch einen Blick auf die hier wachsenden Pflanzen zu werfen. Die Hangkante wird besäumt von dichten Gebüschen der Gemeinen Zwergmispel (Cotoneaster integerrimus) und der Schlehe (Prunus spinosa). An Felssimsen wächst das Pfriemengras (Stipa capillata), dessen lange Grannen im Spätsommer im Winde über dem Abgrund schwingen. In Nachbarschaft der Wallanlagen stocken schöne kräftige Exemplare der Kornelkirsche (Cornus mas).*

Vorbei an dem äußeren Wall folgen wir jetzt dem rechten Weg, entlang der Hangkante in Richtung Spitzberg. An den südexponierten Hängen sind unter der Wald-Kiefer arten- und orchideenreiche Blaugrasrasen entwickelt. Der Lehrpfad verläuft hinter dem Abgang des Himmelreichsgraben mit einer scharfen Rechtskehre vor zur Kuppe des Spitzberges. (Der geradeaus-führende Weg würde uns zurück zum Drackendorfer Vorwerk bringen).

Z *Im Himmelreichsgraben, einer steilen Erosionsschlucht, ist ein Abstieg nach Lobeda möglich. An den steilen Hängen, über den Felsbänken und an den Klippen befinden sich die Tanzplätze eines unserer schönsten Schmetterlinge, des Segelfalters* (Papilio podalirius). Hier jagen bei ruhigem, sonnigem Wetter die Männchen hin und her, bis ein Weibchen* vorbeifliegt und eines der Männchen mitlockt. An diesen durchaus in ihrem Charakter an südeuropäische Landschaften erinnernden kahlen Kalkhängen wurde seit 1996 alljährlich die Zippammer* (Emberiza cia) beobachtet, dabei für 1996 sogar eine mögliche Brut nicht ausgeschlossen. Vorher gab es nur zwei Nachweise dieser südeuropäischen Vogelart für ganz Thüringen, deren nächsten Vorkommen sich derzeit ca. 200 km entfernt im mittleren Maintal befinden.

SPITZBERG 29

F: Forstwirtschaft um Jena
N: Naturschutzgroßprojekt
G: Cölestin

In den Wäldern aller Eigentumsformen um Jena ist eine geregelte **Forstwirtschaft** nach **F**
den Grundsätzen der naturnahen Waldwirtschaft möglich. Rechtliche Grundlage bilden das „Gesetz zur Erhaltung, zum Schutz und zur Bewirtschaftung des Waldes und zur Förderung der Forstwirtschaft" (Thüringer Waldgesetz - ThürWaldG -) vom 6.8.1993, bzw. 7.9.1999 sowie die dazu erlassenen Rechtsverordnungen.
Mit einer **Gesamtfläche** von über **1.400 ha** stellt dabei der Wald der Stadt Jena eine beachtliche Wirtschaftsgröße dar. Aufgrund der geologischen und klimatischen Gegebenheiten im Wuchsbezirk Ilm-Saale-Platten des Wuchsgebietes Ostthüringisches Trias-Hügelland sind waldbaulich anspruchsvolle Ziele zu verwirklichen. Organisatorische und technisch-materielle Voraussetzungen sind im Rahmen der sogenannten Eigenbeförsterung durch die Stadtverwaltung Jena mit eigenem Forstpersonal gegeben.

Die derzeitige **Baumartenverteilung** im Stadtwald Jena stellt sich wie folgt dar:

Wald-Kiefer	36,7 %
Buche	15,1 %
Schwarz- Kiefer	10,3 %
Esche	10,0 %
Eiche	8,9 %
Ahorn	6,6 %
Fichte	4,5 %
Hainbuche	2,6 %
u.a.	

Auf rund 57% der Waldfläche (Holzbodenfläche) stocken Rein- und Mischbestände der Baumarten Wald-Kiefer und Schwarz-Kiefer und restliches Nadelholz. Laubholzbestände (Buche, Eiche, Esche, Ahorn) nehmen rund 43% der Fläche ein. Die Leistungsfähigkeit (Ertragsklasse) der Hauptbaumarten ist zwischen 2,5 - 4,0 angesiedelt. Der durchschnittliche Hektarwert über alle Baumarten beträgt 184 Vfm/ha; Zielstellung mittelfristig 210 Vfm/ha.

Die anerkannten **Waldfunktionen** im Territorium um Jena als Trinkwasserschutzgebiete - Bodenschutzwald - Naturschutzgebiete - Landschaftsschutzgebiete - geschützte Landschaftsbestandteile sind im Rahmen einer Waldinventur (Forsteinrichtung) mit Stichtag 1.1.1997 sowie der mittelfristigen Bewirtschaftungsstrategie berücksichtigt worden. Die Waldpflege und Waldverjüngungsmaßnahmen der nächsten Jahre werden darauf abzielen, Nadelholzbestände von über 100 Jahren nachhaltig zu nutzen und schrittweise in standortgerechte Laubholzmischbestände umzuwandeln. Die Laubholzbestände werden über einzelstammweise Nutzung und Förderung der natürlichen Verjüngung in stabile, strukturierte Laubholzmischbestände überführt. Die Jagdwirtschaft muß durch stärkere Bejagung des Rehwildes diesen Prozeß unterstützen. Insgesamt wird die Forstwirtschaft die Wälder um Jena so bewirtschaften, daß sie ihrer Nutz-, Schutz- und Erholungsfunktion gerecht werden.

Abb. 94: Südhang des Spitzberges bei Lobeda oben - im Jahre 1993 unten - nach der Erstpflege (Entbuschung) im Jahre 1998 (Fotos: F. JULICH)

Einen besonderen **Schwerpunkt des Naturschutzgroßprojektes** bildet auf einigen Flächen die Zurückdrängung der Schwarz-Kiefer. Ihr Anflug (subspontane Ausbreitung) auf Trocken- und Halbtrockenrasen ist zu entfernen und Neuansamung durch Einschlag der Samenträger zu verhindern. Es ist das Ziel, an den Steilhängen auf 190 ha durch Gehölzentnahme offene Trockenrasen zu schaffen. Entbuschung soll auch die Biotopstrukturen im Bereich der Halbtrockenrasen verbessern. Am Südhang des Spitzberges sind diese Erstpflegemaßnahmen bereits durchgeführt worden. Eine Renaturierung der Bodenvegetation ist bereits erkennbar. Durch wiederholte Pflegearbeiten sind der neue Stockausschlag und vor allem die aufkommenden Laubgehölze (Robinien!) zu entfernen (Abb. 94). **N**

Wer durch den Himmelreichsgraben nach Lobeda absteigen möchte, achte auf die **Schichtenfolge des Wellenkalkes**. Etwa 35 m unter der Wegabzweigung wird die Schaumkalkzone gequert, und beim Kreuzen der Johannisberg-Horizontale erkennen wir die Terebratelzone. Auf der Horizontale in Richtung Norden besteht Gelegenheit zum Studium der Terebratelbänke. Am Weg etwa 120 m unterhalb ist die Oolithzone angeschnitten, und der untere der **konstanten Felsgürtel** (Konglomeratzone; vgl. Abb.10, S. 19) zieht über den Weg. Im Graben betrachten wir die Myophorienschichten (an Fossilien neben *Myophoria vulgaris* vor allem *Hoernesia socialis* und *Entolium discites*) oder suchen im Frühjahr bzw. nach starken Regenfällen nach dem bis 20 mm mächtigen **Cölestin**. Ebenso wie bei Drackendorf wurde hier in der zweiten Hälfte des 19. Jhs. Cölestin gewonnen. Bedeutungsvoller war der Abbau in Dornburg, der bald nach dem ersten Auffinden des Cölestins 1816 begann, und am Südfuß des Jenzigs, wo in der Zeit des stärksten Abbaues Ende der siebziger Jahre 25 bis 30 Männer in 50 bis 60 Gruben, die bis 50 m in den Berg reichten, tätig waren. Doch ließen sich kaum Gewinne aus dem Cölestinabbau erzielen. Die Preise pro Zentner Cölestin schwankten zwischen 3 und 9 Mark. Besonders mühevoll gestaltete sich der Transport des Cölestins mit Körben, Stangen (bei Platten) oder in Säcken ins Tal. Der Abbau erfolgte besonders im Winter (letztmals 1893/94) als landwirtschaftliches Nebengewerbe. Da Cölestin relativ rein ist und zu etwa 57 % aus Strontiumoxid besteht, wurde es als Strontiumrohstoff u.a. bei der Zuckerherstellung genutzt. **G**

AM ALTEN EXERZIERPLATZ   **30**

H: Geschichte;
B: Wald-Kiefer – Schwarz-Kiefer / Süßgräser – Sauergräser;
N: Wanderwege, Tourismus

Bis zum 1. Weltkrieg diente ein Teil der Hochfläche als **Exerzierplatz**. Jährlich fanden hier Manöver und militärische Übungen des 94. Infanterie-Regiments statt, einer Einheit, die schon vor der Reichsgründung unter Sachsen-Weimarischer Regie in Jena stationiert war. Später wurde die freie Fläche durch Aufforstungen eingeengt und nach dem 2. Weltkrieg als Segelflugplatz genutzt, bis dieser weiter östlich zum Luftschiff (Schöngleina) verlegt und in den letzten Jahren weiter ausgebaut wurde. Eine ackerbauliche Nutzung war nicht mehr rentabel. Heute dient die grasige Hochfläche der Schafhutung. **H**

B Auf unserer Wanderung sind schon wiederholt die einheimische **Wald-Kiefer** und die eingeführte und auch hier auf der Hochfläche angepflanzte **Schwarz-Kiefer** zur Sprache gekommen. Darum ist es an der Zeit, einmal die Merkmalsmuster dieser beiden Arten im Vergleich darzustellen (Tab. 5).

Tab. 5: Merkmalsvergleich zwischen Wald- und Schwarz-Kiefer

	Wald-Kiefer	**Schwarz-Kiefer**
Habitus	je nach Standort buschförmig oder bis 35 m hoher Baum	kräftiger Baum, bis 35 (50) m
Borke	rötlich gelb, an älteren Exemplaren graubraun, in Platten abblätternd	schwarzgrau, tiefrissig
Jungtriebe	kahl, erst grünlichgelb, später graubraun	kahl, glänzend, grünlichgelb bis gelb-braun, später mit schwarzgrauen Schuppen bestetzt
Knospen	harzlos oder gering verharzt	stark verharzt
Nadeln	zu 2, meist gedreht, steif, grau- oder blaugrün, 3-8 cm lang, bis 2 mm breit, Ränder fein gesägt, Nadelscheiden 5-10 mm, weißgrau	zu 2, starr, meist gerade, in sich gedreht, 8-15 cm lang, bis 2 mm breit mit scharfer Spitze, Rand gesägt, Nadelscheide erst über 1 cm, später zurückgerollt
Zapfen	gestielt, meist einzeln oder zu 2-3, meist hängend, 2,5-7 cm lang, bis 3,5 cm breit, Schuppenschild gewölbt mit kaum sichtbarer Querleiste, Nabel meist unbedornt	kurz gestielt, zu 2-4, seitlich stehend oder hängend, 5-8 cm lang, bis 3 cm breit, glänzend hellbraun, erst im 3. Jahr sich öffnend, Schuppenschild mit stark hervortretender Querleiste, Nabel oft bedornt
Samen	3-4 mm lang	5-7 mm lang
Heimat	Europa bis Sibirien, bis 70° n. Br.	Südeuropa, Kleinasien

Die Kiefern sind, wie alle Koniferen, Windbestäuber. Das trifft auch für die **Süßgräser** (Poaceae) zu, denen wir auf Schritt und Tritt begegnen. Mit 8.000-10.000 Arten ist die Familie weltweit verbreitet und eine wirtschaftlich höchst bedeutungsvolle Pflanzengruppe. Weizen, Roggen, Hafer, Gerste, Reis, Mais, Hirse und Zuckerrohr sind für die menschliche Ernährung direkt und die Weidegräser indirekt wichtige Nutzpflanzen.

Die Blüten der Gräser sind in Anpassung an die **Windbestäubung** stark vereinfacht, von trockenhäutigen, oft begrannten Spelzen umgeben und zu Ährchen vereinigt. Diese bilden rispige oder ährige Blütenstände. Meist sind nur noch 3 Staubblätter vorhanden, die zur Blütezeit weit heraushängen und durch den Wind ausgeschüttelt werden (Die in der Luft schwebende Pollenmasse führt bei vielen Menschen zur Pollenallergie - Heuschnupfen). Im einfächrigen Fruchtknoten entwickelt sich ein einziger Same.
Es sind krautige Pflanzen mit stielrunden, meist hohlen Stengeln (Halmen), die durch verdickte Knoten gegliedert sind – nur die subtropisch-tropischen *Bambus*-Verwandten haben holzige und oft baumhohe Halme. Die Blätter bestehen aus einer stengelumfassenden Scheide und einer mehr oder weniger langen, schmalen Spreite. Obwohl die Gräser einen großen Formenreichtum entwickelt haben, sind sie immer sehr leicht an diesen Baumerkmalen zu erkennen. Sie sind, wie andere Windblütler auch, Bestandsbildner und sichern damit Bestäubung und Befruchtung.

Ebenfalls windblütig sind die grasartigen **Binsengewächse** (Juncaceae) und **Riedgrasgewächse** (Cyperaceae). Trotz äußerlicher Ähnlichkeiten mit den echten Gräsern (Poaceae) lassen sie sich durch kaum hohle und nicht knotig gegliederte Stengel mit 3zeiliger Blattstellung gut erkennen. Die Binsengewächse haben noch vollständige, zwittrige Blüten. Bei den Binsen (*Juncus*) sind die Blätter oft stengelähnlich rund („binsenartig"), bei der in unseren Laubwäldern vorkommenden Hainsimse (*Luzula*) dagegen grasartig. In den Riedgrasgewächsen ist es in Verbindung mit der Windbestäubung zur Ausbildung von eingeschlechtigen und stark reduzierten Blüten gekommen. Die Vertreter dieser Familie – die sogenannten Sauergräser – wachsen bevorzugt in feuchten und nassen Biotopen. Doch haben es einige Arten geschafft, selbst unter den Bedingungen der Trocken- und Halbtrockenrasen zu gedeihen, wie es z.B. die Erd-Segge (*Carex humilis*) beweist. Dieses kleine Sauergras gehört zusammen mit dem Kalk-Blaugras (*Sesleria varia*), einem Süßgras, im Frühling zu den ersten Begrünern der trockenen Kalkhänge.

Es macht den besonderen Reiz der Großstadt Jena aus, auf kurzem Weg aus der Stadt heraus sofort inmitten einer reizvollen Landschaft mit Ausblicken auf die Stadt und inmitten einer artenreichen Natur zu sein. Sie sind dem Wanderer durch ein dichtes, gut ausgebautes und immer wieder erweitertes **Wegenetz** erschlossen. Der zunehmende **Tourismus** und der berechtigte Anspruch der Menschen auf Erholung und Naturerlebnis müssen jedoch in Einklang gebracht werden mit dem ebenso berechtigten und notwendigen Anliegen des Schutzes dieser einmaligen Landschaft und ihres Naturreichtums. Das würde ohne Schwierigkeiten und mit geringerem finanziellen Aufwand erreicht werden können, wenn allen Menschen die **Achtung vor der Natur** als Ergebnis einer Milliarden Jahre währenden Evolution und die Verantwortung für ihre Umwelt als unschätzbar wertvolle Lebensbedingungen ein Bedürfnis oder wenigstens eine Selbstverständlichkeit wäre. Da aber immer noch Rücksichtslosigkeit und Unvernunft zu beträchtlichen Schäden führen, muß mit gesetzlichen Regelungen und ständigen Apellen nachgeholfen werden. Im Thüringer Naturschutzgesetz ist im § 2 festgeschrieben, daß "der Schutz von Natur und Landschaft eine verpflichtende Aufgabe für jeden Bürger und den Staat" ist. "Jeder Bürger ist verpflichtet, durch sein Verhalten dazu beizutragen, daß Natur und Landschaft

pfleglich genutzt, nicht verunreinigt und vor Schäden bewahrt werden sowie der Naturgenuß nicht mehr als nach den Umständen unvermeidbar beeinträchtigt wird."
Bestimmte Einschränkungen muß der Naturerlebnis und Erholung suchende Wanderer in der Jenaer Umgebung akzeptieren. Dazu gehören das Verbot des Betreten der Steilhänge, das Befahren der Wanderwege mit Mountain-Bike oder gar mit Moto-Cross-Fahrzeugen und auch das Reiten. Eine Anlage von gesonderten Rad- und/ oder Reitwegen an den Steilhängen ist aus Gründen des gewollten "sanften" Tourismus und des Naturschutzes ausgeschlossen. Die vorhandenen Wanderwege, auf denen z.T. auch genehmigungspflichtige sportliche Veranstaltungen, wie der Kernberglauf stattfinden können, werden durch die Stadt von einer ABM-Gruppe "Wanderwege" markiert, instandgehalten und gepflegt. Ehrenamtlich engagierte Bürger der ansässigen Wandervereine und Berggesellschaften stehen diesen Kräften zur Seite. Nur der mühevollen Arbeit von staatlichen Mitarbeitern und vielen Naturfreunden verdanken wir also den Zugang zu diesem Erholungsraum und damit die Möglichkeit zu reichhaltigem Naturerlebnis – auch Sie können mithelfen: allein schon durch ihr achtsames und rücksichtsvolles Verhalten.

Gleich nach dem Suchpunkt sehen wir links einen stark bewachsenen Pfad abgehen, auf dessen rechter Seite sich nach ca. 30 m ein Gedenkstein befindet mit der Inschrift: „Unserem Siegfried zum Gedenken", der an den tragischen Absturz des Segelfliegers Siegfried BURKHARD *im Jahre 1954 erinnert.*
Immer an der Hangkante entlang, durch dichte Kiefernbestände, vorbei an jungem Stangenholz von Eschen und an einem rasigen Rastplatz, kommen wir nach einer Linksbiegung an den Burggraben der Oberburg. Im Graben steht ein prächtiges Exemplar eines Feld-Ahorns (Acer campestre) und weiter links eine charaktervolle „Kandelaber"-Kiefer.

31 AN DER OBERBURG

H: Berge und Burgen

H Auf dem nach Südwesten vorspringenden Bergrücken erhoben sich einst die obere und die untere Lobdeburg. Die **obere Burg** auf der ebenen Fläche hinter dem oberen Halsgraben, an dessem Rand wir stehen, gehörte der Leuchtenburger Linie des Hauses Lobdeburg. Sie wird 1221 erstmals urkundlich erwähnt. Seit 1344 ist sie im Besitz der Wettiner, die sie 1380 dem Dienstmannengeschlecht der PUSTER übertragen. In deren Besitz blieb die Burg mit einer kurzen Unterbrechung bis 1591. Danach verfiel sie. Außer den erhaltenen Halsgräben (einer typischen Form des Burggrabens von Höhenburgen, die auf einem Bergrücken liegen und bei denen ein Ringgraben nicht nötig oder möglich war) deuten heute nur wenige Reste aus Terebratelkalkstein auf ihre einstige Lage hin.

Wir gehen nicht durch den Graben hindurch und über die Höhe weiter, sondern bleiben auf unserem Weg, der nach einer Linksbiegung auf einen breiteren stößt, der von der Hochfläche kommend zur Lobdeburg hinunter führt. Gleich hinter der Einmündung geht links spitzwinklig ein Hangsteig ab. Hier kann man einen Abstecher machen zu einem **Gedenkstein** aus Terebratelkalk mit einer gußeisernen Tafel, die an die 1845 begonnene Wiederaufforstung in diesem Gebiet erinnert.

Ferdinand von Helldorf begann die **H/G**
Culturen 1845
– Ferdinand Berg –
Zur Erinnerung gewidmet 1864

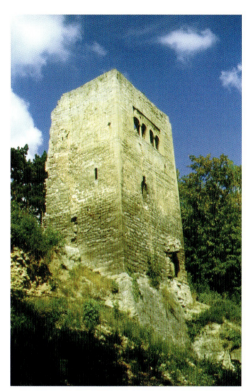

Abb. 95: Die Lobdeburg über Jena-Lobeda gehört zu den am reinsten erhaltenen romanischen Wehrbauten Mitteldeutschlands (Foto: M. Rupp 1998)

Vereinzelt findet sich am Denkmal ein durch verwitterungsbedingte Erweiterung der rundlichen Hohlräume des Terebratelkalks entstandener Stein, der ebenso wie Travertin als Grottenstein verwendet und besonders im 19. Jh. in Gärten sehr beliebt war.

Abb. 96: Archäologische Untersuchungen im Torbereich der Lobdeburg 1998 (Foto: M. Rupp 1998)

Wir sind jetzt an der Südflanke des Burgberges und passieren den unteren Halsgraben der oberen Burg. Am Weg abwärts bemerkt der aufmerksame Beobachter, daß auf die Schaumkalkzone, die zwischen Läuseberg und dem Plateau nordöstlich der Oberburg mehrfach durch verfallene kleine Steinbrüche kenntlich ist, die Oolithzone und die drei konstanten Felsgürtel durch den Weg angeschnitten werden. Die Terebratelzone fehlt infolge einer Störung. Wer einen Abstecher zum Ferdinandberg macht, wird sie oberhalb des Weges beobachten können. Auch hier versetzen mehrere kleine Störungen den Ausstrich der beiden Terebratelbänke im dm- bis m-Bereich.

B Der Hang oberhalb des Weges ist reichlich mit **Roßkastanien** (Aesculus hippocastanum) bestanden – das ist ein Baum, der in balkanischen Schluchtwäldern zu Hause ist und in unseren Breiten als Zierbaum angepflanzt wurde und sich dann aber auch weiter verbreitet hat. Im Bereich der steileren Hanglagen geht der hohe Baumbewuchs zurück, und wir haben wieder freien Blick nach Süden. Er reicht über das Drackendorfer Tal, den Riedel des Einsiedlerberges und das Rodatal im Mittelgrund, bei guten Sichtverhältnissen über die bewaldeten Höhen des Ostthüringer Buntsandsteinlandes mit der Muschelkalkscholle der Leuchtenburg bis zum Thüringer Schiefergebirges am Horizont. Deutlich ist auch zu sehen, wie das Neubaugebiet von Lobeda-Ost das alte Drackendorf an den Stadtkörper fest angeschlossen hat.

32 LOBDEBURG

H: Lobdeburger

H Die **Lobdeburg** über Lobeda gehört zu den am reinsten erhaltenen romanischen Wehrbauten Mitteldeutschlands. Sie wurde etwa um die Mitte des 12. Jhs. erbaut und tritt im Jahre 1166 erstmals in das Licht der Geschichte. Die Burg gehörte, wie auch der Ort Lobeda selbst, der Bergaer Linie der Lobdeburger. Urkundlich sind die aus Franken stammenden Herren von **AUHAUSEN** erstmals 1133 an der Saale erwähnt. Nach 1166 nannten sie sich nach ihrer neuen Burg **LOBDEBURGER**, mit dem Beinamen von BERGA („gnant von Bergow") im Elsterland (dies führte zum Fehler, sie mit Burgau gleichzusetzen, was E. DEVRIENT 1930 bereits nachwies). Ihnen gehörten Berga, Jena, Lobeda, Kahla mit der Leuchtenburg und Roda, wo sie als Grablege für ihre Familie ein Zisterzienser-Nonnenkloster stifteten. Nachdem die Wettiner immer stärkeren Einfluß in Jena und Lobeda erhalten hatten, drückten sie die Lobdeburger in den Rang von lehnspflichtigen Landadligen herab und verfügten nach eigenem Ermessen über Lobeda und die Burgen, die wiederholt verpfändet wurden. Im Jahre 1343 erwarben die Grafen von Schwarzburg und Orlamünde eine Hälfte der Lobdeburg. Letztere traten ihre Rechte wahrscheinlich an die Grafen von Honstein ab. 1349 sicherten sich die neuen Teilhaber auch das Öffnungsrecht an dem verbliebenen Teil der Wehranlage. 1358 fällt die Burg schließlich an die Markgrafen von Meißen.

Die **Ruine der Lobdeburg** ist noch in großen Teilen erhalten (Abb. 95). Als Kernstück der Anlage erhebt sich über rechteckigem Grundriß der einst viergeschossige rein romanische Wohnturm mit einem Vierarkadenfenster auf der Südseite. An der Nordseite schließt sich ein weiteres Gebäude unmittelbar an den mächtigen Wohnbau an. In dessen erstem Obergeschoß befand sich im Mittelalter eine Burgkapelle, worauf die aus der Ostwand herauskragende Hauptapsis und die beiden sie flankierenden, in die Wand eingestellten kleineren Apsidiolen hinweisen. Seit 1998 finden im Zuge von notwendigen Sanierungsmaßnahmen an der Ruine umfangreiche archäologischen Untersuchungen statt (Abb. 96). Diese erbrachten bisher den Nachweis, daß der in der Nordwest-Ecke der Burg befindliche quadratische Turmstumpf ebenfalls in die Gründungszeit der Burg gehört und einst als Tankzisterne gedient hat. Ebenfalls in die Erbauungszeit der Burg gehören die Mauerteile in der Südost-Ecke. Hier konnte der Zugangsbereich der Burg ergraben werden, der ehemals durch ein Torgebäude mit zwei hintereinander liegenden Tordurchfahrten gesichert wurde. Außerdem befand sich noch an der Nordseite des Gebäudes eine Pforte. Das mehrgeschossige Torhaus besaß im 14. Jh. einen mit Schiefer verkleideten Fachwerküberbau und war mit Hohlziegeln gedeckt.

Die Ringmauerteile im Südwesten, Westen und Norden gehören wahrscheinlich späteren Bauabschnitten an. Die archäologischen Befunde sowie Brandspuren an der Bausubstanz legen eine gewaltsame Zerstörung der Burg im 14. Jh. nahe.

Die Lobdeburg wurde überwiegend aus den Kalksteinen des Terebratel- und des **G** Schaumkalkhorizontes erbaut. Trotz der zahlreichen vorhandenen Steinbrüche waren bearbeitete Natursteine relativ wertvoll. Sie wurden deshalb häufig wiederverwendet. So fanden Steine der Lobdeburg 1491 eine neue Nutzung beim Bau der Brücke Burgau und der Kirche Lobeda sowie 1515 für das Untere Schloß Lobeda.

Von der Lobdeburg aus gabelt sich der Lehrpfad und führt:
  ⁛ *entweder über die Lobdeburgklause (Gst.) nach Lobeda (Schloß und Kirche) zum Suchpunkt 33*
  ⁛ *oder den Fahrweg abwärts zu dem Dörfchen Drackendorf (Kirche, Goethepark) zum Suchpunkt 34.*

---

1. Variante: Von der Lobdeburg nach Lobeda
Von der Burg verläuft der Weg über den Bergrücken zur neuen, 1998 eröffneten Lobdeburgklause und von da zu dem durch Gärten nach Lobeda hinabführenden Lobdeburgweg.

LOBEDA 33

H: Schloß und Kirche

Nach dem Bau der unteren Burg in Lobeda (1236 urkundlich erwähnt) erwuchs in den **H** LOBDEBURGERn ein mächtiges Geschlecht, das sich bis nach Böhmen ausbreitete und das von den Sorben gemiedene Waldland zwischen Saale und Weißer Elster der Besiedlung erschloß. Sie nannten sich nun nach ihrer neuen Burg und dem sehr alten Lobeda (von slaw. loiba = Wald) mit einer Urpfarrei, die nach der Christianisierung des Sorbengebietes unter der Mission von BONIFATIUS entstanden war. Sie verliehen Lobeda, Jena und Kahla das Stadtrecht (Lobeda: 1284 urkundlich als Stadt). Die untere Burg ist als **Stadtschloß** in völlig veränderter Form erhalten geblieben. Zunächst wurde es 1515 mit Steinen der oberen Burg von Friedrich von LONDERSTEDT wiederhergestellt. Er hatte es von Kurfürst ERNST 1468 als Lehen erhalten. Nach 1912 wurde es völlig umgebaut und diente verschiedenen Bildungseinrichtungen. Beim Bau des Schlosses kamen helle Kalksteine (Terebratelkalk, Schaumkalk) und Bausandstein zur Verwendung. Im Park des Schlosses befindet sich ein **Steinkreuz** aus Muschelkalk. Es soll vorher am Kreuzweg zwischen Burgau und Winzerla gestanden haben. An der Schauseite zeichnet sich die Form einer Armbrust ab (Abb. 97).

Abb. 97: Steinkreuz im Park des Stadtschlosses Lobeda (Foto: I. TRAEGER)

Bei der Ausschachtung des Kellers im Stadtschloß für die Zentralheizung neben dem Turme und wiederum im Probeschacht für einen Neubau, der Ende 1926 auf dem Gelände nördlich des Stadtschlosses angelegt wurde, stieß man zufällig auf eine Siedlung der Jüngeren **Urnenfelderkultur** der späten Bronzezeit. Sie tat sich durch eine Kulturschicht von 0,20 bis 0,25 m Stärke kund, die mit Holzkohle, rot verbrannten Steinen, Tierknochen und Gefäßscherben angereichert war und durch Gruben von 0,40 bis 0,50 m oberer, 0,30 m unterer Breite und 0,75 m Tiefe durchbrochen wurde, die schwarz eingefüllt waren und besonders viele Scherben enthielten. Aus einem Profil, das uns Gustav EICHHORN überlieferte, geht hervor, daß die Oberfläche der Siedlung bis 5,00 m tief unter der heutigen Oberfläche liegt und durch zwei Schichten von Gehängeschutt des Spitzberges bedeckt wird. Insbesondere zwei Gefäße, die vollständig geborgen wurden, lassen erkennen, daß die Siedlung vor 3.000-2.800 Jahren geblüht hat; sie werfen die Frage auf, ob sie in alter Zeit freiwillig aufgegeben oder nicht vielmehr durch einen Bergsturz zerstört worden ist, der durch eine Klimaänderung zu Beginn der Eisenzeit hervorgerufen wurde.

Die **Gemeinde Lobeda** feierte im Jahre 1968 das 1.000-jährige Bestehen der Pfarrei St. Peter. Die **Kirche** zu **Lobeda** stellt mit höchster Wahrscheinlichkeit eine der beiden Kirchen dar, die für den Bezirk des Burgwardes Kirchberg 967 urkundlich bezeugt sind (die andere war die Burgkapelle auf dem Hausberg). Sie ist damit eine der ältesten Kirchen in den umliegenden Dörfern ostwärts der Saale. Im Kern stammt das Mauerwerk aus der zweiten Hälfte des 15. Jhs. Das Sterngewölbe und die Maßwerkfenster im spätgotischen Chor und die Wandmalereien in der Sakristei gehören zu den kunsthistorisch wertvollen Denkmälern. Auch die Kanzel in schönster deutscher Hochrenaissance und die spätgotische Marienfigur lohnen einen Gang in die Kirche. Nach umfangreichen Renovierungsarbeiten sind die spätmittelalterlichen Fresken in neuer Pracht entstanden. In der Kirche befindet sich auch der aus Alabaster bestehende Epitaph des Heinrich von THÜNA in Ritterrüstung (gestorben 1569). Die Kirche Lobeda wurde vorwiegend aus Terebratelkalkstein und rotem Bausandstein erbaut.

Gegenüber der Kirche hat ein aus Tertiärquarziten errichtetes Denkmal für Jan KOLLÁR seinen Platz gefunden. Am Rathausplatz Lobeda beachten wir ein Schmuckpflaster aus weißen Quarzen und schwarzen Kieselschiefergeröllen, die aus Saalekiesen stammen.

*Verbleibt uns noch etwas Zeit, können wir einen kurzen Spaziergang zur Saale und der alten steinernen **Burgauer Brücke** machen, mit deren Bau 1491 begonnen und die zum größten Teil Opfer des zweiten Weltkrieges wurde und nun wieder hergestellt werden soll.*

Abb. 98: Prospect des Bergschloßes Lobdaburg bey Jena (nach einem Stich von C. C. L. HESS um 1815)

Gaststätten:

Lobdegurg Klause	(Tel. 03641-33 21 85)
Ratskeller Lobeda	(Tel. 03641-33 21 83)
Zum Löwen	(Tel. 03641-33 21 30)
Sportgaststätte	(Tel. 03641-33 40 80)

 2. Variante: Von der Lobdeburg nach Drackendorf

Von der Lobdeburg führt eine neue Forststraße hinunter nach Drackendorf. Hier lassen sich teilweise stark lehmige abgerutschte Muschelkalkmassen sowie ausgeprägte Hangschuttbildungen beobachten. Im unteren Teil der Straße ist der charakteristisch gefärbte Röttonstein mit Knollengipsen aufgeschlossen.

Unterhalb des Waldes und der alten Obstanlagen sind 1966 zwei Hochbehälter errichtet worden, die sowohl Wasser aus dem Fernwasserversorgungssystem der Ohra- und Schmalwasser-Talsperre als auch aus den Tiefbrunnen des Buntsandsteins südlich von Jena beziehen. Sie können jeweils 10.000 m³ Wasser fassen und dienen der Trinkwasserversorgung vor allem von Neulobeda.

34 DRACKENDORF

H: Drackendorf / Goethe in Drackendorf / Heimatstube
G: Gipsabbau
N: Park / Ländliche Parks und Baumschutz

H **Drackendorf**, 1280 zuerst erwähnt, dürfte slawischen Ursprungs sein (vgl. Suchpunkt 25). 1994 wurde der freundliche Ort, der durch GOETHES Besuche Weltruhm erlangte, zu Jena eingemeindet. Über dreihundert Jahre saßen hier die reichen PUSTER, von denen der Weimarische Kanzler Markus GERSTENBERGK 1591 das Rittergut und die Lobdeburg erwarb. Er stiftete den Drackendorfer Studentenfreitisch und baute eine Schule in Laasdorf. Seit 1745 waren die ZIEGESARS und seit 1835 Anton von ZIEGESARS Schwiegersohn Ferdinand Heinrich von HELLDORF und seine Nachfahren bis 1923 Besitzer von Gut und Burg. Im Zuge der Bodenreform wurde 1949 die ehrwürdige Goethe-Stätte mit nahezu dreißig weiteren Herrensitzen allein im Kreis Stadtroda abgebrochen, Inspektorhaus und Park blieben erhalten. Von allen Bewohnern war der gothaisch-altenburgische Kanzler August Friedrich Carl Freiherr von ZIEGESAR der bedeutendste. Er war mit GOETHE befreundet und lud viele namhafte Gäste auf seinen Sommersitz. Seine von GOETHE verehrte liebreizende Tochter **Silvie** dürfte das Urbild der Ottilie in den Wahlverwandtschaften gewesen sein. Mit ihren Freundinnen, der Malerin Louise SEIDLER und der wie Silvie dichterisch begabten Pauline GOTTER aus Gotha verlebte sie eine heitere Jugend in Drackendorf, wo KNEBEL, KOETHE und Adele SCHOPENHAUER, die Maler KÜGELGEN und C.D. FRIEDRICH weilten. An den Besuch der Enkelin CARL AUGUSTs, der Herzogin von Orleans, im Jahre 1854 erinnert der Helenenstein bei Rothenstein.

Drackendorfs Kirche dürfte im Ursprung bis in romanische Zeit zurückreichen, da das Rundbogenportal am starkwandigen Unterbau des Turms früher mit Eierstabmotiven geschmückt war (heute durch neues Türgewände ersetzt). Aus der Gotik ist der Chor erhalten, allerdings ohne Gewölbe und ohne Fischblasen in den Fenstern. Langhaus, Südanbau für den Herrschaftsstuhl (heute befindet sich dort die kleine Orgel) und der geschlossene achteckige Turmaufbau mit hoher Schweifkuppel und Laterne wurden laut Bauinschriften über den Türen 1653/1655 errichtet. 1867, 1970 und in der Gegenwart fanden Restaurierungsarbeiten statt. In fröhlichen Farben leuchten die reich verzierten Grabmale der Christiane Sophie von ZIEGESAR, geb. von GRIESHEIM, und der Amalie Christiane von GRIESHEIM, geb. von WOLFERSDORF, links und die schlichten der beiden Pfarrer ECKARD und THIENEMANN rechts im Chor. Musikalische Veranstaltungen mit internationaler Beteiligung finden regen Zuspruch.

Kirche und Friedhof sind mit einer aus Kalksteinen aufgesetzten Mauer, deren Krone mit behauenen Sandsteinblöcken abgedeckt ist, eingefriedet. In den Fugen hat sich die Mauerraute (*Asplenium ruta-muraria*), ein kleiner Farn, angesiedelt.

Für den Bau der Drackendorfer Kirche wurden verschiedene Kalksteine (Terebratelkalk, Schaumkalk) sowie Sandsteine (vorwiegend Chirotheriensandstein) verwendet.

Eine 1987 an der Kirche angebrachte Tafel wie auch eine kleine Gedenkstätte in der „Drackendorfer Heimatstube" erinnern an die Wirkungszeit von **Christian Ludwig BREHM**, den Vogelpastor, (* 24.1.1787 in Schönau vor dem Walde, † 23.6.1864 in Renthendorf) als Pfarrer in Drackendorf vom 1.3. - 31.12. 1812.

An der Nordseite der Kirche erinnern drei Gedenktafeln an die vielen Aufenthalte GOETHES in Drackendorf bei der Familie ZIEGESAR.

Linke Tafel:
    Johann Wolfgang von GOETHE
    28. 8. 1749 -22. 3. 1832
    Als Freund der Familie des
    Freiherrn August Friedrich Carl von ZIEGESAR (1746 -1813),
    Geheimrat und Kanzler des Herzogs von Gotha,
    war GOETHE zwischen 1776 und 1820 über 30 mal in Drackendorf
    auf dem Gut und Sommersitz der Familie zu Gast
    und schrieb hier 1802, mit Bezug auf die Lobdeburg
    und Silvie von ZIEGESAR, das Gedicht „Bergschloß"

Mittlere Tafel:
    „Manches Herrliche der Welt ist in Krieg und Streit zerronnen,
    Wer beschützet und erhält, hat das schönste Los gewonnen."
                                      J. W. v. Goethe
    (Text vom ersten Goethe-Denkmal im Griesbach-Garten zu Jena)

Rechte Tafel:
    Silvie von ZIEGESAR
    21. 6. 1785 - 13. 2.1858
    Jüngste Tochter des Freiherrn von ZIEGESAR,
    seit 1802 bis zu ihrer Heirat mit dem Jenaer Theologen
    Friedrich August KOETHE am 21. 6. 1814 hier in Drackendorf,
    vielfache Begegnungen mit GOETHE, der sie in dem Gedicht
    zum 21 Juni, Karlsbad 1808,
    als Freundin, Tochter, Liebchen besungen hat.

G Für Drackendorf waren die Rötgipse von Bedeutung. Ein Bruch südlich des Dorfes lieferte bis in das 20. Jh. „Jenaer Marmor". Um Drackendorf und Ilmnitz abgebauter Gips wurde in der zweiten Hälfte des 19. Jhs. in Gipsmühlen in Schöngleina, Trockhausen und Zöllnitz zu Düngegips vermahlen. Um Jena verwendete man vor allem ungebrannten Gips zum Düngen. Gegenüber Kalkstein hatte er den Vorteil der leichteren Mahlbarkeit. Düngegips aus dem Raum Jena ging sowohl auf die auf Oberem Muschelkalk gelegenen Orte Bucha, Schorba und Milda als auch zeitweilig bis nach Schlesien. Im 19. Jh. betrieb das Rittergut Drackendorf eine Ziegelei.

Abb. 99: Blick auf das „Bergschloß", die Lobdeburg (Foto: W. HEINRICH 1998)

B/N Der **Park** wurde unter Carl Siegmund II. von ZIEGESAR (14.9.1696 - 22.5.1754) angelegt (Ersterwähnung 1745 als Lustgarten). 1780 erfolgte der weitere Ausbau durch August Friedrich Carl von ZIEGESAR (5.4.1746 - 19.12.1813). Silvie von ZIEGESAR bat 1803 GOETHE um Unterstützung und Rat, wonach der Garten wohl seine Gestaltung als Park im englischen Stil erfuhr. Clara von HELLDORF (geb. von ZIEGESAR, 28.4.1813 - 29.3.1876) ließ durch Anregung einer Reise nach Italien 1854/55 den kleinen Gartensalon – "den Pavillion" – errichten. Im Jahre 1854 besuchte auch die Herzogin von Orleans mit ihren beiden Söhnen Graf v. PARIS und Robert Herzog v. CHARTRES Drackendorf für acht Tage. Zum Abschied pflanzten die Söhne die beiden Eichen (*Quercus robur*), die heute zu prächtigen Exemplaren herangewachsen sind. Der stattlichste Baum ist die über 260 Jahre alte Blutbuche (*Fagus sylvatica* 'Atropunicea'). Die Gingkos (*Gingko biloba*) – einer im Kirchhof, sechs im Park – wurden 1989 und 1990 gepflanzt.

Der kleine Teich im Westen des Parks wird übrigens von einer im Dorf, oberhalb des Feuerlöschbeckens entspringenden Quelle gespeist. Auf der Wasseroberfläche bildet die Kleine Wasserlinse (*Lemna minor*) einen dichten Überzug (Entengrütze, Entenflott). **Wasserlinsen** sind die kleinsten Blütenpflanzen, die aber nur selten blühen und sich vorwiegend vegetativ vermehren. Der stark vereinfachte Vegetationskörper besteht aus einem Laubblatt- und einem Sproßachsenanteil. Die Blüten sind eingeschlechtlich und nackt. Durch Bildung und Abtrennung neuer Seitensprosse können sie innerhalb weniger Tage ihre Biomasse verdoppeln. In Südostasien wird die ebenfalls zu den Wasserlinsengewächsen gehörende *Wolffia arrhiza* (mit 1-1,5 mm „Größe" kleinste Blütenpflanze!!) wegen ihrer hohen Produktivität und ihres Eiweißgehalts als Gemüsepflanze genutzt, wobei die Ernte in einem Intervall von 3 bis 4 Tagen über lange Zeit wiederholt werden kann und die Biomasseproduktion pro Zeiteinheit allen anderen Kulturpflanzen weit überlegen ist.

Abb. 100: Übersicht über die Standorte der Großgehölze im Drackendorfer Park (Entwurf: W. HEINRICH, L. LEPPER; Zeichnung: K, RAMM) - rechts

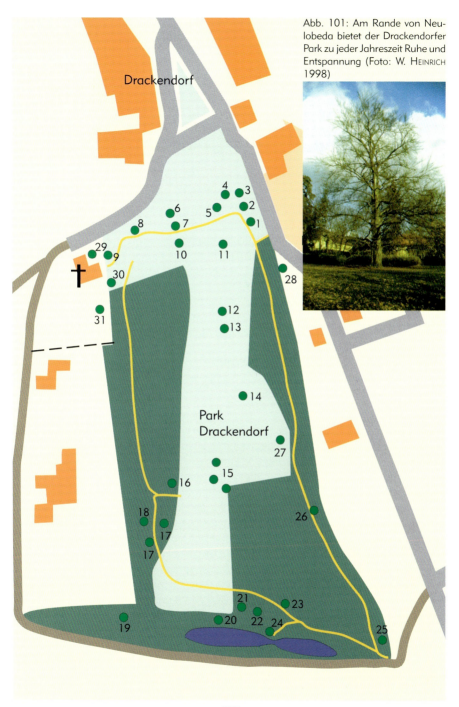

Abb. 101: Am Rande von Neulobeda bietet der Drackendorfer Park zu jeder Jahreszeit Ruhe und Entspannung (Foto: W. Heinrich 1998)

Standorte der Großgehölze (vgl. Lage-Skizze)

Nadelhölzer:
  Ginkgo (*Ginkgo biloba*): 8, 31
  Kolorado-Tanne (*Abies concolor*): 7, 20
  Blau-Fichte (*Picea pungens* 'Glauca'): 5, 12
  Gemeine Fichte (*Picea abies*): 7, 9, 10, 16
  Europäische Lärche (*Larix decidua*): 15, 17, 27
  Nutka-Scheinzypresse (*Chamaecyparis nootkatensis*): 21
  Virginischer Wacholder (*Juniperus virginiana*): 21
  Morgenländischer Lebensbaum (*Thuja orientalis*): 29

Laubhölzer:
  Berg-Ahorn (*Acer pseudoplatanus*): 1, 3, 6, 25
  Spitz-Ahorn (*Acer platanoides*): 6
  Gemeine Roßkastanie (*Aesculus hippocastanum*): 33
  Hainbuche (*Carpinus betulus*): 2, 24
  Blut-Buche (*Fagus sylvatica* 'Atropunicea'): 11
  Rot-Buche (*Fagus sylvatica*): 23, 26
  Gemeine Esche (*Fraxinus excelsior*): 24, 28, 30, 32
  Hänge- Esche (*Fraxinus excelsior* 'Pendula'): 28
  Pyramiden-Pappel (*Populus nigra* 'Italica'): 19
  Stiel-Eiche (*Quercus robur*): 13, 14, 18, 20, 22, 32
  Sommer-Linde (*Tilia platyphyllos*): 3, 4
  Linde (*Tilia spec.*): 16
  Berg-Ulme (*Ulmus glabra*):

Wenn auch die Bäume im Drackendorfer Park keine botanischen Besonderheiten darstellen, ist doch die harmonische Anlage mit ihrem alten Baumbestand ein ausdrucksvolles Beispiel der historischen Gartenkunst und ländlicher Parks. Wo immer noch solche Zeugnisse gärtnerischer Gestaltungskraft vorhanden sind, sollten wir ihnen die notwendige Achtung entgegen bringen und sie unter unseren Schutz nehmen. Bei einem Spaziergang vor allem im Hochsommer im Schatten der Bäume werden wir die wohltuende ästhetische und biologische Wirkung einer Parkanlage erleben können. Bäume erzeugen selbst in dichten Siedlungsräumen durch Sauerstoffproduktion, Reduzierung des CO_2-Gehaltes, Bindung und Erhaltung der Luftfeuchtigkeit ein gesundes Mikroklima, was wir besonders an heißen, trockenen Tagen zu schätzen wissen - und bedenken wir auch, daß Parkanlagen immer Geschenke an kommende Generationen sind, denn ihre Planer und Gestalter hatten nie die Chance, ihre gärtnerischen Visionen zu erleben (Abb. 101).
Der Erhalt und Schutz der Bäume ist in der Stadt Jena seit langer Zeit Bestandteil des Naturschutzes. Am 15.5.1963 wurden 24 Bäume der Stadt zu Naturdenkmälern erklärt. In einer **Baumschutzverordnung** der Stadt Jena war festgelegt, daß Bäume mit einem Stammdurchmesser von mehr als 10 cm in 1,50 m Höhe nicht ohne Genehmigung gefällt werden durften. Auch frevelhaftes Beschneiden und sonstige Beeinträchtigungen des Stamm-, Wurzel- oder Kronenbereiches wurde geahndet. Mit Beschluß der Stadtver-

ordnetenversammlung vom 3.2.1993 wurden in Jena weitere 42 Bäume als Naturdenkmale ausgewiesen, um somit besonders wertvolle Bäume im Stadtbild Jenas zu erhalten (vgl. Tab. 3). Seit dem 1.1.1998 ist die seit 1981 für die gesamte DDR geltende Baumschutzverordnung durch eine neue Satzung der Stadt Jena abgelöst worden. In ihr werden die Bäume des Innenbereiches der Stadt unter besonderen Schutz gestellt (weitere Informationen im Umwelt- und Naturschutzamt der Stadt Jena).

Eine Grundlage für den umfassenden Baumschutz ist ein **Baumkataster**, das Jenaer Biologie-Studenten in den 80er Jahren erarbeitet haben und das nach 1990 vom Umwelt- und Naturschutzamt weitergeführt und aktualisiert wurde und wird.

Neben dem Erhalt des Baumbestandes wird besonderer Schwerpunkt darauf gelegt, vorhandene Grünzonen zu erweitern, zu einem Biotopverbund durch die Stadt zu gestalten und Gebiete mit wenig oder keinem Stadtgrün durch Neupflanzungen aufzuwerten. Das trifft in besonderem Maße auf neue Wohnungs- und Gewerbegebiete zu. Es wird darauf geachtet, daß Eingriffe in Natur und Landschaft durch sinnvolle Ausgleichsmaßnahmen kompensiert werden. Dies geschieht im Innenbereich der Stadt überwiegend durch die Neuanlage von Grünflächen mit einem ausreichenden Bestand an Großgrün, vorzugsweise aus heimischen Laubbäumen.

Hinter der Gaststätte Burgblick ist im ehemaligen Schulgebäude (von 1913) die **Drackendorfer Heimatstube** eingerichtet. Ein Besuch vermittelt viel Wissenswertes über die Geschichte dieses Ortes und über die mit ihr verbundenen Personen. (Öffnungszeiten: Do, Sa, So: 13^{00}-18^{00}, Leiter: Kurt Voigt, tel. Vereinb. 03641/33 30 95)

Gaststätten:
Burgblick (Tel. 03641-33 67 16)
Landgaststätte Brockmöller (Tel. 03641-33 27 45)

Haben wir die reizvolle Landschaft und die Reichtürner von Natur und Kultur auf unserer Wanderung bewußt erlebt, so haben wir sie auch lieben und schätzen gelernt, und wir sind gewiß, daß Jena und seine Umgebung neue Freunde gewonnen haben.

III. WANDERWEGE UM JENA

1. JENZIG – HUFEISEN – KUNITZBURG (4,5 Stunden)

Holzmarkt - Straßenbahn Ostschule - Jenzig (Ghs) - Hufeisen - Kunitzburg - Kunitz (Ghs) - Zwätzen - Straßenbahn Stadtzentrum
oder:
Jenzig (Ghs) - Waldweg - Ostschule
oder:
Hufeisen (Mitte) - Laasan - Kunitz (Ghs) - Thalstein - Erlkönig - Ostschule - Straßenbahn Stadtzentrum

2. FUCHSTURM – STEINKREUZ – ZIEGENHAIN (2,5 Stunden)

Holzmarkt - Grüne Tanne - Wilhelmshöhe (Ghs) - Kammweg - Fuchsturm (Ghs) - Steinkreuz - Ziegenhain - Bus Stadtzentrum

3. KERNBERGHORIZONTALE – FÜRSTENBRUNNEN – LOBDEBURG (3,5 Stunden)

Holzmarkt - Wöllnitzer Straße - Teufelslöcher - Kernberghorizontale - Diebeskrippe - Fürstenbrunnen - Sommerlinde (Drackendorfer Vorwerk) - Lobdeburg (Ghs) - Lobeda (Ghs) - Straßenbahn Stadtzentrum
oder:
Ziegenhain - Kernberghorizontale

4. DRACKENDORF – EINSIEDLERBERG – STEINKREUZ (4 Stunden)

Holzmarkt - Straßenbahn Lobeda (Ghs) - Drackendorf (Ghs) - Einsiedlerberg - Wöllmisse - Fürstenbrunnen - Steinkreuz - Ziegenhain - Bus Stadtzentrum

5. COSPOTH – KLEINERTAL – AMMERBACH (2,5 Stunden)

Holzmarkt - Straßenbahn Winzerla (Ghs) - Trießnitz - Cospoth - Kleinertal - Höhenweg nach Ammerbach (Ghs) - Bus Stadtzentrum
oder:
Kleinertal - Nennsdorf - Ammerbach (Ghs) - Bus Stadtzentrum

6. MÜNCHENRODAER GRUND – MÖBISBRUNNEN – VOLLRADISRODA (5,5 Stunden)

Holzmarkt - Bus: Mühltal - Papiermühle (Ghs) - Mühltal - Münchenrodaer Grund - Wüstes Tal - Möbisbrunnen - Vollradisroda (Ghs) - Coppanz (Ghs) - Waldweg nach Ammerbach (Ghs) - Bus Stadtzentrum

oder:
Coppanz - Coppanzer Berg - Götteritztal - Nennsdorf - Ammerbach (Ghs) - Bus Stadtzentrum

7. BISMARCK-TURM – FORSTHAUS – SCHOTTPLATZ (2,5 Stunden)
Holzmarkt - Bus: Mühltal - Papiermühle (Ghs) - Langetal - Tatzendhorizontale - Bismarck-Turm - Stern - Forsthaus (Ghs) - Otto-Schott-Platz (Ghs) - Magdelstieg - Bus Stadtzentrum
oder:
Forsthaus (Ghs) - Waldschlößchen (Ghs) - H.-Löns-Str. - Bus Stadtzentrum
oder:
Holzmarkt - Ölmühle (Bushaltestelle Mühltal) - Katharinenstraße - Schweizerhöhenweg (hinter Viadukt) - Bismarck-Turm - Stern - Forsthaus - Otto-Schott-Platz (Ghs) - Magdelstieg - Bus Stadtzentrum

8. KAHLES HÖHE – AMMERBACHER PLATTE – LICHTENHAIN (3,5 Stunden)
Holzmarkt - Bus: Mühltal bis Papiermühle - Mühltal - Hangweg am Münchenrodaer Grund - Kahles Höhe - Otto-Schott-Platz (Ghs) - Ammerbacher Platte (Haeckelbank) - Lauenstein - Lichtenhain (Ghs) - Bus Stadtzentrum

9. SONNENBERGE – LUTHERKANZEL – MÜHLTAL (3 Stunden)
Holzmarkt - Steiger - Stumpfenburgweg - Sonnenberge - Papiermühle (Ghs) - Metztal - Lutherkanzel - Patzerbank - Rosental - Mühltalhorizontale (Halbfaßweg) - Obelisk, Carl-August (Ghs) - Fußweg neben der Straße zur Papiermühle (Ghs) - Bus Stadtzentrum

10. STEIGER – NAPOLEONSTEIN – COSPEDA (2 Stunden)
Holzmarkt - Steiger - Timlerstufenweg - Landgrafen - Napoleonstein - Cospeda (Ghs, Gedenkstein Schlacht 1806) - Cospedaer Grund - Papiermühle (Ghs) - Bus Stadtzentrum

11. LANDGRAFEN – EULE – RAUTAL (3,5 Stunden)
Holzmarkt - Steiger - Landgrafenstufenweg - Landgrafen - Eule - Rautal - Wasserfall - Burschenplatz - Steinbach - Löbstedt (Ghs) - Straßenbahn Stadtzentrum

IV. LITERATUR

Naturwissenschaften

ANONYMUS (1982): Untersuchung zur Veränderung der Stauziele der Talsperren Bleiloch und Hohewarthe mit dem Ziel einer effektiven Hochwasserbewirtschaftung. - Abschl.-Ber. Mskr. Gera: Wasserwirtschaftsdirektion Saale-Werra, Oberflußmeisterei Gera

ANONYMUS (1990): Jena's Orchideen - heute. Mit einer Bibliographie zur Pflanzenwelt des Mittleren Saaletales - Jena

ANONYMUS (o. J.; 1993): Stadt Jena. Der Wirtschaftsstandort in Daten und Fakten. - Jena: Stadtverwaltung. - 34 S.

ANONYMUS (1994): Das Hochwasser in Jena im April 1994. - Abschl.-Ber., Mskr. Jena: Umwelt- und Naturschutzamt

ANONYMUS (1994): Besonders geschützte Biotope in Thüringen. - Erfurt: Thüring. Ministerium für Landwirtschaft, Naturschutz und Umwelt. - 94 S.

ANONYMUS (1996): Forstliche Standortsaufnahme. - 5. Aufl., Eching

ANONYMUS (1997): Die forstlichen Wuchsbezirke Thüringens - Kurzbeschreibung. - Mitt. Landesanstalt für Wald und Forstwirtschaft **13**: 1-199, Anhang

ANONYMUS (o. J.; 1998): Grundwasservorkommen und Grundwasserschutz in Jena. - Jena: Umwelt- und Naturschutzamt. - Faltblatt

ANONYMUS (1998): Kommunale Abwasserentsorgung im Freistaat Thüringen 1997. - Erfurt: Thüringer Ministerium für Landwirtschaft, Naturschutz und Umwelt. - 20 S.

ANONYMUS (1998): 1948 - 1998. 50 Jahre Wasserwerk Burgau. Wasser für Jena. - Jena: Wasser- und Abwasserzweckverband Jena, Stadtwerke Jena GmbH. - 12 S.

ANONYMUS (1999): Stadt Jena. Jenaer Statistik. Quartalsbericht IV/98 mit zusätzlichen Jahresangaben und -vergleichen. **8**(29): 1-52

BATSCH, A. J. G. C. (1802): Taschenbuch für mineralogische Excursionen in die umliegende Gegend von Jena. - Weimar

BOGENHARD, C. (1850): Taschenbuch der Flora von Jena. - Jena

CLAUS, H. (1921): Die technische Verwendung der Gesteine in der Umgebung von Jena. - Steinbruch u. Sandgrube **20**: 303-306, 331-334, 361-362

ECCARIUS, W. (Hrsg.; 1997): Orchideen in Thüringen. - Uhlstädt

ERNST, W. & H. WEIGEL (1992): Naturkundliche Wanderungen in Thüringen. - Marburg

FREYBERG, B. v. (1937): Thüringen. Geologische Geschichte und Landschaftsbild. - Oehringen

FRIEDEL, H. (1990): Auf Jenas Wanderwegen. - Jena

GÖRNER, M. & G. FRÖHLICH (1968): Jena und sein Saaletal. - Jena

HAHN, S. & K. REINHARDT (1997): Die Zippammer, *Emberiza cia* L., im Mittleren Saaletal bei Jena. - Thüring. Ornithol. Mitt. **47**: 49-52

HEINRICH, W. & L. LEPPER (1970): Jena, Landschaft, Natur und Geschichte. Heimatkundlicher Lehrpfad. - Jena

HENGEL, U. V. & K. KRAHN (1994): Das Naturschutzgroßprojekt "Muschelkalkhänge im Mittleren Saaletal bei Jena", eines der geplanten Gebiete mit gesamtstaatlich repräsentativer Bedeutung. - Naturschutzreport 7(1): 127-134

HENNIG, B. (1966): Taschenbuch für Pilzfreunde - 2. Aufl., Jena

HERZOG, T. (1940): Die Pflanzenwelt Jenas. - In: LEHMANN, W. (Hrsg.): Jena, Thüringens Universitätsstadt in Vergangenheit und Gegenwart. 1: 39-58. - Jena

HIRSCH, G., M. MANN & O. MÜLLER (1998): Naturschutzgroßprojekt Orchideenregion Jena. - Muschelkalkhänge im Mittleren Saaletal. - Natur und Landschaft 73: 334-340

HOPPE, W. (1952): Die hydrogeologischen Grundlagen der Wasserversorgung in Thüringen. - Jena

JOHNSON, G. & K.-H. SCHMIDT (1999:) Measurement of block-displacement velocities on the Wellenkalk-scarp in Thuringia. - Zeitschr. Geomorph. N. F., Suppl. 1 (im Druck)

KASCH, K. (1986): Die Teufelslöcher bei Jena, ein geologisches Naturdenkmal mit zoologischer und kulturhistorischer Bedeutung. - Jena

KAUF, H. (1949): Die Einwirkung der Orographie des mittleren Saaletales auf die Niederschlagsverteilung, Teil I. - Mitt. Thür. Landeswetterwarte (Weimar) 8: 29-58

KAUF, H. (1950): Die Einwirkung der Orographie des mittleren Saaletales auf die Niederschlagsverteilung, Teil II - Mitt. Thüring. Landeswetterwarte (Weimar) 10: 35-62

KAUF, H. (1968): Lokalklima und Lufthygiene im mittleren Saaletal. - Landschaftspfl. Naturschutz in Thüringen 5: 1-8

KNORRE, D. V. (1987): Zur Herpetofauna des Mittleren Saaletales bei Jena - Funde im 19. und 20. Jahrhundert im Vergleich mit der gegenwärtigen Situation. - Wiss. Zeitschr. Friedrich-Schiller-Univ. Jena, Naturwiss. Reihe 36: 437-449

KOCH, H. G. (1948): Bestandstemperaturen eines bewaldeten Seitentales bei Jena - Mitt. Thüring. Landeswetterwarte (Weimar) 7: 69-98

KOCH, H. G. (1953): Wetterheimatkunde von Thüringen. - Jena

KOCH, H. G. (1961): Die warme Hangzone - Neue Anschauungen zur nächtlichen Kaltluftschichtung in Tälern und an Hängen - Z. Meteorologie, 15: 151-171

KORNECK, D., M. SCNITTLER & I. VOLLMER (1996): Rote Liste der Farn- und Blütenpflanzen (Pteridophyta et Spermatophyta) Deutschlands. - Schriftenreihe Vegetationskd. 28: 21-187

KRAHN, K. (1997): Naturschutzgroßprojekt Orchideenregion Jena - Muschelkalkhänge im Mittleren Saaletal. - Jena

MÄGDEFRAU, K. (1940): Der geologische Aufbau der Umgebung von Jena. - In: LEHMANN, W. (Hrsg.): Jena, Thüringens Universitätsstadt in Vergangenheit und Gegenwart. 1: 1-36

MÄGDEFRAU, K. (1957): Geologischer Führer durch die Trias um Jena. - 2. Aufl., Jena

MÜLLER, H.-J. & R. BÄHRMANN (Hrsg.; 1995): Bestimmung wirbelloser Tiere. Bildtafeln für zoologische Bestimmungsübungen und Exkursionen. - 3. Aufl., Jena, Stuttgart

NAUMANN, E. (1928): Erläuterungen zur Geologischen Karte von Preußen und benachbarten deutschen Ländern. Blatt Jena. - Berlin

PILTZ, E. (1911): Hochwasser im Mittellaufe der Saale 1890 - 1909. - Jena

PLASSE, J., 1924: Bergstürze im Unteren Muschelkalk bei Jena und Kahla - Mitt. Geogr. Ges. Thüring. **37**: 42-52

Rothmaler, W. (1994): Exkursionsflora von Deutschland, 2: Gefäßpflanzen: Grundband. - 16. Aufl., Jena, Stuttgart

Rothmaler, W. (1994): Exkursionsflora von Deutschland, 3: Gefäßpflanzen: Atlasband. - 8. Aufl., Jena, Stuttgart

Rothmaler, W. (1990): Exkursionsflora von Deutschland, 4: Kritischer Band. - 8. Aufl., Berlin

Schmid E. E. & M. J. Schleiden (1846): Die geognostischen Verhältnisse des Saalthals bei Jena. - Leipzig

Schmidt, F. C. (1779): Historisch-mineralogische Beschreibung der Gegend um Jena, nebst einigen Hypothesen, durch was vor Veränderungen unsers Erdbodens diese Gegend ihre gegenwärtige Gestalt bekommen haben möchte. - Gotha

Schmidt, M. (1928): Die Lebewelt unserer Trias. - Oehringen

Schultze, J. H. (1955): Jena. Werden, Wachstum und Entwicklungsmöglichkeiten der Universitäts- und Industriestadt. - Jena

Schwarz, O. (1954): Thüringen - Kreuzweg der Blumen. - 2. Aufl., Jena

Seidel, G. (Hrsg.; 1995): Geologie von Thüringen. - Stuttgart

Semmler, W. (1970): Die Vogelwelt der Jenaer Landschaft. - Jena

Stresemann, E. (1992): Exkursionsfauna von Deutschland, 1: Wirbellose Tiere (ohne Insekten). - 8. Aufl., Berlin

Stresemann, E. (1994): Exkursionsfauna von Deutschland, 2(1): Insekten, 1. Teil. - 8. Aufl. (Neuausgabe), Jena, Stuttgart

Stresemann, E. (1994): Exkursionsfauna von Deutschland, 2(2): Insekten, 2. Teil. - 7. Aufl. (Neuausgabe), Jena, Stuttgart

Stresemann, E. (1995): Exkursionsfauna von Deutschland, 3: Wirbeltiere. - 12. Aufl., Jena, Stuttgart

Timmermann, A. D. & J. Wiefel (1992): Streifzüge im Reich der Steine in und um Jena. - Jena

Uhlmann, E. (1940): Die Tierwelt Jenas. - In: Lehmann, W. (Hrsg.): Jena, Thüringens Universitätsstadt in Vergangenheit und Gegenwart. 1: 59-102

Voigt, T. & U. Linnemann, 1996: Resedimentation im Unteren Muschelkalk - das Profil am Jenzig bei Jena. - Beitr. Geol. Thüringen N. F. 3: 153-167

Wagner, R. (1897): Beitrag zur genaueren Kenntnis des Muschelkalks bei Jena. - Abh. Preuß. Geol. Landesanstalt N. F. 27: 1-106

Walther, K. (1927): Zwölf Tafeln der verbreitetsten Fossilien aus dem Buntsandstein und Muschelkalk der Umgebung von Jena - 2. Aufl., Jena

Weber, H. (1955): Einführung in die Geologie Thüringens. - Berlin

Weichelt, G. (1966): Landschaftsschutzgebiet "Mittleres Saaletal zwischen Göschwitz und Camburg". - Landschaftspfl. Naturschutz in Thüringen 3: 2-7

Weise, G. & W. Schilling (1997): Von Alabaster bis Zement. Bodenschätze und ihre Nutzung im Raum Jena. - Zella-Mehlis/Meiningen

Westhus, W. & H.-J. Zündorf (1995): Botanische Wanderungen in deutschen Ländern. 4. Thüringen. - Leipzig, Jena, Berlin

WURSTER, P. (1965): Krustenbewegungen, Meeresspiegelschwankungen und Klimaänderungen der deutschen Trias. - Geol. Rundschau **54**(1964): 224-240

ZAHN, G. v. (Hrsg.; 1936): Die mittlere Saale. Ein geographischer Führer. - Gotha

Geschichte und Vorgeschichte

AUERBACH, A. (1930): Die vor- und frühgeschichtlichen Altertümer Ostthüringens. - Jena

BARSEKOW, H. (1931): Die Hausbergburgen über Jena und die Geschichte der Burggrafen von Kirchberg. - Jena

BEHM-BLANCKE, G. (1961): Das Paläolithikum in Thüringen. - Geologie **10**: 550-569

BEHM-BLANCKE, G. (1976): Das jungpaläolithische Zeltlager von Oelknitz bei Jena. - Ausgrabungen u. Funde **21**: 30-32

BEYER, A. (1672): Geographus Jenensis. - Jena

BRUNN, W. A. v. (1968): Mitteldeutsche Hortfunde der Jüngeren Bronzezeit. - Berlin

DEUBLER, H., R. KÜNSTLER & G. OST (1976): Steinerne Flurdenkmale in Ostthüringen (Bezirk Gera). - Gera

DUŠEK, S. (1985): Bedeutung Jena's und Umgebung für die slawische Archäologie. - Wiss. Z. Friedrich-Schiller-Univ. Jena, Gesellschaftswiss. Reihe **34**: 547-557

EICHHORN, G. (1927): Der Urnenfriedhof auf der Schanze bei Großromstedt. - Leipzig

EICHHORN, G. (1928): Ein Merowingergrab in der Burgauer Kiesgrube bei Jena. - Mannus **6**: 151ff.

EICHHORN, G. (1929): Eine verschüttete Siedlung der Jüngeren Bronzezeit auf dem Gelände des unteren Schlosses in Lobeda bei Jena. - Mannus **21**: 274ff.

EICHHORN, G. (1929): Führer durch die Sammlungen des Germanischen Museums der Universität Jena. - Jena

FEUSTEL, R. (1957): Zum Problem des Überganges Mesolithikum - Neolithikum. - Alt-Thüringen **2**: 27-47

FEUSTEL, R. (1961): Das Mesolithikum in Thüringen. - Alt-Thüringen **5**: 18-75

FRÖHLICH, S. (1962): Die bronzezeitliche Hügelgräberkultur im Flußgebiet der Saale. - Dipl.-Arb. Mskr. Friedrich-Schiller-Univ. Jena

GÖTZE, A., P. HÖFER & P. ZSCHIESCHE (1909): Die vor- und frühgeschichtlichen Altertümer Thüringens. - Würzburg

HENSCHEL, H. & E. MÖLLER (1966): Saalestadt Jena. - Leipzig

HESSE, H. (1964): Die ur- und frühgeschichtliche Besiedlung des Einzugsgebietes der Roda. - Dipl.-Arb., Mskr. Friedrich-Schiller-Univ. Jena

IGNASIAK, D. (1997): An der Saale und im Holzland. Ein kulturhistorischer Führer. - Jena

KÖBER, H. (1960): Die alten Steinkreuze und Sühnesteine Thüringens. - Erfurt

KOCH, H. (1939/1941): Geschichte der Stadt Lobeda. - Jena

KOCH, H. (1960): Geschichte der Stadt Jena. - Stuttgart

LEHFELDT, P. (1888): Bau- und Kunstdenkmäler Thüringens. **2**(1): Großherzogthum Sachsen-Weimar-Eisenach. Amtsgerichtsbezirk Jena. - Jena

LINKE, F. & P. BÜHNER (o.J.): Stadtgeschichte im Museum. Der Jenaer Weinbau in Vergangenheit und Gegenwart. - Schriftenreihe Städt. Museen Jena

LOMMER, V. (1911): Zur Geschichte des Hausberges, seiner Befestigung und seiner Herren. - In: Der Hausberg und die Fuchsturmgesellschaft, S. 25-68. - Jena.

LOMMER, V. (1929): Die Lobdeburg und ihre Geschichte. - Jena

MÜHLMANN, O. (1956): Jena als mittelalterliche Stadt. - Jena (Bilder zur Geschichte Jenas, 2)

MÜHLMANN, O. (1956): Die Universitätsstadt Jena. - Jena (Bilder zur Geschichte Jenas, 3)

MÜHLMANN, O. (1967): Schöne Heimat um Jena, 1. - Jena

MÜHLMANN, O. (1969): Schöne Heimat um Jena, 2. - Jena

MÜHLMANN, O. (1970): Die Steine reden. - Berlin

NEUMANN, G. (1934): Germanische Bodenfunde aus dem Saaletal bei Jena. - Der Thüringer Erzieher 2(15/16): 456-464

NEUMANN, G. (1956): Vorläufiger Bericht über die Stadtkernforschung in Jena von 1953-1956. - Ausgrabungen und Funde 1: 289-294

NEUMANN, G. (1959): Der Burgwall auf dem Johannisberge bei Jena-Lobeda, Kurzbericht über die Ausgrabungen des Vorgeschichtlichen Museums der Universität Jena 1957. - Ausgrabungen und Funde 4: 246-251

NEUMANN, G. (1958): Glockenbecherkultur. - Ausgrabungen und Funde 3: 199-201

NEUMANN, G. (1958:) Frühe Eisenzeit in Thüringen. - Ausgrabungen und Funde 3: 245-246

NEUMANN, G. (1959): Aus der Vergangenheit des Dorfes Kunitz. - In: Du mein Jena, 66-68

NEUMANN, G. (1960): Der Burgwall auf dem Johannisberge bei Jena - Lobeda. Kurzbericht über die Ausgrabungen des Vorgeschichtlichen Museums der Universität Jena 1959. - Ausgrabungen und Funde 5: 237-244

NEUMANN, G. (1960): Mittelalterliche Gefäße von Jena-Lobeda. - Ausgrabungen und Funde 5: 252-255

NEUMANN, G. (1963): Alte Straßen in und um Jena, ein Beitrag zur Jenaer Stadtgeschichte. - Forschungen und Fortschritte 37: 106-111

NEUMANN, G. (1966): Germanische Ackerbaugeräte des 4.-5. Jahrhunderts Jena-Lobeda. - Ausgrabungen und Funde 11: 260-266

NEUMANN, G. (1966): Die Wüste Möbis bei Jena historisch und archäologisch. - In: Weite Welt und breites Leben, Festschrift Karl BULLING, 213-220. - Leipzig

NEUMANN, G. (1966): Berge und Burgen an der Saale bei Jena - Jahrbuch der Coburger Landesstiftung 5: 225-248

ORTLOFF, H. (1859): Die Hausbergburgen bei Jena. - Z. Thüring. Geschichte Altertumskd. 3(2)

ORTLOFF, H. (1864): Jena und Umgebung. Taschenbuch für Fremde. - Jena

OST, G. (1959): Alte Steinkreuze in den Kreisen Jena, Stadtroda und Eisenberg. - Jena

PESCHEL, K. (1966): Grabfunde der Schnurkeramik von Jena-Lobeda. - Ausgrabungen und Funde 11: 235-239

PESCHEL, K. (1966): Thüringische Gräber von Jena-Lobeda. - Ausgrabungen und Funde 11: 267-273

Peschel, K. (1977): Zur Laténezeit in Sachsen und Thüringen und ihren Beziehungen zum benachbarten Osten und Südosten. - Arbeits- u. Forschungsber. Sächs. Bodendenkmalpfl. **22**: 289-303

Peschel, K. (1994): Thüringen in ur- und frühgeschichtlicher Zeit. - Wilkau-Haßlau

Piltz, E. (1905): Führer durch Jena und Umgebung. - Jena

Platen, M. (1992): Jena für alte und neue Freunde. - Bamberg

Platen, M. (1985): Stadtgeschichte im Museum. Jena im Mittelalter. - Schriftenreihe Städt. Museen Jena

Platen, M. (1985): Die Stadt Jena im Mittelalter. - Jena

Platen, M. & R. Schaefer (1983): Burgen um Jena. - 2. Aufl., Jena

Pludra, H. (1997): Schloß Dryfels in Berga an der Weißen Elster. - In: Burgen und Schlösser in Thüringen, S. 92-109. - Jena

Rempel, H. (1966): Reihengräberfriedhöfe des 8.-11. Jahrhunderts aus Sachsen-Anhalt, Sachsen und Thüringen. - Berlin

Rupp, M. (1995): Die vier mittelalterlichen Wehranlagen auf dem Hausberg bei Jena. - Jena

Rupp, M. (1998): Wo Jena seinen Anfang nahm. - In: Stadterneuerung Jena. Bodendenkmalpflege in der Stadt. - Jena

Schmid, M. (1968): Jena, Die Universitäts- und Industriestadt an der Saale. - Jena

Schmidt, B. (1961): Die späte Völkerwanderungszeit in Mitteldeutschland. - Halle

Schrickel, W. (1957): Eine Abfallgrube der Unstrutgruppe von Jena-Wöllnitz. - Ausgrabungen und Funde **2**: 116-120

Schultze, H. J. (1955): Jena, Werden, Wachstum und Entwicklungsmöglichkeiten der Universitäts- und Industriestadt. - Jena

Simon, K. (1967): Ur- und frühgeschichtliche Höhensiedlungen auf dem Jenzig bei Jena. - Alt-Thüringen **9**: 16ff.

Simon, K. (1984): Höhensiedlungen der Urnenfelder- und Hallstattzeit in Thüringen. - Alt-Thüringen **20**: 23-80

Stölten, O. (1931): Führer durch Jena. - Jena

Stölten, O. (1960): Berge und Burgen um Jena. - Jena

Thieme, F. (1936): Gedenkstätten um Jena. - Jena

Traeger, I. (1988): Stadtgeschichte im Museum. Jena von 1500 bis 1770. - Schriftenreihe Städt. Museen Jena

Traeger, I. (1990): Wanderungen um Jena, Teil I. Nähere Umgebung. - 2. Aufl., Jena

Traeger, I. (1990): Wanderungen um Jena, Teil II. Weitere Umgebung. - 2. Aufl., Jena

Traeger, I. (1995): Jena. Der Stadtführer. - 3. Aufl., Jena

Traeger, I. (1999): Die schönsten Wanderungen in und um Jena. - Eine Auswahl der schönsten Routen zwischen Großkochberg und der Rudelsburg, Kapellendorf und Bad Klosterlausnitz, den Tälerdörfern und der Uhlstädter Heide. - Jena

Wiedeburg, J. E. B. (1785): Beschreibung der Stadt Jena. - Jena

V. REGISTER: Suchpunkte und Suchpunkt-Themen

A
Ackerbau 161
Ackerwildkräuter 121
alte Handelsstraße 161
Am alten Exerzierplatz (30) 171
Am Fränkelsgrund (10) 113
Am Hummelsberg (6) 98
Am Steinkreuz (13) 123
Am Wassertal (24) 159
Ameisen 113
An der Oberburg (31) 174
Archäophyten 87
Arten- und Biotopschutz 141
Auf dem Läuseberg (27) 164
Auf den Kernbergen (11) 115

B
Bachsaumgesellschaften 142
Baumschutz 184
Bedecktsamer 103
Bei der Ernst-Haeckel-Höhe (8) 106
Berge und Burgen 174
Bergrutsch 98, 111
Bergsturz 98, 111
Bestäubung – Befruchtung 137
Biologisches Gleichgewicht 164
Biotoppflege 142, 155
Boden 126
Bodenprofil 126, 157
Botanikerfamilie Dietrich 121
Botz, Carl 110
Buchenwald 131

C
Cölestin 171

D
Diebeskrippe (9) 110
Diebeskrippe - Geschichtliches 111
Diebeskrippe - Pflanzen 111
Drackendorf (34) 180
Drackendorfer Heimatstube 185
Drackendorfer Park 182
Drackendorfer Vorwerk (25) 160

E
Eichen-Hainbuchen-Wald 124
Erosion 98
Extensivwirtschaft 114

F
Fährten und Spuren 133
Färber-Waid 150
Farne 160
Fasergipse 84, 150
Feuchtwiesen 142
Flächenschutz 85
Fledermäuse 85
Flugbilder 109
FND „Teufelslöcher" (1) 82
Forstwirtschaft um Jena 169
Forstwirtschaft und Jagd 162, 164
Fossilien 92, 139
Fürstenbrunnen (16) 134
Fürstenbrunnen 134

G
Geländeformung 107
Gipsabbau 182
Gleitfallenblume des Aronstabes 137
Goethe in Drackendorf 181
Goldwäscherei 150
Gräser 172
Grenzfluß Saale 149
Grenzsteine 161

H
Haeckel, Ernst 106
Halbtrockenrasen 96
Handelsstraße 161
Hausbergburgen 119
Hecken, Gebüsche 115
Hege 162
Herbstfärbung 99
Hochwasser 150
Hohe Trebe (12) 119
Horizontale I (3) 91
Horizontale II (4) 92

I
Im Hort (7) 103
Insekten 104

J
Jagd 162
Johann Friedrich I., der Großmütige 134
Johannisberg (28) 165
Johannisberg-Horizontale (23) 155

K

Kalkpflanzen 91
Kalksteinbruch 118
Kalktuff 138
Kiese 108
Kirche in Drackendorf 181

L

Ländliche Parks und Baumschutz 182
Landschaftsformung 88
Laubbäume 99
Lobdeburg (32) 176
Lobdeburger 176
Lobeda (33) 177
Lobeda - Schloß und Kirche 177

M

Mittelwald 123
Moose 159

N

Nacktsamer 103
Nadelbäume 103
Nadelholzkultur 164
Naturschutzgroßprojekt 105, 155, 171
Neophyten 87
Niederwald 123
Nitrophyten 86

O

Oberburg - Lobdeburg 174
Oberer Buntsandstein 84
Oberer Burkholdsgrund (22) 154
Orchideen 105, 154

P

Pennickenbach am Schafstall (19) 144
Pennickenbach am Wassertal (18) 142
Pflanzengesellschaften 124
Pilze 131

Q

Quelle, Tirere 135
Quellfassung, Bachlauf 134

R

Reptilien 104

S

Saale: Grenzfluß 149
Saale: Hochwasser, Aue 150
Sande 108

Sauergräser - Süßgräser 172
Schafhutung 114, 161
Schichtenfolge und Schichtenneigung 94
Schnecken 111
Schutzformen 85
Schwarzkiefer - Waldkiefer 172
Siedlungsgeschichte 92, 139
Sommerlinde (Drackend. Vorwerk) (25) 160
Sophienhöhe (2) 88
Sophienhöhe, Namensherkunft 88
Spitzberg (29) 169
Sporenpflanzen 159
Spuren 133
Stadtentwicklung 92, 107, 168
Steinkreuze 123
Streuobstwiesen 151
Studentenrutsche (5) 98
Sukzession 142
Süßgräser - Sauergräser 172

T

TertiäreTone 162
Teufelslöcher (1) 82
Teufelslöcher 82
Tierwelt 117
Traubenkirschen-Erlen-Eschen-Wald 136
Travertin (17) 138
Travertin-Abbaugeschichte 141, 144
Travertin-Bildung 138
Trockenrasen 95
Tiere der Hecken und Hochflächen 117

U

Über dem Wassertal (26) 162
Unterer Burkholdsgrund (21) 151
Unterer Muschelkalk 92

V

Vegetationsdifferenzierung 109
Vegetationsgeschichte 88
Verwerfung 98
Verwitterung 107
Vögel - Flugbilder 109
Vorgeschichtliche Burganlagen 165

W

Wald - Forst 164
Waldkiefer - Schwarzkiefer 172
Waldwirtschaft 123
Wanderwege, Tourismus 173
Wasser- und Sumpfpflanzen 137
Weidewirtschaft 147, 161

Wiesenwirtschaft, Weide 147
Wild 162
Wöllmisse (14) 126
Wöllmisse über dem Fürstenbrunnen (15) 131
Wöllnitz (20) 149

Z

Ziegenhain 120
Ziegenhain-Wallfahrtskirche 120

VI. Personenregister

A

Abbe, Ernst (1840 -1905) • 55
Abusch, Alexander (1902 -1982) • 56
Agricola, Georgius (1494 -1555) • 18
Alexander Severus, Kaiser (208 -235) • 138
Auhausen von • 48; 58; 176

B

Bach, Johann Nicolaus (1669 -1753) • 53
Banér, Johan (1596 -1641) • 53
Batsch, August Johann Georg Karl (1761-1802) • 54
Beier, Adrian (1600 -1678) • 82; 84
Binswanger, Otto (1852 -1929) • 56
Bischof, Charitas • 121
Bogenhard, Carl (1811 -1852) • 34
Bonifatius (um 673 -754) • 178
Bose, Johann Andreas (1626 -1674) • 53
Botz, Carl (1804 -1890) • 110
Brehm, Alfred (1829 -1884) • 71
Brehm, Christian Ludwig (1787 -1864) • 181
Buddeus, Johann Franz (1667 -1729) • 53
Burkhard, Siegfried (gest. 1954) • 174

C

Carl Alexander, Großherzog (1818 -1901) • 88
Carl August, Großherzog (1757 -1828) • 54; 88; 110

D

Darjes, Joachim Georg (1715 -1791) • 53
Dietrich von Kirchberg • 119
Dietrich, Amalie (1823 -1891) • 121
Dietrich, Friedrich David (1799 -1888) • 121
Dietrich, Friedrich Gottlieb (1768 -1850) • 121
Dietrich, Johann Adam (1711-1782) • 121; 131
Dietrich, Wilhelm • 121

Doebereiner, Johann Wolfgang (1780 -1849) • 54
Donndorf, Adolf von (1835 -1916) • 56
Dörpfeld, Wilhelm (1853 -1940) • 87
Drake, Johann Friedrich (1805 -1882) • 52

E

Eckard, Pfarrer in Drackendorf (1682 -1727) • 181
Eichhorn, Gustav • 178
Ernst, Kurfürst (1441-1486) • 178
Esau, Abraham (1884 -1955) • 56
Eucken, Rudolph (1846 -1926) • 56

F

Ferdinand, Kaiser (1503 -1564) • 52
Feuerbach, Paul Johann Anselm (1775 -1833) • 54
Fichte, Johann Gottlieb (1762 -1814) • 54
Frege, Gottlob (1848 -1925) • 56
Friedrich III., Landgraf (1310 -1349) • 149
Friedrich, Caspar David (1774 -1840) • 180
Fröhlich, Otto (1891-1975) • 71
Frommann, Karl Friedrich Ernst (1765 -1837) • 54
Fürbringer, Max (1846 -1920) • 56

G

Gärtner, August (1848 -1934) • 56
Gerstenbergk, Markus (1553 -1613) • 161; 180
Goethe, Johann Wolfgang von (1749 -1832) • 12; 53; 54; 121; 150; 180; 181; 182
Gotter, Pauline (1786 -1854) • 180
Göttling, Johann Friedrich (1753 -1809) • 54
Griesbach, Johann Jakob (1745 -1812) • 54
Griesheim, Amalie von • 181
Günther, Johann Christian (1695 -1723) • 54

H

Haeckel, Ernst (1834 -1919) • 56; 71; 106
Hegel, Georg Wilhelm Friedrich (1770 -1831) • 54
Heinrich II., König (973 -1024) • 119
Helldorf, Clara von (1813 -1876) • 182
Helldorf, Ferdinand Heinrich von (1807 -1853) • 180
Henselmann, Hermann (1905 -1995) • 93
Herzog, Theodor (1880 -1961) • 71
Heynisch, Merten • 134
Höllein, Emil (1880 -1929) • 56
Hufeland, Gottlieb (1760 -1817) • 54
Humboldt, Alexander v. (1769 -1859) • 84
Huter, Hans • 144

I

Ibrahim, Jussuf (1877 -1953) • 56

J

Johann der Beständige (1468 -1532) • 52
Johann Friedrich I (1503 -1554) • 52; 134
Johann Friedrich II., der Mittlere (1529 -1595) • 63

K

Karl V., Kaiser (1500 -1558) • 134
Karlstadt, Andreas (1490 -1541) • 52
Kentmann, Johann(es) (1518 -1574) • 19
Klinger, Max (1857 -1920) • 56
Klopfleisch, Friedrich (1831-1898) • 83
Knebel, Karl Ludwig von (1744 -1834) • 180
Knöll, Hans (1913 -1978) • 57
Koch, Ambrosius alias Seldenreich • 150
Koethe, Friedrich August (1781-1850) • 180
Kollár, Jan (1793 -1852) • 179
Kramer, Otto • 134
Kügelgen, Gerhard von (1772 -1820) • 180

L

Leibniz, Gottfried Wilhelm (1646 -1716) • 53
Lepper, Lothar (1932) • 134
Liebknecht, Karl (1871-1919) • 56
Linné, Carl von (1707 -1778) • 87 , 121; 131
Lobdeburger • 48; 58; 161; 176
Loder, Justus (1753 -1832) • 54
Londerstedt, Friedrich von • 178
Luther, Martin (1483 -1546) • 51

M

Melanchton, Philipp (1497 -1560) • 52
Meunier, Constantin (1831 -1905) • 56
Monner, Basilius (um 1500 -1566) • 52
Müntzer, Thomas (um 1490 -1525) • 52
Musäus, Johann (1613 -1681) • 53

N

Neuenhahn, Johann Ludwig (gest. 1676) • 54
Neumann, Gotthard (1902 -1972) • 165
Novalis; Freih. Friedrich v. Hardenberg (1772 - 1801) • 54

O

Otto II., König (955 -983) • 119
Otto III., König (980 -1002) • 119

P

Philipp I. von Hessen (1504 -1567) • 134
Prüssing, Godhard (1828 -1921) • 56; 146
Pufendorf, Samuel (1632 -1694) • 53
Puster • 174; 180

R

Rein, Wilhelm (1847 -1929) • 56
Reinhart, Martin (1522/24 -?) • 52
Riedel, Bernhard (1846 -1916) • 56
Ritter, Hans • 162
Ritter, Johann Wilhelm (1776 -1810) • 54
Rolfinck, Werner (1599 -1673) • 53
Rosenhain, Cunradt • 162
Rosenthal, Eduard (1853 -1926) • 55

S

Sagittarius, Caspar (1643 -1694) • 53
Schelling, Friedrich Wilhelm Joseph (1775 - 1854) •54
Schietrumpf, C. Alexander (1868 -1928) • 56
Schiller, Friedrich (1759 -1805) • 54; 56
Schlegel, August Wilhelm (1767 -1845) • 54
Schlegel, Caroline (1763 -1809) • 54
Schlegel, Dorothea (1763 -1839) • 54
Schlegel, Friedrich Wilhelm (1772 -1829) • 54
Schleiden, Matthias Jacob (1804 -1881) • 71
Schliemann, Heinrich (1822 -1890) • 87
Schmidt, Friedrich Christian (1755 -1830) •84; 98
Schopenhauer, Adele (1797 -1849) • 180
Schott, Otto (1851 -1935) • 55
Schroeter, Johannes (1513 -1593) • 52
Schultze, Joachim Heinrich (1903 -1977) • 71
Schulze, Gottlob (1795 -1860) • 60

Schwabe, Hans • 144
Schwarz, Otto (1900 -1983) • 36; 71
Seidler, Louise (1786 -1866) • 180
Simon, Manfred • 135
Sophie Luise, Großherzogin (1824 -1897) • 88
Stahl, Ernst (1848 -1919) • 56
Stark, Johann Christian (1753 -1811) • 54
Steffens, Heinrich (1773 -1845) • 54
Stella, Frank (1936) • 57
Stigel, Johannes (1515 -1562) • 52; 134
Strigel, Victorin (1524 -1569) • 52
Struve, Georg Adam (1619 -1692) • 53
Suckow, Lorenz Johann Daniel (1722 -1801) • 54

T

Thienemann, Pfarrer in Drackendorf (1685 - 1712) • 181
Thüna, Heinrich von (1515 -1569) • 179
Tieck, Ludwig (1773 -1853) • 54
Trüper, Johannes (1855 -1921) • 87

V

Velde, Henri Clemens van de (1863 -1957) • 56

Voigt, Friedrich Sigismund (1781-1850) • 54
Voigt, Kurt • 185

W

Walch, Johann Georg (1693 -1775) • 54
Weigel, Erhard (1625 -1699) • 50; 53
Wesenbeck, Matthäus (1531-1586) • 52
Wiedeburg, Johann (1733 -1789) • 82
Wilhelm II., König d. Niederlande (1792 -1849) • 88
Wölfel • 118
Wolff, Christian (1679 -1754) • 53

Z

Zeiß, Carl (1816 -1888) • 55
Ziegesar, Anton von (1783 -1843) • 134; 180
Ziegesar, August Friedrich Carl von (1746 -1813) • 180; 182
Ziegesar, Carl Siegmund II. v. (1696 -1754) • 182
Ziegesar, Christiane Sophie von (1722 -1747) • 181
Ziegesar, Silvie von (1785 -1858) • 180; 182

Weitere Bücher aus dem Ahorn-Verlag

Naturwanderungen um Jena, Band 2
Naturführer Leutratal
K. Krahn

Erscheint im Frühjahr/Sommer 2000.
Herausgeber: NABU, Landesverband Thüringen e.V.
Format DIN A5, ca. 160 Seiten, 4farbig, mit vielen Farbfotos, Strichzeichnungen und Karten sowie illustrierter Wanderkarte der Hauptwanderroute, DIN A2 (diese wird auch separat erhältlich sein);
ISBN 3-934146-02-3
Der Naturführer beschreibt eine Hauptwanderroute durch den Ostteil des Naturschutzgebietes Leutratal mit seinen spektakulären Orchideenvorkommen und vielen weiteren wertvollen Naturschönheiten. Ferner werden fünf Nebenwanderrouten erläutert, auf denen weniger bekannte, aber nicht weniger reizvolle Touren und naturkundliche Objekte in der Umgebung des Leutratals vorgestellt werden.

Flora des Kyffhäusergebirges ...
von K.-J. Barthel und J. Pusch

NEUERSCHEINUNG!
Format DIN A5, 400 Seiten, Hardcover, mit vielen Farbfotos, Strichzeichnungen und Kartenmaterial.
Preis: 59,00 DM;
ISBN 3-934146-00-7

Diese neue Regionalflora gibt einen umfassenden Überblick über die Pflanzenwelt des Kyffhäusergebirges, das für seinen Artenreichtum bei den Botanikern seit alters her berühmt ist. Das Bearbeitungsgebiet geht dabei über den eigentlichen Kyffhäuser hinaus und reicht von Teilen des Südharzes bis hin zur Hainleite und dem nördlichen Thüringer Becken. Hier befindet sich ein wichtiges Verbreitungszentrum zahlreicher kontinentaler sowie salzliebender Pflanzenarten.
- umfangreiche Fundortauflistung; viele historische Bezüge
- kritische Gattungen gesondert bearbeitet, mit Bestimmungsschlüsseln versehen

Flora des Kyffhäusergebirges und der näheren Umgebung

Klaus-Jörg Barthel, Jürgen Pusch

Ilse Traeger
Die schönsten Wanderungen in und um **Jena**

ISBN 3-910141-38-2

Neuerscheinung im Jenzig-Verlag 1999

87 S., 12,80 DM mit vielen Fotos

Unsere Bücher und unser Verlagsverzeichnis sind zu beziehen über den Buchhandel oder direkt über Jenzig-Verlag G. Köhler, Untergasse 8, 07751 Golmsdorf, Tel. 036427-71391

JENA

Geogr. Lage (Marktplatz):	50° 56' 46" n. B.
	11° 35' 35" ö. L.

Höhe ü. NHN:

Marktplatz	148,2	m
Saaleaue im Zentrum	145,0	m
niedrigster Punkt, Saale am nördl. Stadtausgang	136,0	m
höchster Punkt, Coppanzer Berg	422,0	m
Kernbergplateau	370,0	m
Fürstenbrunnen	310,0	m
Johannisberg	370,0	m
Lobdeburg	317,0	m

Klimawerte:

	mittl. jährl. Niederschlagssumme		Jahresdurchschnittstemperatur
1881 - 1930	570	mm	8,4 °C
1901 - 1950	577	mm	8,6 °C
1951 - 1980	603	mm	9,1 °C
1961 - 1990	586	mm	9,3 °C

Ausdehnung der Stadt (1996):

in Nord-Südrichtung	15,2	km
in Ost-Westrichtung	12,3	km

Gebietsfläche der Stadt (1997): 11.420,2 ha

davon				
Gebäude- und Freiflächen	1.526,7	ha	13,37	%
Landwirtschaftsfläche	4.511,0	ha	39,50	%
Betriebsfläche/Kläranlage	6,0	ha	0,05	%
Erholungsfläche	164,3	ha	1,44	%
Verkehrsfläche	753,5	ha	6,59	%
Waldfläche	3.548,4	ha	31,08	%
Wasserfläche	115,9	ha	1,00	%
sonstige Flächen	793,3	ha	6,94	%
Weinfläche, Heide	1,1	ha	0,01	%
Naturschutzgebiete	700,9	ha	6,14	%
Flächennaturdenkmale/Geschützte Landschaftsbestandteile	92,0	ha	0,81	%

Straßennetz Gesamtlänge: 372,0 km

Höchste Bauwerke:

Stadtturm (ehem. Universitätshochhaus)	121	m
Citycenter (ehem. Zeiss-Forschungshochhaus)	67	m
Altes Zeiss-Hochhaus	66	m
Stadtkirche St. Michael	50	m

Bevölkerungsentwicklung:

1818	4.459	Einw.
1900	20.686	Einw.
1975	100.180	Einw.
1997 (31.12.1997)	99.273	Einw.
1998 (31.12.1998)	97.434	Einw.
1999	96.490	Einw.